中华美国学会

2016年大选与美国内外政策走向

黄　平　郑秉文◆主编

倪　峰◆副主编

中国社会科学出版社

图书在版编目（CIP）数据

2016 年大选与美国内外政策走向／黄平，郑秉文主编．—北京：
中国社会科学出版社，2017.5
ISBN 978 - 7 - 5203 - 0333 - 0

Ⅰ．①2… Ⅱ．①黄…②郑… Ⅲ．①国内政策—研究—美国—
现代②美国对外政策—研究 Ⅳ．①D771.222②D871.20

中国版本图书馆 CIP 数据核字(2017) 第 094428 号

出 版 人 赵剑英
责任编辑 张 林
特约编辑 文一鸥
责任校对 沈丁晨
责任印制 戴 宽

出 版 中国社会科学出版社
社 址 北京鼓楼西大街甲 158 号
邮 编 100720
网 址 http://www.csspw.cn
发 行 部 010 - 84083685
门 市 部 010 - 84029450
经 销 新华书店及其他书店

印 刷 北京明恒达印务有限公司
装 订 廊坊市广阳区广增装订厂
版 次 2017 年 5 月第 1 版
印 次 2017 年 5 月第 1 次印刷

开 本 710×1000 1/16
印 张 19.75
插 页 2
字 数 295 千字
定 价 88.00 元

《中华美国学会年会论文选》编委会

举，以及背后的一整套制度设计，是不是出现了人们说的缺陷？为什么没有被普遍看好的人和他所在的党，不仅拿下了总统宝座，连参众两院也都拿下了？美国社会是不是出现了撕裂乃至分裂？美国国内外的经济、政治、社会、文化层面的变化，反映到选举和选举结果上，是不是已经是结果，尽管这样的结果又一定会——并已经开始——影响到美国国内外的经济、政治、社会、文化？是什么样的经济、政治、社会、文化变迁导致了这样的结果？是一次偶然、一次事件、一次非有意的结果，还是反映了（或预示了）美国之变、时代之变、世界之变、人心之变？

在这里，与其把文集中各位与会者的高见再来一次未必准确的总结更未必精炼的概括，不如把今天我们怎样看待急速变化中的美国、我们怎样看待急速变化中的世界、怎样看待我们看待美国和世界的急速变化的我们自己，这样的问题也一并提出来，供大家思考，更请大家批判。

我认为，今天，不仅美国，也不仅西方，世界各地都正在见证着经济大变化，政治大动荡，关系大重组。经济大变化，从"冷战"结束后新一轮的全球化就开始了，到了2007—2008年的金融风暴以及它所引发的经济危机，就已经很明显了；政治大动荡，其实在美国大选前的英国退欧公投、欧洲难民潮、中东之乱局、"9·11"的冲击，大选前后各国各地都纷纷以不同形式和程度出现的逆全球化和保守主义思潮，都可以看见端倪；关系大重组，也是在这个时期，原有的同盟结构要么瓦解，要么不灵，新的伙伴关系和合作框架、地区组织，到处开始出现。

从20世纪90年代到新世纪以来，我们不仅在美国见证了从冷战结束到一超独霸、从"9·11"到单边主义先发制人，从次贷危机、雷曼兄弟倒闭到华尔街金融风暴，从茶党运动、占领华尔街运动到两级分化、两党极化，从桑德斯现象到特朗普当选……而且，也在欧洲见证着从希腊债务问题到欧元区危机、从克里米亚归属问题到乌克兰危机、从经久不衰的非法移民问题到第二次世界大战以来规模最大的难民危机、从英国的脱欧公投到欧洲各国正在或将要举行的大选……如果再加上中东之乱局、非洲之困局、拉美的"陷阱"，亚洲的兴起和各类可能的冲突，在它们背后，其实是结构变迁、科技革命、能源之争、地区纠纷、宗教冲突，而这些，又无不以变化、变迁、变动为最基本的特征。

在欧美，乃至在整个世界，更深刻的变化，其实早就开始发生着了：

前　言

　　2016 年的中华美国学会年会蒙四川大学美国研究中心承办，各路学者云集成都，围绕一个主题展开：特朗普在美国大选中当选后的美国。无疑，这个话题既是主题，也是热点；既引发争论，也有待观察；既与美国下一步如何变有关，也与中美关系今后怎样走相连。两天的会，发言者众，讨论声哗，给与会者的时间太少，很多人没抢到发言。

　　美国 2016 年大选的结果，那时已经揭晓。此前多数人、多数媒体、多数机构都没有预料到，已成为了一段世界性的"历史"。有说飞出了一只黑天鹅的，有说冲进来一匹黑马的，还有说谁当选也跳不出美国的基本格局的，甚至说世界进入新一轮不确定的……

　　这本文选只是对这次年会热烈讨论、争论的一个初步汇集，很多鲜活的东西并没有都反映出来，即使是那组笔谈，也把当时学者们的风采遗漏太多，这不是编辑之过，而是由现场语言向书面文字转换时的"天然流失"。虽有遗憾，但也无奈。

　　回想起来，我们的年会，可以说开得正是时候。但如果是讨论大选后的美国内政、外交和中美关系，也可以说，又开得太早了！当选后的美国总统特朗普和他的团队，到我们开会时也才入住白宫。通常情况下还要给新任总统 100 天，何况这次也确非"通常情况"。这次的美国大选的确非常特别，结果的确很出人意料。尽管与会者、发言者众并非没有事先预料过谁将当选之人，连我自己也在 2016 英国退欧公投前夕说过、写过"今年最大的不确定性，不是英国退出欧盟与否，而是谁将在美国当选"，但毕竟，预言特朗普将当选者不是主流，他们事先的说法也并未引起学界的重视。

　　这些，现在看都不重要了。最要紧的是究竟美国四年一度的总统选人口结构的老龄化或人口构成的多样性，经济的多元化或空心化及所导致的就业不足与福利不够，贫富差异的日益悬殊和外显化，本地人外来人的矛盾或移民带来的各类族裔矛盾所导致的"我们是谁"的认同危机，虚拟经济与实体经济之间的孰轻孰重，沿海和大城市带与内地和小城镇居民在一系列基本问题上的差异与分歧，代际之间在生活方式和价值上的不同模式和追求，资源、能源的短缺，粮食、淡水的匮乏，气候的变化和生态环境的危机，这些都不仅仅是在谁当选、什么政策、如何推行这样的政策层面上就能解决的深层次经济政治社会难题。

　　甚至，我们是不是可以说，变化，已经成了常态；风险，正随时与我们相伴；危机，也常常说来就来；不确定性，更是成了当今世界最基本的关键词；最后，社会科学（国际问题研究、国际关系研究也属于它的一部分）18—19世纪以来所一直孜孜不倦地追求的确定性，已经变得如此不确定，我们因此是否真的迎来了——或正迎来、将迎来——一场范式转换的科学革命？现代性，曾让"所有凝固之物都融化为了一缕青烟"，而今天的全球化，是一场颠覆现代性的后现代革命吗？后工业、后国家、后冷战、后"9·11"、后金融危机……在这些"后"的后面，又是什么在驱使各国和整个世界的经济、政治、社会、文化变迁和走势呢？而在美国，无论怎样看待特朗普的当选、无论怎样研判和估量美国的硬实力软实力或综合实力的变化，面对如此罕见的大选和隐含的政治分裂、社会撕裂和上下割裂，不得不承认，本次大选过程中所具有的"戏剧性"，不仅黑天鹅一只一只的出现，而且媒体的一次一次误判（和误导！），不过是这种大变化大动荡大重组的外在表现和具体个案罢了。

　　美国研究、国际关系研究、世界政治研究，特别是研究中国与美国、中国与国际关系、中国与世界政治，也因此变得更有难度、更加迷人、也更有意义。

　　仅此，作为前言。

中华美国学会会长　黄平

目　录

笔谈：2016 年大选与美国内政外交政策走向

2016 年美国大选和中国外交战略思考 …………………… 杨洁勉 （3）

2016 年大选反映美国社会深刻变化 ……………………… 黄仁伟 （7）

"特朗普震惊"与转变中的美国外交 ……………………… 崔立如 （9）

2016 年大选与特朗普当选的内在逻辑 …………………… 张宇燕 （12）

2016 年美国大选的主要特点 ……………………………… 倪　峰 （14）

2016 年美国大选的政治学视角 …………………………… 房　宁 （18）

从 2016 年总统大选看美国的国家认同危机 …………… 谢　韬 （20）

美国内政

2016 年大选与美国政治未来走向 ………………………… 刁大明 （25）

2016 年美国大选不同寻常 ………………………………… 刘得手 （48）

美国民粹主义及其在当代的新发展 ……………………… 王传兴 （58）

美国经济不平等激发政治极化 …………………………… 付随鑫 （74）

从总统选举的视角看未来美国气候政策与行动 ………… 刘元玲 （93）

美国外交

从冷战后美国亚太政策的延续性看特朗普外交政策的

　　走向 ……………………………………………………… 魏红霞 （105）

国际秩序与奥巴马政府的外交遗产 ………………………… 杨卫东（117）

"亚太再平衡"背景下奥巴马政府"亚太—中东"整体战略

　　评析 ………………………………………………… 张　帆（130）

美国智库对美南海政策影响探析 ……………… 刘建华　朱光胜（149）

南海战略支点与美国的地区安全合作困境 ……………… 黄海涛（171）

美俄在网络空间的博弈探析 …………………………… 李恒阳（185）

美国与"全球公域"资源开发 ………………………… 沈　鹏（201）

奥巴马第二任期以来美国北极政策的调整及其影响 ……… 杨松霖（221）

中美关系

中国崛起与中美经济实力差距变化

　　——以国内生产总值为基础的新常态浅析 …………… 王孜弘（241）

中美构建新型大国关系的战略思考 …………………… 陈积敏（256）

减少中美误判的机制性建设 …………………………… 刘卫东（284）

会议综述

中华美国学会 2016 年年会暨 "2016 年大选与美国内外政策走向"

　　研讨会综述 …………………………………………………（295）

编后致谢 ……………………………………………………（305）

笔谈：2016 年大选与美国内政外交政策走向

【编者按】2016 年 11 月 28 日至 29 日，由中华美国学会、中国社会科学院美国研究所、四川大学美国研究中心联合举办的"2016 年大选与美国内外政策走向"学术研讨会暨 2016 年中华美国学会年会在成都召开。来自中国社会科学院、中国现代国际关系研究院、上海社会科学院、北京大学、复旦大学、四川大学、南开大学、国防大学等 20 多家单位的百余名学者与会。会议围绕美国政治与 2016 年大选、大选后美国外交战略走向、美国经济社会和文化发展等议题进行了研讨。本书编者整理部分会议主旨发言，刊发此组笔谈文章，以飨读者。

2016 年美国大选和中国外交战略思考

杨洁勉

上海国际问题研究院学术委员会主任

一 如何看待特朗普当选

对待如何看待特朗普当选美国总统，民主党有民主党的看法，共和党有共和党的看法，欧洲人有欧洲人的看法，中国有中国的视角，我们至少应该从三个维度进行分析和总结。

（一）全面剖析时代背景

在过去 200 多年的历史进程中美国基本是不断上行的，在冷战结束达到顶峰之后，发展态势进入下行阶段，美国综合国力相对衰落，美国优越感逐步减少。对于新的历史阶段，美国精英和草根都是准备不足的，在当初极力推销的全球化浪潮面前一筹莫展。现在，时转势移，他们又有了新的困难。精英领导人除了高喊"继续领导世界一百年"和"美国第一"的口号外，提不出更多具有启迪性和引领性的思想，拿不出有效的战略和政策。而处于信息化社会群众政治初级阶段的草根阶层则长远目标迷茫，近期要求极端，普遍期待强势领袖人物出现。

（二）深刻理解特朗普现象

如果说，近期伊斯兰世界社会思潮中暴力恐怖主义突出，那么英国的脱欧公投和美国的特朗普当选折射出西方社会投票极端主义，美国的非常规思想和主张在本次选举中异军突起，涌现出代表人物特朗普和桑德斯。在最后决战中，美国选民欢迎特朗普以极端言论一吐为快，认同特朗普非常规思想对政治正确的冲击，支持特朗普的极端主张是重病需用猛药。最终，精英阶层普遍不看好的特朗普战胜建制派的代表人物希拉里。需要指出的是，这一选举的胜利其实是一位纽约的亿万富翁战胜纽约的一位政治贵妇人，其权势本质非常相似。所以说，特朗普现象的作用有限。

（三）客观前瞻特朗普政府的内政外交

历史给予候选人特朗普机遇，时势也会塑造总统特朗普。自当选以来，特朗普进入执政过渡期，不仅是搭班子定政策的过渡期，更是从竞选言论向执政施政的过渡。虽然美国新总统的主要关注是美国内政，但也必须要在紧迫的外交问题上拿出办法。特朗普当选后，已相继与二三十个国家领导人通电话表明身份的转变。特朗普肯定要兑现竞选诺言，但只能是部分兑现。我们的任务是前瞻和预警，认清哪些诺言会兑现，哪些不会兑现，并做好相应准备。

二 中国在新形势下怎么做

特朗普入主白宫，给中美关系带来很大变数，中国应该制定和实施什么样的战略政策和举措？

中国应加强战略谋划。中美关系是双向甚至是多向的，美国强中国弱的态势短期内不会发生根本改变。以静制动、后发制人仍然是中国的主要和重要策略之一。笔者不同意基辛格提出的"世界要停摆6—9个月，等待特朗普大政决定之时才能进行相应部署"的论断，对待美国新政府，中国固然要听其言观其行，但是时和势都在中国一边，中国有可能也有必要利用已有的局部优势，增加更多战略主动。

首先是要加强思想主动。民粹主义、平民主义和草根济贫的抬头是会不断重复出现的人类历史发展现象，我们在研究当前全球社会思潮时，不能跟着美国人的思路走，而是应该站在历史的高度和思想的前沿，分析美国社会思潮内外背景、时代特点和发展趋势，通过对2016年美国大选的分析和研究，在政治思想和社会思潮方面有所总结和创新。在推进中美关系时，需要体现世界进步思想，召唤时代发展强音，正面阐述全球化和全球治理的历史意义。

其次是要加强理论主动。习总书记十分重视中国特色大国外交理论建设，2015 年 9 月访问美国之时指出，世界上本无修昔底德陷阱，但大国之间一再发生战略误判，就可能自己给自己造成修昔底德陷阱。但是国内有些学者仍然对修昔底德陷阱理论乐此不疲。目前，国内对特朗普的理论分析还比较初步，大部分仍沿用原有的理论模式，我们在媒体上的梳理分析应通俗易懂，但不能浅尝辄止，在学术上的探讨则应体现中国特色大国外交理论的建设。

再次是要加强战略主动。中国的政治制度和体制优势，使我们能够在美国忙于内部政治缠斗的机会之上，调整、发展和完善中国的内外战略，特别是对美战略。在本次美国大选期间，中国的策略是以静制动，俄罗斯则是主动出击，不断创造事件，铺垫和争取特朗普当选后同美国讨价还价的筹码。应该说中俄两国的对美策略各有千秋。

最后是要加强政策主动。虽然中国强调对外政策的连续性和信守国际承诺，但我们面对的是从未担任过公职又缺少外交经验的美国新总统，所以我们要具有换位思考意识。中国在对特朗普政府的朝核政策、亚太和欧洲盟国政策、南海政策、对华经济政策上要早做预判。

此外，也要加强舆论主动。

三 中国涉美智库的作用

首先，对于美国大选和中美关系，中国涉美智库的学术研究是专业的，学者们从世界潮流、时代特点、历史任务出发，看待本次美国大选所反映的当今世界正在发生的深刻变化，从美国国内的发展和社会思潮着手，深刻分析本次美国大选结果的社会背景和缘由。其次，研究的逻辑和方向是理性的。有关智库和学者在全球、地区和中美双边多重框架下，冷静观察和科学判断本次美国大选。最后，对国家资政建言做出了贡献。中国众多智库和学者以早做、多做、深做的精神开展研究工作，上接天线，下接地气，横向同美国以及世界各国同行保持密切联系，提出了许多真知灼见。有的智库和学者认为应以美国本次大选和中美关系为切入点，从中国特色大国外交理论和实践创新角度出发，重新审视中美关系和中国外交战略，以创新精神争取更多话语权和规制权。在美国新总统过渡的敏感期，我们要有忧患意识，加强管控分歧和危机管理，要为国家决策做出应有的贡献。

2016 年美国大选为中国涉美的智库和学者提供了难得的课题，我们要以问题为导向，加强理论、学术和实证研究，以拳拳报国之心和日益精到的专业知识服务于中国的治国理政和创新发展，以及世界的和平与稳定。尤为重要的是，要为党的十九大胜利召开做出积极努力，为中美关系以及世界的和平发展、合作共赢做出更大贡献。

2016 年大选反映美国社会深刻变化

黄仁伟

上海社会科学院副院长

2016 年世界正在发生重大变化，特朗普当选美国总统和上半年发生的英国的脱欧公投，是世界发展进程的标志性事件，共同展现了 21 世纪世界政治发展的新趋势。

2016 年的美国大选结果，是当下美国社会发生深刻变化的结果。首先，美国社会结构发生变化。美国的中产阶级对现存制度和整个社会结构的不满达到了极限。民主党历来以穷人代表自居，共和党历来代表富人。而在本次大选中，民主党候选人希拉里却被认为是上层精英的代表，民主党中下层倒向支持共和党候选人特朗普，特朗普将传统的民主党选民大范围拉入麾下。本次大选的结果反映出美国的共和、民主两党利益结构发生根本颠覆，两党力量格局发生了重大变化。

其次，美国的种族关系发生重大变化。种族关系是此次大选的重大问题，所反映的种族关系并非白人与黑人之间的种族关系，而是外来移民与美国本地居民之间的关系。有数据表明，当今美国社会拉丁裔占总人口 19%、黑人占 13%，包括亚裔、阿拉伯裔在内的少数族裔在总人口中占比已达到 40%，白人只有 60%，十年前，拉丁裔占 9%、黑人占 11%，十年时间，拉丁裔人口数量几乎翻了一番。"文明冲突论"的首创者亨廷顿在《我们是谁？》一书中预言大约到 2050 年，以盎格鲁撒克逊、新教教徒为主体的美国白人中产阶级将成为少数族群。然而，"白人将成为少数族群的预言"已大为提前，成为美国社会现实。美国一人一票的选举制度是建立在白人占总人口多数的基础之上的，现在少数族群人口大幅上升，美国社会的根基已发生动摇，白人能否接受现在的民主竞选制度？由此衍生的问题是，中产阶级是否还是美国民主的基础？美国主流价值观的认同正在走向分裂和颠覆。特朗普政府执政后，美国的种族矛盾和价值观认同分裂难以弥合，将持续影响美国的政党政治及内外政策走向。

再次，美国和全球化的关系发生变化。特朗普是打着"反全球化"的旗号当选的，他强调全球化给美国经济带来严重损害，弊大于利。全球化造成美国资金、产业、技术、财富大量流出，美国制造业工人的失业是全球化所带来，而且和大量涌入的低劳动力成本的移民密切相关，白人蓝领的中下阶层的收入因此常年未得到增加。特朗普在全球化时代带头反全球化，反对贸易自由化，拒绝跨太平洋伙伴关系协议（TPP）和北美自由贸易协议。特朗普当选后，特朗普政府的对外政策有切断市场一体化的趋势，全球化是否会出现大的逆流有待观察。

又次，美国的全球责任变化对全球治理产生影响。特朗普政府有保护主义、孤立主义倾向，主张减少美国在盟国体系中的盟主责任，减少海外驻军，减少军备开支，试图转变在盟国体系中的角色，倡导加大盟国责任。如果美国降低在盟国体系中的作用和领导者地位，世界范围的全球治理将面临怎样的挑战，世界将会因此发生何种乱象，同样有待观察。全球治理或将成为紧迫的大国合作课题。

最后，美国的软实力优势和主流价值观的引领作用，在本次大选中亦遭到破坏。

"特朗普震惊"与转变中的美国外交

崔立如

中国现代国际关系研究院高级顾问

2016年美国总统大选结果揭晓，共和党候选人特朗普的胜出在美国引发强烈的震惊，同时也造成国际社会的广泛震动。"特朗普震惊"将成为美国总统选举历史上一个特异的记录。

这是2008年以来美国发生的深刻社会和政治分化进入极端状态，一场前所未有的政治恶斗结出一颗奇异的果实。实质性的较量是在两大力量之间展开：一方是以白人中下阶层劳工为主体，由特朗普所代言的，持强烈民族主义和民粹主义内外政策主张，高举反权势、反精英政治大旗，誓言从根本上要改变现状的力量。另一方是传统的权势集团和精英阶层，要竭力维护既得的权力和政治规范，力图将反建制的民粹主义政治势力控制在现行的政治和社会框架中，以便用较为温和的改良方式缓解业已极度激化的政治和社会矛盾。

结果，权势集团完全失去控制，代表民粹主义和激进民族主义的力量取得胜利。对很多人来说，这一结果与其说是太出乎意外，还不如说是太不想看到。这是对美国现存政治秩序和社会规范的颠覆，实际上是一场政治危机。所谓特朗普震惊，在很大程度上更是主流政治势力和社会精英的恐慌。

选举的结果使民主党"多数联盟"几近名存实亡，两党政治版图发生重大改变。共和党不但夺取了白宫的宝座，继续保持对于国会参众两院的掌控，还进一步扩大了在州一级立法和行政权力的多数优势。这意味着奥巴马政府苦心经营八年，极力推进的经济和社会改革进程将面临被全盘逆转的命运。美国的政治平衡变得更加倾斜，社会的撕裂将长期难以弥合。

无论是特朗普本人，还是把他推举上台的广大选民和有关的政治势力，他们要改变美国内政外交现状的强烈愿望是不容怀疑的。改朝换代的后果就是，在未来的岁月中，美国的经济，政治和社会的变革议程，肯定将与奥巴马时期大相径庭。但其主轴究竟是特朗普议程，还是共和党议程，抑或是特朗普与共和党的混合议程，仍在未定之中。

人们对特朗普作为未来白宫掌门人的担心，一个主要方面是他的个人气质问题。此人是自我中心主义与实用主义的混合，不受主流意识形态和政治正确原则的束缚，骨子里隐含着白人至上主义；他认定这仍是一个丛林法则大行其道的世界，崇尚霍布斯主义和成者为王的信条；刚愎自用、我行我素的强悍个性，要求下属对其高度效忠和服从；为达到目的可不择手段，同时又不乏善于权变的灵活性。未来几年，美国政治与外交的一个大看点，将是特朗普团队与华盛顿的建制派和精英之间冲突与妥协的"纸牌屋"如何上演。

与其国内政策相比，特朗普的对外政策更让美国的传统权势集团和西方盟国感到忧虑。若以特朗普在竞选时就美国对外经贸和安全政策以及一些重大问题所发表的言论为依据，用布鲁金斯著名学者卡根的话说，人们将会看到一个只注重狭隘的所谓美国优先的利益，放弃维护国际秩序义务，退回到第二次世界大战之前的孤立主义的美国。真要如此，特朗普给未来的国际关系带来的变化是难以估量的。

现在，人们满怀好奇和不安，注视着正在华盛顿紧锣密鼓进行的权力交接，在特朗普的人事任命和言行举措中寻找可能预示着美国未来内政外交的蛛丝马迹。这一段的情况发展来看，特朗普已经开始对自己竞选时一些令人关注的说法改变腔调，并着手做政治上的弥合、修补工作。由此可见，特朗普不会也做不到像他在竞选时夸口的那样，断然改变美国外交与全球战略的基本路线，或在一些重大方针政策上轻易反其道而行之。

决定美国外交和全球战略的基本方针和总体态势的，从来不是哪个总统个人，而是代表华盛顿权势的主导力量和美国综合实力地位。20 世纪以来，美国的外交从孤立主义转向国际主义，其政策出发点和落脚点从来没有脱离过美国优先的原则。在不同时期，不同的美国领导人外交政策主张的区别，只是如何来推进所谓美国的"国家利益"的途径和方式问题。二战后，国际派主导美国全球外交，背后起决定作用的因素是，战后美国所拥有的史无前例的超强实力地位。后冷战时期近二十年间，推动美国充当世界警察，维护以美国为主导的国际秩序和鼓吹全球化的基础和主要动力，还是美国一超独大的实力地位和工业与金融资本扩张的利益。

然而，深陷伊拉克和阿富汗两场战争的泥潭令美国政治经济日益不堪重负，2008年爆发的金融危机更使美国的实力地位从顶峰跌落。在此背景下，打着变革旗号当选总统的奥巴马，其推行的外交战略调整实质就是收缩美国全球力量布局，将对外经贸和战略重点转向亚太地区。特朗普所谈的美国外交收缩同样是迫于这一系列的变化趋势。而他高调宣称"美国优先"原则，强调美国再也不能像以往那样大包大揽，则政治上更加迎合美国国内民族主义情绪，并可借以提高对盟国收取保护费的要价。

特朗普需要经历一个从商人角色向总统角色的转化，即学习如何做美国总统的过程。不久前，当选总统特朗普召见了美国权势集团最资深的和最有威望的外交顾问基辛格先生，听取他的意见。事后，基辛格说他看好新总统的战略决断力，让外界不要抓住特朗普竞选时的一些言论不放，要给他一些时间。这是相当令人玩味的评论。随着白宫新主人的入住，华盛顿的内外权力机构的旋转门将迎来一批踌躇满志的新人，而其中相当一部分将是人们所不熟悉的面孔。当前美国外交面临的一些重大议题，将在很大程度上，取决于各主管岗位上官员的外交思想、政策主张和专业知识与经验。

总之，特朗普当选是一场政治大地震，必有一些老旧脆弱的东西被摧毁、被新的东西取代，而那些坚固的东西会保留下来继续发挥作用，还有一些东西受到这样那样的损坏，需要修补，这大体也是我们在未来要面对的转变时期的美国政治和外交。

2016 年大选与特朗普当选的内在逻辑

张宇燕

中国社会科学院世界经济与政治研究所所长

2016 年特朗普在美国大选中成功当选，其深层次原因在于他成功地识别了美国当今社会面临的几个重大问题。

首先是美国社会两极分化现象严重。美国中产阶级的收入所占比例从 20 世纪 70 年代初的 62% 下降到现在的 43%。中产阶级的人口比例也在下降，过去 40 年来，首次不到 50%，低于高收入和低收入人口所占比例。两极分化还表现为大公司收益和市场垄断地位迅速上升。25 年前，美国十大银行在债券市场所占份额比例是 20%，现在上升为 40%。市场结构和收入分配，包括税收不公平，已成为美国当今面临的一个重大问题。另外，特朗普在竞选中谈论此问题的方式可以说直指人心。

其次是美国民众对权势集团掌控国家日益不满。在美国的政治权力框架中，有 7000 多个重要岗位，被大约 6000 人所掌控。在这些人的背后是以华尔街为代表的巨大的既得利益集团，各种利益集团通过与政府部门某种形式的共谋而获得高额收益。美国此次大选不是简单的草根反对精英，而是体制外精英反对体制内精英。特朗普本身不是草根，而是非常典型的体制外精英。他把问题矛头直指体制内精英。按照收入划分，本次大选投票支持特朗普的人主要不是社会底层民众，而是中上层。

再次是种族主义潜流问题。在美国，种族主义一直存在，是一股政治潜流，这股潜流长期被"政治正确性"压制在地壳之下，无人敢触及。特朗普的一系列与种族相关的言论，可以说是在地壳上钻了几个眼，打破了政治正确性的禁忌，致使种族主义"岩浆"喷薄而出，结果，美国内部的种族主义潜流由原来的暗流变为今天的明流。20 世纪 70 年代，美国只有十几万穆斯林，现在的穆斯林人口有 1000 多万，有人估计 21 世纪中叶将超过 5000 万。从种族上看，特朗普获得了 63% 的男性白人支持，尽管他曾发表了不少对女性不礼貌的言论，但还是获得了 53% 女性白人的支持。

最后是经济全球化带来的种种弊端。冷战后开始的大规模全球化，在制造出获益者的同时也制造出一批受损者。而特朗普的"成功"之处在于，他把受损者的愤怒引向了外部和长期掌控权力的建制派精英。

上述问题背后的更深层次原因，是美国社会顶层精英在关于美国到底应该是何种国家问题上发生了分歧，其间的裂痕很难弥合。这些问题涉及个人与国家的关系，比如健康到底是个人的权利还是一种服务？这些问题还涉及政府和市场的关系，亦即美国政府对市场的监管的恰当水平在哪里，比如当今的美国就业市场僵化低效。再有就是欧洲裔美国人与非欧洲裔美国人的关系一直存在融合与分裂之争。最后一个促使精英分裂的是如何处理与不断强大的中国的关系。

特朗普成功当选还有一个大的背景是技术进步与技术扩散，特别是信息技术的进步，降低了信息与观念的传输成本，正是它们的广泛便捷的传播，唤起了人们的权利意识、民族意识、种族意识。

当今世界对特朗普在竞选中提出的各种政策及可能引发的后果忧心忡忡。其实，无论是美国国内还是全球，均不会因为特朗普当选美国总统而发生根本变化。总体看，特朗普任内能够兑现选举期间所做承诺的一半已经很不错。这样说主要是因为特朗普所处的美国制度环境没有大的改变，这意味着特朗普将面对现行美国各种制度的广泛而严重的掣肘，具体说他将面对官僚体系、既得利益集团民众的多方面制约。简言之，在特朗普"想做"和"能做"之间，布满了形形色色的制度性藩篱甚至雷区。低估特朗普带来的影响属于不明，过高估计则属不智。

2016 年美国大选的主要特点

倪　峰

中国社会科学院美国研究所副所长

2016 年的美国大选跌宕起伏，意外不断，表现出多方面不同以往的选举特点。

首先，本次总统选举是一场"非常规"意义的选战。

其一，三个老人之间的"战争"。2016 年是一场"开放性"选举，有 20 多位参选人加入选战，但纵观选举的全过程，主要是以三个老人为主线索展开，分别是 70 岁的特朗普、69 岁的希拉里和 74 岁的桑德斯。如果说这一现象纯属偶然的话，那么这三个老人与其主要支持者之间的组合则更为奇特。特朗普是一个亿万富豪，属于典型的大资产阶级，而他最核心的支持群众却是蓝领白人男性。希拉里所在的民主党在传统上更多地代表中下阶层的利益，而在本次选举中，希拉里获得的大公司、大企业的捐款是最多的。桑德斯岁数最大，但他最坚定的支持者却是以"千禧一代"为主的年轻人。这种奇怪组合构成了 2016 年美国大选中各种社会力量之间巨大的张力，使得选举过程波澜起伏、惊心动魄，将美国政治的剧变演绎得淋漓尽致。

其二，在本次选举中，政治圈外人、边缘人成为选举舞台上的主角。身为地产商、电视明星的特朗普，正是凭借他多年以来广为人知的圈外人身份在参选伊始就吸引了选民的关注，而他在选举过程中的强势表现也在一定程度上得益于他局外人的身份。与此同时，另一位在选举中掀起风云的候选人桑德斯，尽管在华府浸润多年，却始终保持着独立党派人士的身份，属于政治圈的边缘人。然而，在此次选举中，正是这两位圈外人、边缘人的极大影响，甚至左右了选举的进程，特朗普不仅冲破初选的重重围堵，并且最终赢得了大选。而桑德斯尽管未能赢得民主党内提名，却迫使希拉里在竞选纲领上有所让步。可以说，政治圈外人、边缘人的异军突起，"特朗普现象""桑德斯现象"的出现，对于长期占据美国政治舞台的建制派造成巨大的冲击，这是历次美国大选中十分少见的现象。

其三，在本次选举中，消极竞选成为一大主要特色。在长达一年半多的竞选过程中，鲜少看到理性的问题探讨和像样的政策辩论。相互抹黑成为这次选举过程中从头到尾的主旋律。不论是在初选阶段，还是在最终决赛时期，对于政治对手出言不逊、雇人砸对方的场子、各种谣言满天飞、深挖各种个人隐私、虚假投票，各种消极竞选的手段无所不用其极。上述这些竞选动作将美国选举政治的道德水准拉到了新低，选举下来，一地鸡毛。而借用此次选举的一个热门评论就是，没有最 Low，只有更 Low。

其次，本次选举中，美国社会中下层民众的不满构成了选举的主色调，社会分裂状况加剧。

在上述本次选举的"非常规"特点之外，本次选举的另一大特点就是在美国政治中被传统政治忽视的草根阶层强力地介入美国政治，这也正是"特朗普现象""桑德斯现象"得以产生的重要基础。特朗普的主要拥趸是白人男性蓝领，在中产阶级塌陷的过程中，白人蓝领深受其害。从 1968 年到 2015 年，三四十岁男性白人蓝领的劳动参与率从 96% 下降至 79%，已婚率从 86% 下降至 52%。其结果是白人男性的预期寿命缩短，白人社区的未婚生育、吸毒等社会问题趋于严重。而桑德斯的主要支持者是年轻人，这些人或者是经济全球化的受损者，或者在其中处于不利的地位。他们是带着一种愤懑的情绪，也就是民粹主义情绪介入选举的，这使得选举中各种极端的言论大行其道，极大地冲击了美国政治文化中"政治正确"的底线，这将对美国未来的内外政策走向产生持久的影响。

值得注意的是，在此次选举中，面对中下阶层草根民众的"造反"，美国的传统政治精英基本上没有采取正向回应的态度，而是消极抵制。

在初选阶段，不论是特朗普还是桑德斯都分别受到共和、民主两党建制派的层层阻击。到了特朗普与希拉里对决的阶段，美国的传统政治精英可以说形成了某种对特朗普的合围，主流媒体几乎是一边倒地支持希拉里，许多共和党大佬也纷纷与特朗普划清界限。来自政界、媒体等精英阶层的消极抵制在某种程度上，恰恰激发了特朗普的支持者们，加剧了精英群体与草根民众之间的撕裂。

通过此次选举，不仅美国社会中精英群体与普通民众之间存在撕裂，同样民主、共和两党之间的对立也在加深，而且两党内部的分裂也在扩大。共和党方面，由于特朗普的强势介入，已逐渐形成了以圈外人、新建制派、老建制派为主的三类群体。而在民主党方面，"婴儿潮一代"与"千禧一代"的分野也日益明显。可以说，党间斗的传统在加深，而党内斗的趋势在显现。

不论是草根民众与政治精英之间的撕裂，还是党派之争，甚至是政党内部的问题都在加剧，2016年的美国大选不仅未能成为聚集共识的契机，反而进一步放大美国社会中的分裂倾向。

最后，媒体、金钱等选举中传统因素的变化也是本次大选的一大特点。

媒体在美国选举中历来都扮演着重要的角色，而通过此次选举，媒体的影响力虽然依然强大，但是媒体的作用却在发生变化。一方面，自媒体、互联网正在深刻改变美国的选举政治。2016年的大选是在自媒体蓬勃发展的环境下举行的一场选举。在选举的过程中，各种爆料层出不穷，绵延不绝，将隐藏在选举背后的重重黑幕不断揭露，让本来就跌宕起伏的选情变得更加扑朔迷离，有如一部现世版的《纸牌屋》，令美国和世界的观众唏嘘不已。而作为选举中最受瞩目的参选人，特朗普也充分发挥了他在推特等互联网媒体上的优势，成功吸引了选民的注意，将网络平台变成了自己动员选民的主战场。截至大选投票日，特朗普在"推特"上的关注者超出了希拉里400万，同时他也是在"推特"和"脸谱"网站上被提及频率最高的候选人。而另一方面，传统媒体尽管依然在选举中占有重要地位，但是互联网更为深入地介入了选举之中。在选举的最后阶段，传统媒体几乎是一边倒地支持希拉里，尽管最终的选举结果有包括"邮件门"等事件的影响，但是广大主流媒体对于希拉里的"捧杀"不能不说是一个重要因素。而当选举结果出炉后，媒体在此次选举中的影响与作用也引发了广泛的反思。

此外，金钱因素在此次选举中也出现了一些不同以往的变化。一方面，选举经费再创新高。尽管在初选阶段，两位不走寻常路的参选人特朗普、桑德斯分别采取各自的独有方式完成选举的经费筹集，但是进入选举的最后阶段，选举经费迅速攀升，有望再破历史纪录。另一方面，桑德斯在初选阶段所采取的"小额众筹"的筹款方式或将在未来被更多人效仿。桑德斯因其独特的政治理念在众多参选人中独树一帜，也因其政治理念的特殊使得他很难依靠传统方式筹得竞选资金。在初选阶段，小额众筹成为桑德斯最主要的筹款途径，而事实证明，这种方式恰恰成为桑德斯的有力武器，他不仅获得了足够他完成选战的资金支持，同时也强化了自身的政治魅力，金钱因素在此次选举中以一种不同以往的方式发挥了作用。

2016 年美国大选与上半年的英国脱欧公投一起被称为 2016 年的两起"黑天鹅事件"，美国震动，举世震惊。选举结果折射出美国政治生态的一些重大变化，是美国社会阶级矛盾、种族矛盾和城乡矛盾的一次大爆发。"黑天鹅事件"最基本的含义就是发生概率小，但如果发生就将产生重大的影响。2016 年美国大选已尘埃落定，然而这幕热闹的大戏也许只是一部更宏大叙事的序曲。一位没有任何从政经历、不按常理出牌的强人当选新一届美国总统，对美国意味着什么？对世界意味着什么？整个美国和世界都笼罩在一种高度不确定性的气氛中，未来的局势如何演变，值得我们高度关注。

2016 年美国大选的政治学视角

房 宁

中国社会科学院政治学研究所所长

从政治学视角研究美国大选有三个层面：首先是研究竞争性选举，因为人类 200 多年来最系统的选举制度来源于美国，这是人类社会最重大的政治实践活动之一。其次，通过研究美国大选可以深入研究观察美国政治，四年一度的大选是美国政治的大会演，是观察美国社会的重要窗口。最后，通过研究美国大选还可以进一步研究政治学一般，例如社会结构的问题。现在无论在美国还是世界范围，社会行动的主体无论是选民还是利益集团都有向复合主体的发展趋势。以往社会行动的主体，如阶级、阶层的划分都是单一因素，如以生产资料关注或职业等单一因素为基础的，但现在基本上是由多重社会因素和社会关系决定，现在社会行动的主体是复合型的。这种社会结构与政治结构的变化在美国大选中表现得非常典型，表现出人类社会发展趋势是主体复合化趋势。根据观察与研究，我们认为：当今美国社会的复合主体主要是八个因素的综合，其中种族是最基本的因素，其他还包括职业、收入、居住地、性别、年龄、受教育程度和宗教信仰等因素，这些因素的复合决定着一个人的社会地位和政治立场。复合体在所有国家都有展示，不易找到社会科学意义上的呈现，而美国大选则是一个很好的呈现。

我们对 2016 年的美国大选有两个研究视角：一是选民的结构研究，也就是摸清到底是谁在选特朗普，这是个根本性问题。对本次选举结果的判断对错本身并不重要，重要的在于判断的理由是否合理，关键要看选民结构。本次选举和 2012 年大选相比，构成选民立场的多重因素中各权重不同。美国社会群体构成要素的首要因素是种族，这和其他国家有所区别。此外，通过研究发现此次选举有四条线两趋势的交错。从 2008 年以来，欧洲裔美国人投票率缓慢上升，其中共和党支持率缓慢上升，而非欧洲裔美国人投票率缓慢下降，其中对民主党的支持率缓慢下降。2012 年，共和党候选人罗姆尼败选但选票落后不多，而本次选举完成着上升和下降的两大趋势的交叉，这是民主党败选的结构性原因。在本次选举中，美国选民结构发生了变化，反映出社会结构也在发生变化。

二是关于选举主题的研究。关于大选，美国存在一种论调，认为 2012 年的大选是政策之争，是"欧洲社会主义"与"美国资本主义"之争。这次大选则可以概括为"政治正确性之争"。深层次的问题是，究竟什么是特朗普所特指的美国"政治正确"，他为何敢于公然挑战政治正确性，他用以替代美国政治正确性的主张是什么？之前的美国大选是政治科学，本次大选不是一次非常典型意义上的选举，用特朗普的话说是一种 movement，是一种方向路线之争，是到底是谁的国家之争。特朗普在竞选活动中竟然宣称，投票结果甚至不能决定政权的归属，即使没有当选，"运动"还将继续。这些都值得思考和深入研究。

我们认为，2016 年美国大选虽然结束了，但对美国大选的研究又将有新的开始，需要认清美国大选的来龙去脉，认清特朗普胜选的深层原因，这是美国未来的社会走向和特朗普新政府政策走向的重要基础。只有在此基础上对未来美国政治及中美关系的预测才是建立在科学基础之上的，我们不能简单地从所谓商人特质、意识形态乃至个人风格来推断评判特朗普及其政府的内外政策。总体上，美国社会发展的逻辑决定美国未来政府的内外政策走向。

从 2016 年总统大选看美国的国家认同危机

谢 韬

北京外国语大学英语学院副院长

2016 年美国总统大选无疑是近年来选情最跌宕起伏、结果最出人意料的一次选举。作为政治素人和华盛顿局外人的共和党参选人唐纳德·特朗普最终以明显多数的选举人团票数，击败了原本大有胜算的民主党参选人希拉里·克林顿，当选美国第 45 任总统。

无论是美国国内还是美国以外的研究美国政治的学者，几乎没有人预料到这次大选的最终结果。最初特朗普宣布以共和党身份参选时，绝大多数媒体和分析人士都认为这不过是一场"政治玩票"，并将特朗普的竞选视为无关大局、难以为继的一场笑话。然而特朗普一路势如破竹，轻松击败其他党内对手，成为共和党总统候选人，让所有唱衰他的人跌破眼镜。另外，当几乎所有人都以为希拉里将轻松赢得民主党提名时，她却遭遇了来自桑德斯的强力阻击，差一点儿与提名失之交臂。而在特朗普和希拉里的对决中，几乎所有人都又一次认为，希拉里最终将以较大优势胜出，成为美国历史上第一任女性总统。然而大选的结果却再次让人目瞪口呆，特朗普赢得了更多的选举人团票，成为新一任美国总统。

对这次大选选情与结果的众多分析，大致可分为三类。第一类强调白人的愤怒，认为特朗普反移民和反全球化的言论，道出了大多数美国底层白人的心声，而这类选民的支持是他胜选的关键。第二类则强调美国中产阶级的愤怒，认为桑德斯在民主党内受到如此广泛和热情的支持，充分说明了美国中产阶级对民主党以往政策的失望。第三类分析更多强调选民的反建制情绪，认为特朗普和桑德斯的"圈外人""反华盛顿"身份帮他们赢得了大量选票。

与以上三类分析不同，笔者认为这次大选实际上更多反映了美国当下面临的严重的国家认同危机（crisis of national identity）。早在 2005 年，已故美国著名政治学家塞缪尔·亨廷顿便在其著作《我们是谁？美国国家认同危机所面临的挑战》中提出，美国的国家认同是以盎格鲁—撒克逊移民为核心的新教价值观，其核心包括英语为通用语言、珍视个人自由、推崇勤劳工作和虔诚信仰等，而大量西班牙裔移民的涌入对美国的国家认同构成了挑战。不少学者认为，亨廷顿实质上是在批判美国移民所带来的多元文化，宣扬白人至上主义。在很多美国政治精英的眼中，亨廷顿的分析可能属于"政治不正确"，但在笔者看来，这次大选中"政治不正确"的特朗普能够高举反移民的旗帜并获得大多数底层白人的选票，恰恰说明亨廷顿的分析并非没有道理。大量移民（尤其是西班牙裔移民）的涌入，导致传统意义上的白人群体在美国人口中的占比不断缩小。根据权威预测，到 21 世纪 50 年代前后，美国的白人人口将首次低于全国总人口的 50%，从而成为美国最大的少数族裔。随着自身人数优势的丧失，白人对美国社会的主导地位势必面临严重挑战，他们的价值观也极有可能被西班牙裔移民的价值观冲击甚至取代，因此白人出于对非白人移民的恐惧而投票支持高调反移民的特朗普，也就不足为奇了。

笔者认为，从建国至今，美国的国家认同有三个核心组成部分，可以简单地概括为白人至上、民主至上、美国至上，这三个组成部分反映了不同维度的国家认同。白人至上是种族维度，民主至上是政治维度，美国至上则是全球影响力的维度。亨廷顿所说的国家认同危机仅涉及了种族的维度，也就是白人在美国社会的主导地位受到挑战。另外两个维度的危机在这次大选中也一并显露无遗。具体而言，高举民主社会主义旗帜的桑德斯距获得民主党提名只有一步之遥，充分反映了选民对美国现行民主政治的极度失望，而特朗普的竞选口号"让美国重新伟大"，则反映了不少选民对美国国际地位日渐式微的深层担忧。

美国是世界上最强大的资本主义国家，社会主义这个词在美国一向是禁忌与不得人心的。然而桑德斯却敢于旗帜鲜明地提倡民主社会主义并深得部分选民欢迎，说明美国民主已经让很多美国人心寒，失望的他们转而将希望投向民主社会主义。事实上，从 2008 年至今，美国学术界已有大量研究成果表明，美国民主正在经历一场严重的衰败，而这场衰败的最直接证据就是美国贫富悬殊的加剧和中产阶级的缩水。无论是法国经济学家皮凯蒂的《21 世纪资本论》，还是美国政治学家福山的《政治秩序与政治衰败》，都用了大量篇幅讨论美国民主的衰败。此外，各种民意调查数据还显示，无论是民众的效能感还是他们对美国政府的信任度，抑或是他们所感知到的政府回应性，几乎都降到了历史的低点。

特朗普宣扬"美国至上"的背后，是美国希望重振实力、再度强大，以及巩固其"自由世界"的领导地位的决心和意图，同时也折射出美国国力的历史变迁与面临的现实挑战。1898 年美西战争后，美国从地区大国正式登上了全球政治的大舞台。第二次世界大战结束后，美国一跃成为超级大国，并取代了英国在国际经济和金融中的主导地位，从而迈进了《时代周刊》创始人亨利·卢斯所宣称的"美国世纪"。冷战结束后，美国成为世界上唯一的超级大国，在全球事务中一度拥有绝对的领导权。长久以来，很多美国人早已经习惯了美国"世界第一"和"世界警察"的双重角色，并坚定地相信只有美国才有能力领导全球。然而，随着中国的崛起，尤其是 2008 年金融危机后美国实力的相对衰落，美国主导全球事务的能力明显下降。无论是在中东还是东亚，抑或从欧洲到非洲，美国似乎已处于心有余而力不足的状态。在此背景下，特朗普提出要让美国重新伟大，实际上是力图重振美国的经济和军事实力，为重新主导国际政治做准备。

2016 年大选无疑折射了美国所面临的国家认同危机，这种认同所涵括的白人至上、民主至上、美国至上的三个核心维度均遭到了不同程度的严重挑战。种族认同上，特朗普高调反移民，迎合了很多白人恐惧移民的心态。民主层面讲，作为世界上历史最悠久的民主国家，美国政治体制所带来的弊端也越来越凸显，这也是桑德斯的民主社会主义大受欢迎的原因之一。就全球影响力而言，特朗普放言要让美国重新伟大，恰好迎合了很多美国人对重塑美国霸权地位的期待。在接下来的四年里，特朗普能否让美国重新伟大，特朗普治下的美国民主能否重新焕发生机，美国白人的恐慌是否会减少，都蕴含了极大的未知数。

美国内政

2016 年大选与美国政治未来走向①

刁大明

【内容提要】2016 年大选是一场以民怨情绪高涨、"反建制派"倾向凸显，以及社交媒体广泛介入为特定趋势的开放式选举。唐纳德·特朗普及共和党人由于有效地迎合了本次选举的总体趋势而大获全胜；希拉里·克林顿及民主党人则因失去了美国蓝领中下层群体的支持而黯然落败。当选后的特朗普将面临兑现民意诉求的极大挑战，府会关系与决策核心圈生态将塑造特朗普政府的内外政策走向。2016 年大选开启了美国两党政治的新一轮重组进程，并将刺激争取阶层与族裔权益的社会运动的涌现。特朗普时代的美国政治将步入充满不确定性的自我调整时期。

【关键词】美国政治　2016 年大选　唐纳德·特朗普　不确定性

2016 年大选标志着美国政治的新一轮重大调整。由于现任总统因任期限制无法谋求连任，本次大选势必要选出新人来出任美国总统。同时，34 位国会参议员、全部 435 位国会众议员及 6 位没有投票权的国会众议院代表要进行改选；12 个州的州长、美属萨摩亚及波多黎各等两个属地的行政长官及多个城市政府要举行换届。② 就大选结果而言，共和党取得了大面积的胜利：共和党在国会两院的席位虽然有所缩水，但延续了占

① 本文初发表于《美国研究》2016 年第 6 期，略有增改。

② "United States Elections, 2016," *Wikipedia*, available at: https://en.wikipedia.org/wiki/United_States_elections%2C_2016.

据多数地位的优势；共和党党籍的州长数量也从选前的 31 位增至 33 位；更为重要的是，70 岁的共和党总统候选人唐纳德·特朗普出人意料地以 306 比 232 的选举人团票优势战胜希拉里·克林顿入主白宫。①

一场被认为是两位"最不受欢迎"的候选人之间的白宫之争，却以所谓"反建制派"（anti-establishment）候选人击败"建制派"候选人的结果落幕，这一选举结果对观察、研究美国政治的现状与前景提出了新的更高要求。这是一场怎样的选举？特朗普及共和党为何能够取得胜利？特朗普上台后将面对何种政治局面？2016 年大选对美国政治而言又将意味着什么？

一　2016 年大选的环境与趋势

既定且难以改变的环境在一定程度上约束并驱动着总统竞选所有参与者的策略制定。② 环境或特定趋势塑造着竞选议题，甚至决定着选举政治的最终走向。对于 2016 年大选而言，选举本身的开放式定位、当前美国民众特别是白人群体的民怨情绪、反对精英政治的"反建制派"趋势，以及社交媒体所发挥的个性化效果，都在潜移默化地左右着本次选举的基调与态势。

第一，开放式选举决定了本次大选的基本结构。所谓"开放式"选举是指总统大选中在任总统不能或不愿谋求连任、副总统也未参选，从而使大选完全向两党各参选人开放的选举。这种形式的选举提升了总统大选的竞争性与不确定性。自民主、共和两党首次同时参与总统大选的1856 年以来，共有 12 次开放式选举，21 世纪以来已出现了两次（2008年和 2016 年）。同时，美国在过去 24 年中经历了三位连任总统、两次政党轮替的"政治钟摆"过程，这凸显了美国总统政治及其政策议程进入了延续性相对较低、变动性相对较大的历史阶段。

---

①　"2016 Election Results," *Politico*, available at: http://www.politico.com/2016 - election/results/map/president.

②　Nelson W. Polsby, Aaron Wildavsky, Steven E. Schier, and David A. Hopkins, *Presidential Elections: Strategies and Structures of American Politics*, 14th ed. (New York: Rowman & Littlefield, 2016), p. 1.

一方面，民主党面对求变的民意。美国历史上上一次出现延续某一政党对白宫控制的开放式选举还是在 1928 年，即赫伯特·胡佛（Herbert Hoover）接替同为共和党的加尔文·柯立芝（Calvin Coolidge），且是以全美经济繁荣和民主党分裂为重要背景的。[①] 时隔 88 年之后，民主党治下的美国经济并不令选民满意，民主党继续掌控白宫所面临的民意压力相对较大。另一方面，共和党面对整合的难题。在同时容纳 17 位主流参选人竞争的历史性规模的初选中，共和党陷入了分裂状态，杰布·布什（Jeb Bush）、约翰·卡西奇（John Kasich）、克里斯·克里斯蒂（Chris Christie）等参选人之间的激烈竞争无法整合"建制派"力量，最终为特朗普的异军突起创造了机会。[②]

第二，美国选民尤其是白人中下层群体的民怨情绪营造了本次选举的民意环境。2016 年大选充斥着美国民众在经济与就业、社会议题与族裔关系，以及国际地位与安全环境等多层次议题上长期积累的不安、不满、愤怒甚至是恐惧情绪。这种谋求变革的民怨是以全球化为主要背景的，并表现为资本流动所导致的美国国内实体经济空心化与移民流动导致的美国国内人口结构多元化等两个核心矛盾点。

2008 年金融危机以来，美国经济的缓慢复苏令民众"无感"而"无奈"，[③] 改善经济与就业状况一直是美国公众最为关注的首要议题。[④] 一方面，就业增长更多地来自低端服务业而非实体经济。据统计，2014

---

① "United States Presidential Election, 1928," *Wikipedia*, available at: https://en. wikipedia. org/wiki/United_ States_ presidential_ election, _ 1928.

② 刁大明：《"特朗普现象"探析》，《现代国际关系》2016 年第 4 期，第 31—39 页。

③ 美国国内生产总值（GDP）增长率从 2009 年的 - 2.8% 恢复到 2015 年的 2.4%，处于西方世界的领先水平；2015 年年底，失业率已降至 5%，2016 年 11 月更是实现了失业率为 4.6% 的水平，回到了 2008 年金融危机之前的状态；人均可支配收入在 2014 年和 2015 年更是实现了 2.7% 和 3.4% 的增长。这些数据的来源分别参见："Annual Growth of the Real Gross Domestic Product（GDP）of the United States from 1990 to 2015," *Statista*, available at: http://www. statista. com/statistics/188165/annual-gdp-growth-of-the-united-states-since - 1990/; "Labor Force Statistics from the Current Population Survey," *Bureau of Labor Statistics*, available at: http://data. bls. gov/timeseries/LNS14000000; "Personal Income and Outlays: January 2016," *Bureau of Economic Analysis*, Feb. 2016, available at: http://www. bea. gov/newsreleases/national/pi/pinewsrelease. htm。

④ "Problems and Priorities," *The Polling Report*, available at: http://www. pollingreport. com/prioriti. htm.

年美国就业岗位中的 80.1% 是由服务业提供的，而工业实体产业和农业只分别创造了 15.1% 和 1.5% 的就业岗位。[1] 美国劳动者特别是蓝领工人的就业在水平、质量和稳定性上都难言理想。更糟的是，由于专业程度低而具有极强的可替代性与流动性，蓝领中下层白人群体极易因被新移民、少数族裔等更低成本的劳动力群体取代而再度失业。另一方面，美国中产阶级的规模呈现出空前的萎缩态势。根据 2015 年年初的统计，中产阶级占人口的比例已从 20 世纪 70 年代的 61% 降至 49.89% 的历史低点。[2] 与之相伴的是，社会财富继续向富裕的高收入阶层快速聚集，令处于社会大多数的中产阶级与低收入阶层普遍存在着强烈的"被剥夺感"。

在经济与就业议题上受累的同时，白人群体还面对着人口结构多元化带来的认同危机。一方面，据保守预计，由于新移民的激增和少数族裔的高生育率，美国可能在 50 年后成为"无多数族裔人口结构"的国家。[3] 塞缪尔·亨廷顿提出的"我们是谁"的疑问已萦绕在所有美国人心中，构成了主导地位岌岌可危的白人群体持续焦虑的根源之一，进而从历史中走来的种族与族裔矛盾再度凸显。另一方面，经济与就业改善的难遂人愿、中东地区极端伊斯兰思想的抬头，以及美国国内枪支泛滥的顽疾，共同将族裔矛盾抛入了恶性循环之中。低水平的就业加剧了白人蓝领中下层与少数族裔、新移民之间的生存竞争，恶化了少数族裔、新移民的经济处境与社会状况；而这些无法实现所谓"美国梦"的少数族裔、新移民群体又极可能受到伊斯兰极端思想的驱使，在控枪不利的状况下酿成诸多恶性事件，从而再次激化白人与少数族裔、新移民之间的敌对情绪。2013 年波士顿马拉松爆炸案、2015 年加州圣巴纳迪诺枪击事件、2016 年佛罗里达州奥兰多酒吧枪击案等类似事件的实施者，皆为

---

[1] "Employment by Major Industry Sector," *Bureau of Labor Statistics*, available at: http://www.bls.gov/emp/ep_ table_ 201. htm.

[2] "The American Middle Class Is Losing Ground," *Pew Research Center*, Dec. 9, 2015, available at: http://www.pewsocialtrends.org/2015/12/09/the-american-middle-class-is-losing-ground/.

[3] 白人的比例将在 50 年之后降至 50% 以下，拉美裔将上升至 24%，14% 的亚裔可能超过非洲裔的 13%。参见 D' Vera Cohn, "Future Immigration Will Change the Face of America by 2065," *Pew Research Center*, Oct. 5, 2015, available at: http://www.pewresearch.org/fact-tank/2015/10/05/future-immigration-will-change-the-face-of-america-by – 2065/。

"梦断"美国的少数族裔新移民。根据调查，有大约四成美国民众同意将"无证移民"（undocumented immigrant）驱逐出境；在叙利亚局势日益恶化之后，超过一半的美国公众都反对美国接受叙利亚难民。①

2016 年大选中的民怨情绪可被视为 2008 年民心求变的累积与延续。奥巴马的八年执政虽然尽力兑现竞选承诺，但并未令民众满意，甚至其少数族裔的身份，以及民主党针对少数族裔、新移民的政策倾向，反而加剧了白人中下层群体内心的不满与愤怒。

第三，"反建制派"倾向构成了本次大选的政治风向。所谓"反建制派"倾向即对具有专业经验、政策积累及社会资源的政治精英的反感与不信任，希望与政治精英无关的"圈外人"改变现行政治规则与政策议程。从历史上看，美国的"反智主义"（anti-intellectualism）传统在政治上就表现为"反建制派"倾向。而在现实中，盖洛普 2008 年以来的多次民调都显示，至少七成美国民众对国家发展方向并不满意，进而对政治精英充满了不信任。②

金融危机以来，"反建制派"倾向在共和党中尤为明显，2009 年兴起、2010 年逐步进入政治运作的"茶党"势力强烈抵制华盛顿精英，并快速催生了数量可观的"反建制派"政治人物出任国会议员等选任职务。其中最具代表性的事件为，时任国会众议院多数党（共和党）领袖的埃里克·坎托（Eric Cantor）在 2014 年的中期选举初选中意外地被"茶党"势力支持的"圈外人"击败，使他成为 1899 年设置多数党领袖职位以来首位在初选中落败的在任者。③ 在本次大选的共和党初选中，除特朗普外，也有如脑外科医生本·卡森（Ben Carson）、女商人卡莉·菲奥里纳（Carly Fiorina）等多位毫无政治经验的"反建制派"参选。与共和党相同，"反建制派"倾向也贯穿于民主党党内竞争的始终。在初选阶段，"建制派"希拉里·克林顿遭遇了"反建制派"伯尼·桑德斯（Bernie

---

① "Immigration," *The Polling Report*, available at：http：//www.pollingreport.com/immigration.htm.

② "Satisfaction with the United States," *Gallup*, available at：http：//www.gallup.com/poll/1669/general-mood-country.aspx.

③ Molly Ball, "Eric Cantor's Loss：A Stunning Upset," *The Atlantic*, June 10, 2014, available at：http：//www.theatlantic.com/politics/archive/2014/06/eric-cantor-loses-in-stunning-upset/372550/.

Sanders）的强力挑战，这足以说明民主党内部反对传统政治精英的呼声上升。

第四，社交媒体的个性化动员改变了本次大选的竞选生态。大众传媒的变革既是经济和社会发展的产品，也是理解美国政治进程的钥匙。^①如果说 2004 年霍华德·迪安（Howard Dean）的总统初选标志着美国竞选政治步入了互联网时代，那么 2016 年大选无疑是社交媒体首次全面介入竞选活动的一场选举。皮尤研究中心的一项调查显示，在 18 岁到 29 岁的受访者中，有 35% 的人将社交媒体视为获取大选信息的最重要来源，排名第二位的是新闻网站和手机应用（18%）；而在 30 岁到 49 岁的受访者中，虽然 21% 的人将电视视为最重要来源，但更愿意借助新闻网站和社交媒体的人也分别有 19% 和 15%，总数同样多于传统媒体。^②

从目前来看，互联网特别是社交媒体在竞选中的广泛应用对政治参与的影响程度仍不确定，^③但互联网和社交媒体的确已改变了美国竞选政治的运作方式。其一，研究证明，互联网并未为选民提供广泛而公开的信息，反而会促使选民只关注那些他们支持的候选人的信息，只与那些有共同倾向者建立联系，从而固化甚至极端化选民的政治倾向。^④其二，传统媒体在议程设置上要么被政治精英操控，要么充斥着政治人物的负面信息，因而逐渐引发公众的反感，^⑤社交网络等新媒体则取而代之，甚至为无法得到主流媒体支持的"反建制派"政治人物提供了传播与动员的主要渠道。按照桑德斯本人在选后的描述，其"推特"（twitter）和"脸谱"（facebook）账户在竞选中分别增加了 300 万和 500 万个关注者，

① ［美］W. 兰斯·班尼特：《新闻：政治的幻象（第 5 版）》，杨晓红、王家全译，当代中国出版社 2005 年版，第 15 页。

② "The 2016 Presidential Campaign: A News Event That's Hard to Miss," *Pew Research Center*, Feb. 4, 2016, available at: http://www.journalism.org/2016/02/04/the-2016-presidential-campaign-a-news-event-thats-hard-to-miss.

③ Yonghwan Kim, Hsuan-Ting Chen, and Homero Gil de Zuniga, "Stumbling upon News on the Internet: Effects of Incidental News Exposure and Relative Entertainment Use on Political Engagement," *Computers in Human Behavior*, Vol. 29, Issue 6, Nov. 2013, pp. 2607-2614.

④ Philip Paolino and Daron R. Shaw, "Can the Internet Help Outsider Candidate Win the Presidential Nomination?" *P. S.*, Vol. 36, Issue 2, April 2003, pp. 193-197.

⑤ ［美］W. 兰斯·班尼特：《新闻：政治的幻象（第 5 版）》，第 95 页。

"我们通过对社交媒体潜力的挖掘为'进步主义政治'著书立说了"。① 其三，互联网与社交媒体重构了竞选的募款模式，社交媒体构建起双向互动，实现了与动员反向的捐款。② 桑德斯在初选中通过互联网得到了 250 万个捐款人的 800 万笔捐款，③ 而他募集到的 2.28 亿美元个人捐款中的 59% 为小额款项，其中互联网与社交媒体的贡献颇多。④

需要指出的是，在共同塑造 2016 年大选走向的上述四个因素中，只有开放式选举结构的影响力仅限于本次选举阶段，其他三个如民怨情绪、"反建制派"倾向以及社交媒体对政治的介入等趋势，将继续左右美国政治未来的发展路径与样貌。

二 对 2016 年大选结果的评析

2016 年美国大选以共和党在总统、国会和各州层次的胜利而落下帷幕。相较而言，共和党在国会两院继续维持多数的结果在选前得到了较多的预见：共和党在第 114 届国会众议院中占据的 59 席多数是 1929 年第 71 届国会以来该党占据的最大规模优势，在大选年的国会选举中被翻盘的难度略大；共和党在国会参议院选举中较为关键的席位如宾夕法尼亚、威斯康星、北卡罗来纳、新罕布什尔、伊利诺伊等州均为在任者谋求连任，整体上胜算也略大。与国会两院选情的相对稳定不同，总统大选的结果超出了多数人的普遍预期：民主党总统候选人希拉里·克林顿不但同时失去了佛罗里达州、俄亥俄州、艾奥瓦州等关键摇摆州，而且还在此前被预期选情稳健的宾夕法尼亚州、密歇根州及威斯康星州等所谓"锈蚀带"（Rust Belt）⑤ 各州以微弱劣势不敌共和党总统候选人特朗

---

① Bernie Sanders, *Our Revolution* (New York: Thomas Dunne Books, 2016), p. 100.

② Matthew Hindman, "The Real Lessons of Howard Dean: Reflections on the First Digital Campaign," *Perspectives on Politics*, Vol. 3, No. 1, March 2005, pp. 121 – 128.

③ Bernie Sanders, *Our Revolution* (New York: Thomas Dunne Books, 2016), p. 100.

④ 参见 OpenSecrets. org 关于桑德斯竞选经费的相关网页：https://www.opensecrets.org/pres16/candidate. php? id = N00000528。

⑤ "锈蚀带"是指传统制造业广泛分布的美国大湖区与中西部各州。该区域是美国经济衰退、人口流失、城市衰败最为明显的区域之一，也是美国蓝领中下层群体分布最为密集的地区之一。

普。虽然以 48.2% 比 46.3% 领先特朗普将近 257 万张选民票，但希拉里·克林顿仍以 232 比 306 的选举人团票的差距输掉了选举，这也是美国历史上第五次发生选民票与选举人团票相悖的选举结果。[①] 面对这一始料未及的大选结果，美国政治的历史周期、特朗普对竞选的准确定位以及希拉里·克林顿作为候选人的天然欠缺等因素，或可提供一些初步的解释视角。

第一，美国政治的历史周期正在转向共和党。关于美国历史周期的讨论以美国历史学家施莱辛格父子的研究流传最广。基于老阿瑟·施莱辛格（Arthur M. Schlesinger, Sr.）关于保守主义与自由主义交替主导且两者平均 11.5 年更迭一次的论断，小阿瑟·施莱辛格（Arthur M. Schlesinger, Jr.）提出了关于美国联邦政府的国内政策在"公共利益"（public purpose）与"私人利益"（private interest）之间摇摆的历史周期理论。他还提出，每次回摆大概需要 25 年到 30 年。[②] 通常而言，"公共利益"导向的选举即偏自由派主张的得势，比如 1901 年的老罗斯福、20 世纪 30 年代的小罗斯福和 20 世纪 60 年代的肯尼迪政府；而"私人利益"主导的选举开启的则是保守主义思潮笼罩的政府，如 20 世纪二三十年代的"哈丁—柯立芝—胡佛"政府和 20 世纪 80 年代的里根政府。[③] 基于小施莱辛格的理论，美国立国以来的 52 次大选分为 20 次"公共利益"主导及 32 次"私人利益"主导，而至少自 1856 年以来，"公共利益"或"私人利益"导向基本上分别与民主党或共和党相对应。[④]

美国目前所处的历史周期基本上是"公共利益"导向的，发端于 1992 年当选的克林顿。即便在 2001 年到 2008 年是共和党人小布什执政，但他在国内政策议题上的某些做法还是体现了"公共利益"倾向，这体

---

① "Presidential Results," *CNN Politics*, Dec. 4, 2016, available at: http://www.cnn.com/election/results/president.

② Arthur M. Schlesinger, Jr., *The Cycles of American History* (Boston: Mariner Books, 1999), p. 31.

③ 谢韬：《从大选看美国的历史周期、政党重组和区域主义》，《美国研究》2012 年第 4 期，第 30—45 页。

④ Stewart J. H. McCann, "Schlesinger's Cycles of American History and Presidential Candidate Age (1789 – 1992): When Younger Is Better," *Political Psychology*, Nov. 2001, Vol. 27, No. 11, pp. 1429 – 1439.

现在他宣称的"富有同情心的保守主义"的社会政策上，比如将部分处方药纳入医疗保险范围，以及"一个孩子都不能少"（No Child Left Behind）的教育改革等政策。值得注意的是，在 2009 年以来奥巴马政府推进全民医改、向富人征税、移民改革等"公共利益"导向的自由派政策的同时，一系列要求"个人利益"的政治浪潮也此起彼伏，比如主张"有限政府"、反对政治精英的"茶党"运动，以及在 2016 年大选中得以充分体现的中下层白人群体的民怨情绪。换言之，2016 年大选或 2020 年大选正处于从"公共利益"回摆到"私人利益"即从民主党转向共和党的周期调整点上，而特朗普及共和党的竞选活动很好地顺应了这一周期趋势。

具体观察，本次大选初步具有了历史周期摆动所带来的"政党重组"（party realignment）与"区域主义"（sectionalism）整合的某些端倪。从"政党重组"角度而言，虽然仍不能确定 2016 年大选是一次促使两党选民基本盘发生重大变化的"关键性选举"，但从选举结果看，特朗普扩展了共和党在中下层特别是蓝领群体中的支持度。从大选出口民调数据观察，对比 2012 年大选，在本次选举中，共和党增长最多与民主党减少最多的同步变化群体包括了"中学教育及以下者"（共和党增加 16%、民主党减少 19%）、"家庭年收入三万美元以下者"（共和党增加 6%，民主党减少 10%），以及"非婚男性"（共和党增加 5%、民主党减少 10%），这些群体的变化直接反映了受教育程度偏低的蓝领中下层在本次选举中支持特朗普而非希拉里·克林顿的态势。[1] 而在"区域整合"意义上，决定最终选举结果的宾夕法尼亚州、威斯康星州和密歇根州三州正是蓝领中下层选民聚集的"锈蚀带"地区，而"锈蚀带"地区逐渐从民主党基本盘转入共和党基本盘的态势事实上自金融危机以来就已悄然开启。与 2008 年大选相比，奥巴马在 2012 年不但输掉了位于"锈蚀带"的印第安纳州，而且其胜出比例缩水幅度最大的五个州中除佛罗里达州

---

① 依照公开出口民调的数据计算而成。资料参见"Exit Polls," *CNN Politics*, Nov. 23, 2016, available at: http://www.cnn.com/election/results/exit-polls/national/president, 以及"United States Presidential Election, 2012," *Wikipedia*, available at: https://en.wikipedia.org/wiki/United_ States_ presidential_ election,_ 2012#Voter_ demographics。

（31%）、内华达州（53%）等摇摆州外，就是"锈蚀带"的威斯康星州（49%）、宾夕法尼亚州（52%）和密歇根州（57%）三州。[①] 在 2016 年大选中，希拉里·克林顿只是延续了奥巴马任内民主党在"锈蚀带"地区逐渐失势的大趋势，该地区的区域整合直接将共和党候选人特朗普送入了白宫。

第二，特朗普实施了驾驭 2016 年大选态势的精准竞选。客观而言，2016 年大选中的开放式选举结构、求变的民怨情绪、"反建制派"风向和社交媒体动员等趋势都对传统政治精英不利，但都有助于特朗普的竞选；而特朗普则充分利用了本次大选的特定环境与趋势，实现了精准的动员与竞选。

其一，特朗普有效地迎合了以中下层白人为代表的民怨情绪。在其 2015 年出版的竞选书《跛足美国：如何让美国再强大起来》（*Crippled America：How to Make America Great Again*）的开篇，特朗普就将封面选择其愤怒的肖像照解释为因为美国民众如今也正在怀有同样的不安、焦躁、愤怒甚至是恐惧的情绪。[②] 面对全球化冲击下的民怨情绪，与桑德斯的"平民主义"方案不同，特朗普始终强调"美国优先"，推崇"本土主义"（nativism）的解决方案。具体而言，特朗普将目前美国所有的问题都定义为是"非美国"或者"非本土"的，占主导地位的白人群体并没有错，而是外部世界的"他者"或者移民的过错，因而要阻断这些"非本土"因素的负面牵扯或介入。在众多政策议程中，特朗普在贸易与移民问题上颇为极端，在竞选中多次提出以反对自由贸易、对相关国家课以重税等政策强行实现制造业的回流；以在美墨边境筑墙、全面禁止穆斯林入境、全面驱逐"无证移民"等政策捍卫白人权益。在对外政策方面，特朗普并不赞同美国维持与其他国家的盟友关系，认为应该专注于

---

① 依据美国联邦选举委员会公布的 2008 年及 2012 年总统大选各候选人在各州得票数字记录计算而成。资料参见 "Federal Elections 2008：Election Results for the U. S. President, the U. S. Senate and the U. S. House of Representatives," *Federal Election Commission*, July 2009, available at：http：//www. fec. gov/pubrec/fe2008/federalelections2008. pdf, 以及 "2012 Election Results：Official Vote Totals by States," *Federal Election Commission*, available at：http：//www. fec. gov/pubrec/fe2012/tables2012. pdf。

② Donald J. Trump, *Crippled America：How to Make America Great Again* (New York：Threshold Editions, 2015), p. iv.

应对美国的"真正威胁"。①

特朗普将民怨引向"非本土"因素的竞选操作在当今美国不乏吸引力。通常而言，特朗普的支持者被认为是受教育程度较低的白人男性，即那些在全球化冲击下低水平就业且要养家糊口的群体。但随着选举的逐步推进，特朗普的支持群体呈现出扩大态势：受教育程度较高者、传统经济（农业、建筑业、制造业和贸易）的从业者、基督教福音派以及更为广泛的美国本土出生者，甚至在获得合法身份的新移民中，都不同程度地存在着特朗普的支持者。② 换言之，不同阶层与群体的美国人都存在不满与怨气，而特朗普的"本土主义"解释可以令他们接受。也正是在这种状况下，美国社会中出现了实际支持特朗普的所谓"沉默的选民"，而且这些人在接受民调问答时可能出于对"政治正确"的考虑而隐瞒自身真实的意图，从而导致了特朗普在民调中被低估的现象的出现。事实上，从出口民调来看，相对于 2012 年米特·罗姆尼（Mitt Romney）的表现，特朗普在非洲裔、拉美裔、亚裔等群体中的支持率均有所成长。③ 更有研究发现，在从中国、墨西哥等国竞争性进口增长的美国各县中，特朗普获得的支持率都超过了这些县过去 20 年对共和党支持的平均水平。④

其二，特朗普充分地迎合了"反建制派"的政治审美。相对于杰布·布什等所代表的"建制派"甚至"家族政治"，特朗普等"反建制派"人选更能迎合当前美国民众普遍对华盛顿精英、极化政治的不满，以及希望改变传统"驴象"党争的诉求。特别是在对奥巴马无法满足民

① Donald J. Trump, op. cit., pp. 33 – 35.

② Neil Irwin and Josh Katz, "The Geography of Trumpism," *The New York Times*, March 12, 2016, available at: http://www.nytimes.com/2016/03/13/upshot/the-geography-of-trumpism.html.

③ "Exit Polls," *CNN Politics*, Nov. 23, 2016, available at: http://www.cnn.com/election/results/exit-polls/national/president; "United States Presidential Election, 2012," *Wikipedia*, available at: https://en.wikipedia.org/wiki/United_States_presidential_election,_2012#Voter_demographics.

④ Andrea Cerrato, Francesco Ruggieri and Federico Maria Ferrara, "Trump Won in Counties that Lost Jobs to China and Mexico," *The Washington Post*, Dec. 2, 2016, available at: https://www.washingtonpost.com/news/monkey-cage/wp/2016/12/02/trump-won-where-import-shocks-from-china-and-mexico-were-strongest/? from = timeline&isappinstalled = 0&utm _ term = .4b25ea3e5798&wpisrc = nl_ cage&wpmm = 1.

意诉求的失望之下，民众颇有"赌性"地期待一位距离传统政治更远的"反建制派"参选人可以实现某些切实的改变。值得一提的是，特朗普这种排外甚至颇有"种族歧视"意味的言论看似"政治不正确"，却被另外一种"政治正确"保护着，即反对或批评特朗普就是代表"建制派"政治精英、就是"反对渴求变革的民意"。

其三，特朗普知名度高，操纵媒体的技巧娴熟，善于开展互联网与社交媒体竞选。虽为富商，但特朗普多年来始终活跃于美国的各类传媒，在传播意义上具有"网红"特质。特朗普"跨界参选"本身就是新闻，而他在竞选过程中"语不惊人死不休"的言论表达，也时刻为美国媒体制造着新闻话题，客观上抬升了特朗普竞选的曝光度。2015年8月3日，共和党总统初选的首场电视辩论，就因为特朗普的参与吸引了 2400 万观众，创造了非体育赛事类节目的收视纪录。① 更为重要的是，特朗普通过社交网络实时向关注者发送信息，表达不同于传统政治人物的极端言论和政策立场，这种通过社交媒体实现的实时动员，影响甚至主导了传统媒体的议程，实现了传统方式无法企及的竞选效果。截至大选投票日，特朗普在"推特"上的关注者超出了希拉里·克林顿 400 万，同时他也是在"推特"和"脸谱"网站上被提及频率最高的候选人。②

第三，希拉里·克林顿并非适合 2016 年大选的理想候选人。在选前，无论是在联邦层次的综合民调还是在各州选举人团分布的预估中，希拉里·克林顿都握有更大胜算。最终落败的结果，除了开放式选举的高竞争性、各州选举人团对民意的重塑等因素造成的影响之外，希拉里·克林顿作为候选人的政策倾向与个人特质并不符合 2016 年大选的总体趋势，也是一个不容忽视的因素。

其一，希拉里·克林顿的政策立场无法有效地吸引蓝领中下层群体的支持。长期以来，希拉里·克林顿的政策站位属于 20 世纪 80 年代末期

---

① Lydia Wheeler, "Record Audience Tunes in for GOP Debate," *The Hill*, Aug. 7, 2015, available at: http://thehill. com/blogs/ballot-box/presidential-races/250549-early-numbers-show-record-audience-for-first-gop-debate.

② Laeeq Khan, "Trump Won Thanks to Social Media," *The Hill*, Nov. 15, 2016, available at: http://thehill. com/blogs/pundits-blog/technology/306175 – trump-won-thanks-to-social-media.

民主党内部崛起的"新民主党人"（New Democrats），这批人在经济财政议题上相对温和，在社会议题上较为自由，支持自由贸易，主张以促进经济增长来实现"就业福利"。[①] 而这种与奥巴马政府支持《跨太平洋伙伴关系协定》（Trans-Pacific Partnership Agreement，TPP）如出一辙的政策倾向无法得到蓝领中下层的拥护。正因为如此，代表民主党党内传统自由派即"进步主义民主党人"（Progressive Democrats）的桑德斯才以改革华尔街、反对自由贸易、促进社会权益平权等主张取得了工会组织和中下层民众的支持。虽然希拉里·克林顿在获得提名后也有意识地跟进桑德斯的"平民主义"主张、调整自己的政策立场，但她未能扭转民主党在蓝领中下层群体和"锈蚀带"地区支持度降低的整体困境。

其二，希拉里·克林顿的个人特质已不符合民主党的政治生态。从传统上来讲，民主党更易推出相对年轻的"新面孔"竞选包括总统在内的选任公职，民主党的政党生态也更青睐新鲜血液。而在 2016 年大选中，希拉里·克林顿不但是民主党建立以来最年长的总统候选人，也是长期混迹于政治舞台的"老面孔"。自实施现行初选制度的 20 世纪 70 年代以来，在七次开放式选举的初选中，民主党在前六次都产生了毫无总统选举经验的"新面孔"，只在 2016 年选择了曾经参与总统初选的"老将"希拉里·克林顿。这一变化极大地压低了民主党基本盘选民的参与热情：特朗普的选民票基本保持了 2008 年麦凯恩和 2012 年罗姆尼的 6000 万票左右的水平，而民主党的选民票却从 2008 年的 6949 万直接缩水了 1400 万；希拉里·克林顿在非洲裔（88%）、拉美裔（65%）、18 岁到 25 岁的年轻人（54%）群体中的支持率也都明显弱于 2012 年的奥巴马（93%、71%、60%）。[②] 换言之，拉低投票率的并非特朗普及共和党，而是对希拉里·克林顿热情骤降的民主党选民。

其三，希拉里·克林顿的"建制派"身份激化了本次大选中原本存

---

① Jon F. Hale, "The Making of the New Democrats," *Political Science Quarterly*, No. 110, 1995, pp. 208 – 211.

② 资料参见 "Exit Polls," *CNN Politics*, Nov. 23, 2016, available at: http://www.cnn.com/election/results/exit-polls/national/president; 以及 "United States Presidential Election, 2012," *Wikipedia*, available at: https://en.wikipedia.org/wiki/United_States_presidential_election,_2012#Voter_demographics。

在的矛盾。因为希拉里·克林顿与特朗普分获提名，总统大选转变为"建制派"与"反建制派"的正面对决。一方面，希拉里·克林顿充当了美国社会各界"建制派"精英反对特朗普的最佳代言人，导致了传统主流媒体"一边倒"背书的罕见情形，加深了精英群体与普通民众之间的裂痕。另一方面，希拉里·克林顿"公务私邮"的"邮件门"、民主党全国委员会的偏袒丑闻、克林顿基金会的海外献金传闻以及"维基解密"（WikiLeaks）曝出的一系列负面信息交互叠加作用于希拉里·克林顿，从而固化了希拉里·克林顿所谓"豪车自由派"（limousine liberal）的负面刻板形象，最终导致希拉里·克林顿沦为普通选民"反建制派"倾向的众矢之的，甚至在反华盛顿精英、期待切实变革的民众中酿成了不可小觑的"反动员"效果。[①]

三 特朗普面临的政治局面

特朗普的当选刷新了美国总统政治的多项纪录：继 1952 年德怀特·艾森豪威尔以来首位不具备政府工作经验的美国总统；至今最为富有和初次当选时最年长的美国总统。同时，特朗普是自 20 世纪 70 年代现行初选制度实施以来，首位在初选选民支持率未过半、大选选民票得票率未过半的情况下当选的美国总统。[②] 由于毫无政府工作经验可循，判断特朗普政府内外政策走向的重要依据之一即他竞选期间的各种政策表达，但竞选语言往往与实际政策存在较大差异。目前来看，从特朗普政府所要面对的民意环境、府会关系以及决策团队构成等角度加以观察，或可为其内外政策走向提供一些预判依据。

第一，特朗普必须回应多层次的民怨压力与变革需求。特朗普得以

---

① Steve Fraser, "Hillary is Trump's Dream Opponent: Clinton is Exactly the 'Limousine Liberal' his Coalition Distrust the Most," *Salon*, May 9, 2016, available at: http://www.salon.com/2016/05/08/hillary_is_trumps_dream_opponent_clinton_is_exactly_the_limousine_liberal_his_coalition_distrusts_the_most.

② Phillip Bump, "Trump Will Be the First Modern President to Get Less than Half of the Vote in Both the Primary and General," *The Washington Post*, Nov 30, 2016, available at: https://www.washingtonpost.com/news/the-fix/wp/2016/11/30/trump-will-be-the-first-modern-president-to-get-less-than-half-of-the-vote-in-both-the-primary-and-general/? utm_term=.302539805ab3.

当选的最重要选民基础是怀有不满情绪的蓝领中下层，特别是白人民众，因而他上台后必须兑现承诺，实现变革。又据民调显示，57%的受访者认为美国要处理好自己的事情，别国的事情让别国尽可能自己处理；认为美国在解决世界问题上做得太多的人为41%；49%的受访者深感美国介入世界经济是件坏事。① 这就意味着，特朗普极可能表现出极强的"内顾倾向"，即将关注点聚焦在美国国内议题而非国际议题上，着力安抚选民的思变情绪，将解决国内问题作为首要政策议程，在提振国民经济、推动移民改革、解决族裔矛盾、整顿华盛顿政治等议题上拿出有效举措。

2016 年 11 月 21 日，特朗普通过网络视频公布了一系列旨在回应国内民意诉求的举措，其中包括退出《跨太平洋伙伴关系协定》、取消能源产业就业限制、限制新监管规则、强化基础设施、调查劳工签证滥用以及加紧约束离任官员参与游说等。② 这些承诺说明，特朗普正在尝试从"竞选状态"转入"执政状态"，但他也面临着无法兑现承诺的极强挑战。其一，与选举期间相对极端甚至不切实际的竞选语言相比，特朗普在当选后的某些政策阐述更为务实，甚至更具可操作性。比如，在移民议题上，特朗普虽然仍强调要在美墨边境建长达 1000 英里的边境墙，但事实上他只是延续小布什政府以来已构筑 700 英里边境墙的一贯做法，③ 此外，特朗普也明确澄清要先行驱逐具有犯罪记录的非法移民；④ 又如，在奥巴马医改议题上，特朗普也公开表示将保留它的某些内容。⑤ 但令人意

---

① Bruce Drake and Carroll Doherty, "Key Findings on How Americans View the U. S. Role in the World," *Pew Rearch Center*, May 5, 2016, May 5, 2016, available at: http://www. pewresearch. org/fact-tank/2016/05/05/key-findings-on-how-americans-view-the-u-s-role-in-the-world.

② Tom LoBianco, "Donald Trump Outlines Policy Plan for First 100 Days," *CNN Politics*, Nov. 22, 2016, available at: http://www. cnn. com/2016/11/21/politics/donald-trump-outlines-policy-plan-for-first-100-days/.

③ Peter Andreas, "Yes, Trump Will Build His Border Wall. Most of It Is Already Built," *The Washington Post*, Nov. 21, 2016, available at: https://www. washingtonpost. com/news/monkey-cage/wp/2016/11/21/yes-trump-will-build-his-border-wall-most-of-it-is-already-built/? utm _ term = . 0a13b9 5cfbb4.

④ Louis Nelson, "Trump: Criminals Will Be Deported First," *Politico*, Nov. 13, 2016, available at: http://www. politico. com/story/2016/11/donald-trump-immigrants-criminals-231293.

⑤ Zulekha Nathoo, "Trump Appears to Backtrack on Obamacare in 60 Minutes Interview," *CBC News*, Nov. 12, 2016, available at: http://www. cbc. ca/news/entertainment/trump-60-minutes-teaser-1. 3848411.

外的是，特朗普就任一周后即 2017 年 1 月 27 日就公布了禁止中东七个穆斯林国家公民入境的总统行政令，即"禁穆令"。这种极度缺乏专业政策评估与执行部门协调的单边极端做法，说明特朗普急于回应选民诉求，甚至回归到了选举期间的极端轨道上。其二，特朗普目前提出的包括减税、反对现行多边自由贸易安排、强化基础设施建设投资等一系列提振美国经济的举措，在实际操作中不但可能难以奏效，而且这种"减收增支"的做法也极易导致美国联邦财政状况的进一步恶化。其三，虽然特朗普的政策议程以国内议题优先，但调整国内议题的过程也将对美国对外政策产生连锁影响，这方面最具代表性的例子是他宣布退出《跨太平洋伙伴关系协定》的公开表态。这种反对现行自由贸易安排、希望推进更为公平的双边贸易安排的做法，必将引发美国在世界经济舞台上所扮演角色的加速调整。

在对外政策方面，除了经贸利益调整的牵动之外，考虑到"内顾倾向"和新当选总统本人不熟悉政策，特朗普的外交政策甚至对外战略极可能存在较大的迟缓性与不确定性。其一，特朗普将经历比以往各届总统更为漫长的"学习周期"（learning curve），[1] 其完整对外战略的阐述可能要在就职后半年乃至一年后才会比较清晰。虽然当前美国两党在亚太战略上已具有高度共识，但特朗普政府的"新版"亚太战略的细节也极可能要等到 2017 年年底亚太经合组织领导人峰会前后才能公之于众。其二，由于选举期间并未得到共和党党内外交政策精英的支持，特朗普的外交团队极可能接纳更多强烈反对奥巴马外交政策、持新保守主义立场的官员与政策专家，甚至是某些非主流派人士。这就意味着，特朗普政府不但会扭转奥巴马政府在中东地区的"廉价存在"，而且会强化在亚太地区的意识形态介入与军事战略部署。其三，在对国际事务缺乏了解、在个性上易怒且易反戈一击的情况下，不排除特朗普会采取超出合理预期的超常举动，甚至是在突发事件的处理上表现出偏执倾向。这种不确定性至少将贯穿特朗普"学习周期"的始终。值得注意的是，特朗普不断熟悉国际事务的"学习周期"相对而言是可以被塑

---

① William B. Quandt, "The Electoral Cycle and the Conduct of Foreign Policy," *Political Science Quarterly*, Vol. 101, No. 5, 1986, pp. 825 – 837.

造的，他完全有可能采用延续共和党传统的外交战略；但他的"学习周期"仍至少存在两方面的变数：某些外交事务顾问可能利用特朗普在对外关系上的空白，误导他做出可能引发不可逆后果的外交动作；某些突发事件所引发的特朗普的极端反应，可能会导致其"学习周期"的提前终止。

第二，特朗普面临着较为脆弱的"一致政府"。特朗普作为共和党人当选总统且共和党仍然控制国会参众两院的多数席位，这种情况就构成了所谓的"一致政府"，这也是连续第四位美国总统首次当选后面对"一致政府"的状况。一般而言，"一致政府"下的府会关系有助于总统推进其内外议程，比较典型的近例是奥巴马在 2010 年推动完成了全民医改立法。但对于拥有"反建制派"身份的特朗普而言，他如何与国会共和党人保持合作，将是一个重要变数。其一，特朗普就任后的政策议程未必满足国会传统"建制派"共和党人的期待，比如，目前看，特朗普在边境调节税、财政预算调整、移民政策、自由贸易、气候变化、与北约关系、美俄关系等诸多议题上都与国会共和党人存在不同程度的分歧。① 即便在分歧较少的领域，特朗普也完全可能处于对传统精英的不信任而无法与国会有效合作。这就意味着，特朗普与国会共和党人要么实现妥协，要么回到奥巴马绕开国会、采取总统行政令等单方面行动推进其政策议程的老路上来。因此特朗普与国会的关系极可能重演卡特时代的"一致但不和谐"的尴尬局面。② 其二，特朗普的"反建制派"标签虽然在竞选期间赢得了国会内部同为"反建制派"的"茶党"势力特别是国会众议院"自由连线"（Freedom Caucus）议员的呼应，但这些"财政保守主义"立法者可能会极力抵制特朗普号称耗资一万亿美元的基础设施建设计划，进而提高财政与债务危机再现的概率。其三，国会共和党人在 2018 年中期选举中将面临失去多数席位的巨大风险。在自 1934 年至今的

---

① Aaron Blake，"6 Issues That Could Pit Donald Trump Against the GOP Congress," *The Washington Post*，Nov. 10，2016，available at：https：//www. washingtonpost. com/news/the-fix/wp/2016/11/10/6 – issues-that-could-pit-donald-trump-vs-the-gop-congress/? utm_ term = . 65f4f1df04c3.

② ［美］罗杰·H. 戴维森、沃尔特·J. 奥勒斯泽克、弗朗西斯·李、埃里克·希克勒：《美国国会：代议政治与议员行为（第 14 版）》，刁大明译，社会科学文献出版社 2016 年版，第 343—344 页。

21 次中期选举中，总统所在党大都会在国会两院丢失席位，平均在众议院减少 27 个席位，在参议院减少 3.8 个席位。[1] 这一平均值所导致的席位变化，足以抵消目前共和党分别在国会参众两院的 46 席和 4 席的多数地位。在参议院部分，33 个换届席位中有 23 个为民主党人所占据、2 个席位为与民主党结盟的独立人士所占据，且其中 10 个民主党席位来自特朗普获胜的州，因而共和党的不确定性略小。[2] 相较而言，背负更大改选压力的国会众议院共和党人或将在未来两年极力推动得以使其席位最大化的政策议程，特别是在特朗普内外政策无法兑现承诺、丧失民意支持的情况下，国会共和党人更具备选举动机来与总统保持距离，甚至展开竞争。同时，在 2018 年中期选举中国会众议院有望翻盘、国会参议院压力陡增的预期下，民主党可能倾向于在国会内提出激进立法并将立法失败归咎于共和党的阻碍，甚至反复采取冗长发言等极端方式阻碍特朗普和共和党的立法议程。这种国会民主党人的党争倾向，反而将加剧民众期待改变的两党政治极化与碎片化现象。

第三，特朗普的决策团队是封闭而内斗的决策核心圈。事实上，由于奥巴马缺乏华盛顿"圈内人"的经验，其核心决策团队基本上是其国会参议员任内或竞选期间的个人助手，这决定了其决策核心圈团队的封闭性与同构性。[3] 相比之下，特朗普身边的决策核心圈人士多为其竞选过程中的得力助手与主要支持者。由于他竞选期间进行了多次团队重组并接纳了多位"建制派"共和党人的加盟、背书，因而特朗普的决策核心圈不但具有封闭性，而且也充斥着"内斗"氛围。[4] 从目前来看，这个决策核心圈至少由三部分人组成：以副总统迈克·彭斯（Mike Pence）、曾

---

[1] "Seats in Congress Gained/Lost by the President's Party in Mid-Term Elections," *The America Presidency Project*, available at: http://www.presidency.ucsb.edu/data/mid-term_elections.php.

[2] Burgess Everett, "Reeling Democrats Confront Brutal 2018 Senate Map," *Politico*, Nov. 17, 2016, available at: http://www.politico.com/story/2016/11/senate-democrats – 2018 – midterms – 231516.

[3] 刁大明：《决策核心圈与奥巴马外交》，《现代国际关系》2015 年第 5 期，第 23—32 页。

[4] Kenneth P. Vogel, Nancy Cook, and Alex Isenstadt, "Trump Team Rivalries Spark Infighting," *Politico*, Nov. 11, 2016, available at: http://www.politico.com/story/2016/11/donald-trump-team-rivals – 231277.

任共和党全国委员会主席的白宫办公室主任莱因斯·普里布斯（Reince Priebus）为代表的传统共和党"建制派"；以曾任竞选团队首席执行官的白宫总战略师斯蒂芬·班农（Stephen Bannon）、白宫高级顾问史蒂芬·米勒（Stephen Miller）以及曾任竞选经理的顾问凯莉安妮·康威（Kelly-anne Conway）为代表的激进保守派，以及以特朗普大女儿伊万卡·特朗普（Ivanka Trump）、大女婿贾里德·库什纳（Jared Kushner）为代表的家庭成员。

自开启政府交接程序以来，传统"建制派"与激进保守派之间呈现出愈发明显的对抗态势，这主要表现为普里布斯和班农形成未来白宫相互竞争的"双引擎"。同时，在未来政府内阁职位的安排上，两派的角力在一定程度上造就了激进派人士领衔国家安全团队、温和重商派人士主导财政经贸领域的"对手内阁"。

这种在政府人事安排上的分歧极可能延续到特朗普未来的内外决策过程当中。值得注意的是，伊万卡、库什纳等特朗普的家庭成员在某些关键决策中始终扮演着至关重要的角色，甚至发挥了平衡传统派和激进派的协调作用。事实上，家庭成员的过多参与的确会引发包括家族企业利益与国家决策难以划清界限在内的一系列弊端，[1] 但这种情况同时也有可能提升特朗普政府决策的理性程度：家庭成员会顾及家族企业在特朗普卸任之后的商业利益，以及家庭成员个人未来的政治前景。

四 选后的美国政治走向：政党重组与社会运动

2016 年大选在美国政治发展中的地位或许只有在若干年之后的历史回望中才能辨明。但目前可以肯定的是，本次大选不但加剧了美国两党政治的重组，而且也可能引发新一轮社会运动的浪潮。

2016 年大选开启了民主、共和两党政治的新一轮重组与整合的漫长

---

① Richard C. Paddock, Eric Lipton, Ellen Barry, Rod Nordland, Danny Hakim and Simon Ro-mero, "Potential Conflicts Around the Globe for Trump, the Businessman President," *The New York Times*, Nov. 26, 2016, available at: http://www.nytimes.com/2016/11/26/us/politics/donald-trump-international-business.html? _ r = 0.

过程。如前文所述，蓝领中下层特别是其中的白人群体在本次选举中倒向了共和党，而且这种态势不仅限于总统选举层次，在国会选举等层次也有体现，如宾夕法尼亚州、威斯康星州两州的在任共和党籍国会参议员都在被预期不佳的情况下顺利连任。

引发蓝领中下层这一关键选民群体变动的原因很复杂，但首要的因素是 20 世纪 90 年代以来民主党相对忽视工会群体的发展态势。一方面，民主党为了扩大选民基本盘，将更大的热情倾注于建构所谓"身份政治"，吸引规模扩展加快的女性、非洲裔等少数族裔、城市年轻人、同性恋者、环保主义者甚至是新移民群体。① 这种"马赛克化"的政党发展模式逐渐将中下层白人群体的利益表达置于边缘位置。民主党建构"身份政治"倾向的最典型体现是在非洲裔与女性候选人之间展开的 2008 年民主党总统初选以及奥巴马的历史性当选。长期以来，民主党政府的一系列政策虽然可以同步惠及白人蓝领中下层，但后者始终认为自己只是少数族裔或移民群体的搭便车者。特别是在金融危机以来蓝领中下层"被剥夺感"加剧的情况下，民主党逐渐失去了这部分关键的选民群体。另一方面，与"身份政治"的影响同等重要的是民主党的"硅谷化"，即民主党人开始得到高新科技产业的支持，并为后者的利益代言。根据统计，接受过大学教育的选民已逐步成为民主党的中流砥柱，其占比从 1952 年的 12% 扩展到 2004 年的将近 60%，民主党阵营接受的来自信息技术产业的募款也逐年超过工会组织能够提供的水平。② 从盖茨到扎克伯格，从微软到谷歌，降低劳动力成本的高新科技产业至少在短期内无法代表蓝领劳工群体的诉求。

面对"身份政治"与"硅谷化"造成的失去蓝领中下层选民的困境，输掉了 2016 年大选的民主党阵营正在面临重新定位的抉择。事实上，国会众议院民主党党团在选后重新选举领袖时，在任者南希·佩洛西（Nancy Pelosi）就一度遭遇了代表劳工利益的来自"锈蚀带"俄亥俄州

① Francis Fukuyama, "American Political Decay or Renewal? The Meaning of the 2016 Election," *Foreign Affairs*, July/August 2016, pp. 58 – 68.

② Greg Ferenstein, "The Age of Optimists," *The Ferenstein Wire*, Nov. 5, 2015, available at: https://medium.com/the-ferenstein-wire/silicon-valley-s-political-endgame-summarized – 1f39578 5f3c1 #. gadgzdf1.

的国会众议员蒂姆·瑞安（Tim Ryan）发起的挑战。①

而在 2017 年 2 月 23 日至 26 日即将举行的民主党全国委员会主席的选举中，奥巴马时代的劳工部长托马斯·佩雷斯（Thomas Perez）和明尼苏达州国会众议员基思·埃利森（Keith Ellison）成为热门人选，最终佩雷斯当选主席，并任命埃利森为副主席。虽然佩雷斯和埃利森被认为分属所谓"新民主党人"和"进步主义民主党人"，但两人都具备有效回应"身份政治"与"阶层政治"的能力。佩雷斯是多米尼加裔美国人，曾常年在马里兰州和联邦政府层次主管劳工权益、民权维护、法律规制等相关议题，具有丰富政治经验、专业积累以及在联邦、州和地方层次的人脉关系。埃利森不但是非洲裔，而且是美国国会首位穆斯林议员，同时他所在的明尼苏达州也属于"锈蚀带"的边缘地区。② 佩雷斯与埃利森的出现，预示着民主党正在尝试在工会组织与少数族裔等群体的利益诉求之间寻求平衡，从而达到扭转该党在蓝领中下层及"锈蚀带"地区的不利态势的目的。但就像埃利森本人时常因极端言论而身陷争议一样，在全球化冲击下的获益群体与受损群体之间再度实现黏合，无疑是民主党未来需要应对的巨大考验。③

反观共和党，传统上被宗教与家庭价值观牵引的蓝领中下层在本次选举中固然认同了特朗普的"本土主义"，但特朗普执政亟须的共和党党内整合势必要经历一个漫长的过程。一方面，特朗普的当选和他执政后的政策议程，需要巩固 20 世纪 80 年代里根时期构建的温和重商派、军事鹰派及宗教保守派等党内势力的联盟。另一方面，蓝领中下层群体的诉求能否与共和党党内各传统势力实现共处，将是特朗普时代共和党重组

① James Hohmann, "Meet Tim Ryan, the Ohio Democrat Challenging Nancy Pelosi to Lead House Democrats," *The Washington Post*, Nov. 29, 2016, available at: https://www. washingtonpost. com/news/powerpost/wp/2016/11/29/meet-tim-ryan-the-ohio-democrat-challenging-nancy-pelosi-for-control-of-house-democrats/? utm_ term =. 0b38d7885ac1.

② David A. Graham, "Keith Ellison and the Battle for the Democratic Party," *The Atlantic*, Dec. 2, 2016, available at: http://www. theatlantic. com/politics/archive/2016/12/keith-ellison-and-the-battle-for-the-soul-of-the-democratic-party/509336/.

③ Chris Cillizza, "Keith Ellison's Coronation As DNC Chair Is Over," *The Washington Post*, Dec. 4, 2016, available at: https://www. washingtonpost. com/news/the-fix/wp/2016/12/04/keith-ellisons-coronation-as-dnc-chair-hit-a-major-hurdle-this-week/? utm_ term =. 2cf4db09d48f.

必须面对的重大挑战。最为外化而具体的现实问题是，一个由华尔街富翁、鹰派将军、极端保守派政党精英等组成的特朗普政府，将如何有效地回应蓝领中下层在经济与社会层面上追求公平的诉求。

2016 年大选酝酿着新一轮的社会运动，这突出表现为阶层与族裔意义上的抗争倾向。在本次大选过程中，政治精英层面的"极化"对峙态势逐步下沉到普通民众层面，进而可能激发继"茶党"运动、"占领华尔街"运动之后更大规模的社会运动。首先，本次大选的过程与结果凸显了当今美国阶层、族裔等层面的尖锐矛盾。未来一旦特朗普政府无法有效地兑现承诺，求变的白人中下层完全可能掀起新一轮反抗精英层的社会运动。同时，由于特朗普在解决族裔矛盾与移民问题上并不积极，甚至还推出了所谓"禁穆令"这样的极端政策，不排除有可能不断涌现与"黑人的命也是命"（Black Lives Matter）类似的社会运动。其次，当前美国选民（2.19 亿）结构已形成了"婴儿潮一代"（7490 万）与"千禧年一代"（7540 万）并立的双核结构。① 相较而言，"千禧年一代"受到金融危机及全球化的冲击更大，更渴望平等的机会与权利，更容易反对美国现行的政治经济体制，持续成为社会运动的主力。再次，互联网与社交媒体所实现的动员极大地促进了社会运动的兴起。特别是在特朗普通过"推特"等社交媒体实现以所谓"永续竞选"（permanent campaign）为特征的执政时，自下而上被煽动的民意也会以社会运动的方式向政治精英发起挑战。

结　语

2016 年大选与其说是一次竞选，不如说更像是一场社会运动，一场怀有变革与"反建制派"民怨情绪的白人蓝领中下层在社交媒体动员下进行的社会运动。"反建制派"候选人特朗普为共和党提供了吸引蓝领中下层这一关键选民群体的"本土主义"理念，进而很好地顺应了 2016 年

---

① Shanika Gunaratna, "Millennials Reach A U. S. Population Milestone," *CBS News*, April 25, 2016, available at: http://www.cbsnews.com/news/millennials-surpass-baby-boomers-us-census-data-largest-living-generation.

大选的总体趋势。"建制派"候选人希拉里·克林顿无论是在政策立场还是在个人特质上都已不适合本次选举的特定环境，最终因无力扭转民主党在蓝领中下层群体及"锈蚀带"地区的颓势而落败。

不可否认，特朗普及共和党的胜利，远非美国选民为当前内外困境寻求到的最佳解决方案，而是选民对传统精英提出的方案的彻底否定以及对非传统精英方案的"赌性"期待。这就意味着，对特朗普而言，胜选只是迈出的第一步，能否兑现承诺、切实解决问题，才是接踵而至的更大考验。如果无法实现诺言，他要么很快被"建制派"精英同化，要么只能通过不断的极端举动来维持部分但却足够多的民意支持，实施社会运动般的执政。

可以预见，特朗普的当选预示着美国政党政治新一轮漫长重组的开始，并将美国再度抛入了以阶层与族裔意义上的抗争为主题的社会运动的多发期与易发期。但无论如何，特朗普政府极可能并非是切实变革的起点，而是民怨情绪的下一个目标，美国政治进而也将步入充斥着冲突与不确定性的自我调整阶段。

（刁大明：中国社会科学院美国研究所助理研究员）

2016 年美国大选不同寻常

刘得手

【内容提要】 2016 年的美国大选备受瞩目，这是一场不同寻常的大选。其不同寻常主要表现在争夺异常激烈的初选、负能量充斥的选战、"建制派"与"反建制派"对决、出人意料的选举结果几方面。

【关键词】 美国政治　美国大选　建制派　反建制派

当地时间 2016 年 11 月 9 日凌晨，美国共和党总统候选人唐纳德·特朗普在其位于纽约的竞选总部——特朗普大厦发表胜选演讲，这标志着他成功击败民主党总统候选人希拉里·克林顿，赢得 2016 年美国总统选举，即将成为美国第 45 任总统。自此，历时一年有余、轰轰烈烈的美国大选终于落下帷幕。

选战硝烟尚未散尽之际，美国新政府的内政外交政策已然成为各方关注的焦点。然而，到目前为止，"不确定"恐怕是对特朗普政府政策走向的最贴切解读。为何如此？这与不同寻常的美国大选有密切关系。深入分析这场大选的不同寻常之处，对于未来探讨特朗普政府执政背景、政策取向大有裨益。

一　争夺异常激烈的初选

根据 1947 年 3 月 21 日，美国众议院通过并由参议院于 1951 年 2 月 27 日批准的美国宪法第 22 条修正案，任何人不得超过两次当选总统，任何人在其他当选总统的一届任期内担任总统职位或代理总统职务超过两年，不得超过一次当选为总统。① 按照这一法律规定，由于奥巴马总统两届任期将满，没有资格参加 2016 年的总统大选。因此，2016 年美国总统选举是一次没有现任总统参加的开放性大选，这一定程度上导致美国民主、共和两大政党内部参选人数多，初选争夺激烈，其中尤以共和党的表现为甚。②

在民主党内初选中，先后有 6 人宣布参选。民主党内总统候选人的争夺主要在希拉里·克林顿和佛蒙特州联邦参议员伯尼·桑德斯之间展开，桑德斯自称"社会主义者"，他提出免费教育、全面医保及扩大社会安全福利等竞选主张，赢得了广大千禧一代选民的支持。尽管在初选中希拉里的优势十分明显，但是由于她一直受到诸如"邮件门""班加西事件"等负面新闻的困扰，桑德斯赢得党内提名并非毫无可能，为此，他从未正式宣布退出，一直将竞选进行到民主党召开全国代表大会，提名希拉里为党内候选人。

在共和党党内初选中，先后正式宣布参选的人数达 17 人之众，这是美国民主、共和两大政党历史上一党内部宣布正式参选人数最多的一次，打破了 1972 年民主党内 16 人参选的历史纪录。而此前的纪录也是由共和党创下的，即 1948 年有 15 人参加共和党初选。③ 在 17 位共和党总统候选人中，不乏美国政坛重量级人物，如现任俄亥俄州州长约翰·卡西奇（John Kasich）、新泽西州州长克里斯·克里斯蒂（Chris Christie）、德克萨斯州参议员泰德·克鲁兹（Ted Cruz）、佛罗里达州参议员马克·卢比奥（Mark Rubio）和前佛罗里达州州长杰布·布什（Jeb Bush）、前阿肯

---

① Amendment 22 – Presidential Term Limits，http：//www. usconstitution. net/xconst_ Am22. html.

② 乔治城大学吉姆·朗格（Jim Lengle）副教授认为，连续两届控制白宫的政党几乎都会在下一次选举中失利，这使那些怀有总统梦想的共和党人看到其在 2016 年选举中获胜的大好机会。参见 Jill Ornitz，Here's Why The 2016 Republican Presidential Primary Could Make History，ht-tp：//abcnews. go. com/Politics/heres – 2016 – republican-presidential-primary-make-history/story？id＝32767880。

③ Jill Ornitz，Here's Why The 2016 Republican Presidential Primary Could Make History，ht-tp：//abcnews. go. com/Politics/heres – 2016 – republican-presidential-primary-make-history/story？id＝32767880。

色州州长迈克·赫克比（Mike Huckabee）等。其中克鲁兹在女性、福音派及年长选民中享有广泛支持。而卢比奥的支持者则是男性、年轻选民，他还颇受有影响力的共和党人士的青睐。① 他们一度是特朗普初选道路上的"劲敌"，对其构成不小压力。

从 2015 年底开始，共和党内部谈论在克利夫兰共和党全国代表大会召开之前无法产生党内总统提名人的前景。② 这种谈论源于人们预测现有的共和党候选人在初选中无人能拿到获得提名资格所必需的 1237 张代表票。2016 年 3 月 17 日，美国众议院议长保罗·瑞安（Paul Ryan）公开表示，7 月共和党很可能会面临一次开放的全国代表大会。③ 4 月 5 日，克鲁兹赢得威斯康星州后，美国有线电视新闻网（以下简称 CNN）撰文认为，这使共和党离竞争的全国代表大会又近了一步。④ 5 月 3 日，特朗普以较大优势赢下印第安纳州后，得票数位居第二的竞争对手克鲁兹发表了退选声明。次日，共和党全国代表大会主席赖因斯·普里伯斯（Reince Priebus）发推文表示，特朗普已经是共和党推定的提名人，号召党内同人团结起来，集中力量击败希拉里。而此时，特朗普唯一的竞争对手卡西奇的总策略师约翰·维佛（John Weaver）仍表示，"我们的战略一直是并继续是在一个开放的全国代表大会上赢得提名"⑤ 似乎还在等待变数出现。

二 负能量充斥的选战

不夸张地说，2016 年的美国大选自始至终充斥着人身攻击、阴谋论

---

① Janell Ross, Who really supports Donald Trump, Ted Cruz, Ben Carson, Marco Rubio and Jeb Bush-in 5 charts, https://www.washingtonpost.com/news/the-fix/wp/2015/12/15/who-really-supports-donald-trump-ted-cruz-ben-carson-marco-rubio-and-jeb-bush-in－5－charts/? utm_term＝.52c042886c96.

② David Jackson, Floor fight in Cleveland? Republicans discuss brokered convention, Dec. 11, 2015, http://www.usatoday.com/story/news/politics/onpolitics/2015/12/11/floor-fight-cleveland-republicans-discuss-brokered-convention/77139938/.

③ Foxnews, Ryan says open GOP convention "more likely", March 17, 2016, http://www.foxnews.com/politics/2016/03/17/ryan-says-open-gop-convention-more-likely.html.

④ Stephen Collinson, Cruz win moves GOP closer to contested convention, April 6, 2016, http://edition.cnn.com/2016/04/05/politics/wisconsin-primary-highlights/index.html.

⑤ Stephen Collinson, Donald Trump: Presumptive GOP nominee; Sanders takes Indiana.

及丑闻，弥漫着仇恨、愤怒、焦虑及无助的情绪，这一切形成一张硕大无比的网，将候选人及其支持者、政客、媒体等一并网罗其下。

在这张大网的中央是两名美国历史上最不受欢迎的候选人：特朗普和希拉里。美国媒体 2016 年 8 月底公布的一项民调显示，特朗普和希拉里双双打破一项尴尬纪录，前者成为 20 多年来最不受欢迎的总统候选人，后者以微弱劣势紧随其后。许多民众认为两人均无法胜任总统一职。①

两位候选人之间相互攻讦，他们都认为如果对方当选，那将是一场灾难。特朗普还威胁说，如果他当选，他就会将希拉里送进监狱。② 无疑，这种言论是极其出格的。大选辩论原本是候选人激辩各自政策主张的舞台，却成为"揭短大会"。在第二场大选辩论中，特朗普不仅以"邮件门"攻击希拉里，还翻出前总统克林顿的性丑闻从心理上打击对手。希拉里则紧盯特朗普针对女性的"黑历史"不放，特别是曝光的"录音门"。

不仅候选人之间相互攻击，两位候选人的支持者之间也相互对立。在乔治·弗里德曼（George Friedman）看来，这是 2016 美国大选的一个特点：双方的大多数选民之间不仅仅意见有分歧，其实还经常激怒对方。两位候选人的支持者不仅仇视对方的候选人还蔑视对方的支持者。甚至双方之间的暴力冲突也时有发生，由此而导致的混乱恐怕是自 20 世纪 70 年代以来所罕见的。③

阴谋论也大行其道。本次美国大选期间，候选人以阴谋论为武器吸引选民，打击对手。这其中主要有 5 种阴谋论：其一，墨西哥人和难民是杀人犯、强奸犯和恐怖分子。这是特朗普在竞选途中数次论及的一个话题，其用意是为了吸引那些对奥巴马政府的移民及难民政策不满的选民。其二，"这里面有事儿"。这也是特朗普时常讲的一句话，暗示美国政府及信息传播机构不仅是恶意的，而且在从事瞒天过海的勾当。其三，

---

① 转引自新华网《美国选举满满负能量选民焦虑堪比"9·11"》，http：//news. xinhua-net. com/world/2016－11/03/c_ 129348048. htm？_ t_ t_ t＝0. 6061447968240827。

② Gregory Krleg, Trump threatens to jail Clinton if he wins election, http：//edition. cnn. com/2016/10/09/politics/eric-holder-nixon-trump-presidential-debate/index. html.

③ 参见 George Friedman, Is the 2016 Presidential Election Unique? https：//geopoliticalfu-tures. com/is-the－2016－presidential-election-unique/。

特朗普、希拉里是代表他国的候选人。这是一种两位候选人用以相互攻击的阴谋论，特朗普利用希拉里的"邮件门"进行攻击，他声称由于希拉里的邮件遭受黑客攻击，他国就会利用这一点对其进行讹诈或控制。而希拉里一方则针锋相对，以广告宣称特朗普是"俄罗斯利益的代理人"。其四，右翼的大阴谋。这是 20 世纪 90 年代时任第一夫人希拉里的一大发明，针对时任总统克林顿因莱温斯基丑闻而遭受的调查，她说，这是自我的丈夫宣布竞选总统之日起，右翼就一直密谋针对他的一个巨大阴谋。她还声称，在这个选举周期这一阴谋得到了"更好资助"。其五，一切都是"操纵"。在初选阶段，特朗普和桑德斯不断指控提名过程被"操纵"了。特朗普还声称，在那些没有为选民身份证立法的州，欺诈行为将变得猖獗，人们将投票"15 次"。他还断言，希拉里竞选能赢得宾夕法尼亚州的唯一途径是"他们作弊"。[①]

不仅如此，民调数据还显示，与其他两位共和党候选人克鲁兹和卡西奇的支持者相比，特朗普的支持者更相信稀奇古怪的阴谋论，例如，40% 的特朗普支持者坚信奥巴马总统隐藏了有关其背景和早年生活的重要信息，持同样看法的克鲁兹及卡西奇的支持者则分别为32%、28%；52% 的特朗普支持者认可或确信他在竞选中几次提到的一个观点，即疫苗导致自闭症。持同样看法的克鲁兹及卡西奇的支持者则分别为 49%、45%；21% 的特朗普支持者认为康涅狄格州新城一所小学发生的屠杀事件是假新闻，其目的是推动控枪，持同样看法的克鲁兹及卡西奇的支持者则分别为 20%、17%；29% 的特朗普支持者对全球变暖持怀疑态度，他们认为这是科学家捏造的，持同样看法的克鲁兹及卡西奇的支持者则分别为 25%、22%；50% 的特朗普支持者认为时任国务卿的希拉里明知美国驻利比亚班加西外交使团会遭到恐怖袭击，但她没有采取保护措施。持同样看法的克鲁兹及卡西奇的支持者则分别为 43%、40%[②]。

---

① Joseph Uscinski, The 5 Most Dangerous Conspiracy Theories of 2016, http://www.politico.com/magazine/story/2016/08/conspiracy-theories-2016-donald-trump-hillary-clinton-214183.

② Max Ehrenfreund, The outlandish conspiracy theories many of Donald Trump's supporters believe, https://www.washingtonpost.com/news/wonk/wp/2016/05/05/the-outlandish-conspiracy-theories-many-of-donald-trumps-supporters-believe/? utm_ term = . f1369c1a9a0f.

三 建制派与反建制派对决

《美国思想者》（*American Thinker*）刊文认为，自美国宪法正式批准后的 228 年来，历史上历次美国总统选举周期都是以一个压倒性的议题或运动为标识。2016 年的深层主题是对政治"建制派"的愤怒和厌恶。根据民意调查，绝大多数美国人认为他们的家庭和国家的前景极为惨淡，当前的华盛顿政治领导人是自大狂、贪婪、自恋或无能。自大萧条初期以来，美国公民，无论其政治背景如何，还从未如此恐惧未来，并对自己国家的统治阶级如此愤怒。① 政治策略师马克·麦金农（Mark McKinnon）在美国国家公共电台表示，2016 是他见过的"反建制派"（anti-establishment）最强烈的一次竞选。②

所谓"建制派"，到目前为止其实并没有一个确切的定义。据考证，这个词是由已故美国政治记者亨利·费尔利（Henry Fairlie）在 1968 年《纽约客》（*New Yorker*）上发表的一篇文章中发明的。在该文中，他回顾自己 1955 年 9 月 23 日在《旁观者》（*Spectator*）上撰写的一篇文章中对于"建制派"的定义，即它既是"官方权力"的中心，也是权力行使所依赖的官方与社会关系整体矩阵的中心。《牛津英语词典》采用了费尔利的这一定义。③

由于有关"建制派"的定义是不明确的，在 2016 年的大选中，它成了一个被滥用的术语。在功能上，它也是多变的。有时它成了候选人用于攻击对手的万能棒，而有时则又是他们避之唯恐不及的标签，一旦贴上，则大为不妙。在共和党初选中，领跑的特朗普和克鲁兹都是以反

---

① Steve McCann, The American People vs. the Political Establishment, http://www.americanthinker.com/articles/2016/01/the_american_people_vs_the_political_establishment.html.

② Danielle Kurtzleben, People Keep Talking about "the Estblishment", What Is It, Anyway? http://www.npr.org/2016/02/11/466049701/how-establishment-became-the-buzzword-of-the-2016-election.

③ Jack Shafer, What Is the "Establishment" Now? http://www.politico.com/magazine/story/2016/01/what-is-the-establishment-now-213565.

"建制派"斗士的面目示人①。而杰布·布什则是共和党建制派的首选，结果他就在民调中迅速"凋萎"，而特朗普和克鲁兹则遥遥领先。② 在民主党初选中，桑德斯称希拉里是"民主党建制派候选人"。希拉里则在接受 CNN 采访时反击桑德斯，她说，桑德斯才是真正的"民主党建制派候选人"。他一直在国会任职，他被选进国会的时间比我长。③ 说这话时，希拉里恐怕不希望人们记得她还曾是美国的前第一夫人，现任奥巴马政府的前国务卿。

然而，无论学界对特朗普自诩的"反建制派"身份存在多少质疑，也无论希拉里多努力将自己与"建制派"撇清关系，普通选民自有他们的判断。对此，CNN 刊文认为，大多数美国人，尤其是特朗普的支持者，不相信政府。草根选民还对"建制派"精英怀有深深的敌意。特朗普缺乏担任公职的经历成为选民对"局外人"诉求的一部分，可能有助于他的当选。这一点可以通过一位特朗普的支持者的推文得到印证，他说，"感谢上帝，特朗普不是一个政客，而是一个斗士，他将为我们——人民——而战。"④

事实证明，无论是在两党初选，还是在大选阶段，特朗普就像一架校准的愤怒机器，他打破"政治正确"的禁忌，专门向那些敏感问题，如医保、税收、自由贸易以及移民等问题开火。⑤ 他宣称将替换奥巴马政府的《平价医疗法案》，废除《跨太平洋伙伴关系协定》（TPP），承诺为大多数美国人减税，在美墨边境修一堵墙，以及呼吁一定前提下完全、

① 鉴于特朗普，据他个人声称，在过去的 40 年里，曾向两党捐款数百万美元，因此，他自诩的反建制派身份遭受质疑。特朗普和克鲁兹都被认为与美国的经济和社会体系存在千丝万缕的联系，他们都是这个体系的受益者。参见 Steve McCann, the American People vs. The Political Establishment; Roland Dodds, The Establishment's "Anti-Establishment" Candidates, http://ordinary-gentlemen. com/2016/01/23/the-establishments-anti-establishment-candidates/.

② Rich Lowry, Where is the Republican Establishment? http://www. nationalreview. com/article/429596/.

③ Jack Shafer, What Is the "Establishment" Now? http://www. politico. com/magazine/story/2016/01/what-is-the-establishment-ncw-213565.

④ Zachary Crockett, Donald Trump is the only US president ever with no political or military experience.

⑤ Ben Boychuk, Why Trump will Win the White House, http://www. sacbee. com/opinion/op-ed/ben-boychuk/article81455472. html.

彻底禁止穆斯林入境美国等，这些竞选言论与普通选民对政治"建制派"的不满与愤怒产生了共鸣。这使他在初选中先后赢下 37 个州，获得 1330 万张选票，超过小布什创下的 1150 万张选票纪录，成为美国共和党初选赢得选票最多的候选人。① 对此，CNN 的报道甚至认为特朗普激活了共和党，因为他带来了通常不会为该党的信息所吸引的选民，尤其是"锈蚀带"地区的选民。② 在大选中，特朗普的"反建制派"身份在击败建制派精英希拉里的过程中也同样发挥了不可低估的作用。

四　出人意料的大选结果

在大选中，对阵希拉里，特朗普笑到了最后，这一结果出乎许多人的意料。在大选日之前的大多数相关民调中，特朗普的选民支持率都落后于希拉里。这一状况一直持续到大选日。根据美国大选最终计票结果，特朗普所获得的选民票比希拉里少了近 290 万张（相当于 2.1%），而他却赢得了 306 张选举人票，比希拉里多了 74 张，③ 这种结果是很少见的。有关统计数据显示，在 1824—2016 年的 49 次大选中，选民票落后于对手却仍然当选美国总统包括特朗普在内只有 5 人，这其中虽输掉了普选票却赢得了选举人票从而无争议当选美国总统包括特朗普在内只有 2 人（其他 3 人都是经过裁决而当选），④ 其概率为 0.04，因此，特朗普当选是不择不扣的"小概率"事件，难怪这一选举结果令人惊讶。

---

① Will Doran, Donald Trump set the record for the most GOP primary votes ever. But that's not his only record, http：//www. politifact. com/north-carolina/statements/2016/jul/08/donald-trump/donald-trump-set-record-most-gop-primary-votes-eve/.

② Stephen Collinson, Donald Trump：Presumptive GOP nominee；Sanders takes Indiana, http：//edition. cnn. com/2016/05/03/politics/indiana-primary-highlights/index. html.

③ 在 2016 年 12 月 19 日选举人投票日，由于共和党选举人团和民主党选举人团分别有 2 名和 5 名"失信选举人"，他们将票投给了别人，而使特朗普和希拉里的最终选举人得票数分别为 304 张和 227 张，参见 Drew Desilver, Trump's victory another example of how Electoral College wins are bigger than popular vote ones, http：//www. pewresearch. org/fact－tank/2016/12/20/why－electoral－college－landslides－are－easier－to－win－than－popular－vote－ones/。

④ Gregory Krieg, It's official：Clinton swamps Trump in popular vote, December 22, 2016, http：//edition. cnn. com/2016/12/21/politics/donald-trump-hillary-clinton-popular-vote-final-count/index. html.

事实上，特朗普自参选就不被看好。2015 年 6 月 16 日，在纽约特朗普大厦特朗普正式宣布他参与 2016 年的总统竞选。起初，美国主流媒体如《华盛顿邮报》认为特朗普参选不是认真的，理由是，根据该报与美国广播公司（ABC）于 2015 年 5 月在共和党内部所做的一项调查数据显示，对特朗普持赞同看法的人占 23%，而持不赞同看法的人则占 65%。二者合并，对特朗普的负面看法高达 42%，在被调查的 9 位共和党候选人中处于被远远抛在后面的倒数第一位。该篇报道还指出，在被调查的共和党人中，10 个人中只有 1 个人表示不了解特朗普，占 11%。换言之，在他竞选代表的党内，人们都很了解他，但又都很不喜欢他。据此，该报道认为，如果你的民调数据像特朗普那样，那你就什么都赢不了。并由此推断认为，特朗普参选的目标只是吸引注意力，而不是赢得选举。①

无独有偶，在特朗普赢得竞选的当天，CNN 就发文承认，从一开始，每个人都低估了唐纳德·特朗普。在大选日的早晨，奥巴马的首席策略师戴维·普洛夫（David Plouffe）在推特上上传了一张伏特加加橙汁的图片，并附上了一句很乐观的配文："准备观看她的胜选演讲。"8 小时后，普洛夫发推文表示，他的一生中从未出过这样的差错。②

特朗普的确赢得非同寻常，从他本人的履历与以往白宫主人之间的反差也可以印证这一判断。他是美国历史上当选总统时年龄最大的人，也是美国历史上唯一一个在就职前没有从政或从军经验的总统。据统计，1789—2016 年入主白宫的美国总统，其平均担任公职时间为 13 年，服兵役时间为 5.6 年。扎卡里·泰勒（Zachary Taylor）、尤利塞斯·格兰特（Ulysses S. Grant）与德怀特·艾森豪威尔是仅有的 3 位未曾担任过公职的总统，但就任总统前他们 3 位在军中任职时间合计达 100 年。③

---

① Chris Cillizza, Why no one should take Donald Trump seriously, in one very simple chart, June 17, 2015, https: //www.washingtonpost.com/news/the-fix/wp/2015/06/17/why-no-one-should-take-donald-trump-seriously-in-1-very-simple-chart/? utm_ term = . a87fa02e747b.

② Maeve Reston and Stephen Collinson, How Donald Trump won, November 9, 2016, http: // edition. cnn. com/2016/11/09/politics/donald-trump-wins-election – 2016/index. html.

③ Zachary Crockett, Donald Trump is the only US president ever with no political or military experience, http: //www. vox. com/policy-and-politics/2016/11/11/13587532/donald-trump-no-experience.

对于这场异乎寻常的美国大选结果，英国《卫报》报道认为，这是美国政治史上最令人吃惊的胜利之一。它使美国及其之外上百万人感到震惊，不知道接下来将发生什么，人们在问：特朗普是怎么做到的?[①]

由于这场不同寻常的选举而引发的相关追问可能会持续许多年，关于美国的变化，以及这种变化带来的影响引人深思。

（刘得手：中国社会科学院美国研究所研究员）

---

① David Smith, How Trump won the election: volatility and a common touch, Wednesday 9 November 2016, https://www. theguardian. com/us-news/2016/nov/09/how-did-donald-trump-win-analysis.

美国民粹主义及其在当代的新发展

王传兴

【内容提要】 民粹主义是一个历史性的世界现象。其产生的社会政治根源有社会转型、民族主义和精英操控。其形式分属左右，横跨政治和经济等各领域。作为一种社会思潮，民粹主义在美国建国伊始即有所显现，并在美国的宪政架构中得到体现。美国民粹主义因其参加者的属性可被划分为四个不同阶段，其共同特点包括改革而非革命，种族保守主义与经济进步主义相互交缠，多以"边缘性"的第三党形式出现。当代美国民粹主义具有鲜明的时代特性。

【关键词】 美国政治 民粹主义 特朗普现象

2008 年金融危机爆发以后，美国民粹主义再次进入人们的视野乃至美国政治的舞台中心。在全球主义势头呈"衰退"之际，这契合了包括民族主义、民粹主义、复兴主义在内活跃的当代世界政治思潮。作为一种历史现象的复归，当代美国民粹主义虽然并非一种全新现象，但毕竟是在一个全新时代发生的现象，新时代赋予了它新的内涵和特点，并由此带来新的挑战和影响。

一 民粹主义概述

民粹主义（Populism，又译平民主义）是民主思想的一个分支，是相对于精英主义而言的，与精英主义不同之处在于利益分配及治理方法的不同。民粹主义中的民粹,是一种人民不满现状的意识形态,民粹主义者往往认为精英阶级所代表的统治团体,既腐化又堕落,因此宁愿要人民相信自己,也不愿相信这套制度,所以民粹主要的特质就是对政府的怨怼。①

(一) 民粹主义的历史发展

民粹主义 (运动) 是"一种历史性的、世界性的现象"。② 一般认为,民粹主义"起源于 19 世纪后期在美国南部、西部的人民党激进运动以及俄国争取'土地和自由'的民粹派运动。其主张是强调平民价值和理想,把平民化和大众化作为政治运动和政治制度合法性基础"③。19 世纪中后期,"俄国和美国开创了世界上两个典型意义的民粹主义形式"。④

从世界范围看,拉美民粹主义被视为第二代民粹主义。相对于美国民粹主义只是"一幅幅贯穿于政治生活的装饰图案",拉美民粹主义却是其"现代发展进程中社会变迁与政治变革的基本色调"。⑤ 原因在于,"不论是权威主义的还是民主主义的,不论是右翼的还是左倾的,民粹主义在近一个世纪以来一直是拉美政治中最具渗透力的政治意识形态"。⑥ 20 世纪 90 年代,拉美民粹主义向新自由主义化转型;无独有偶,20 世纪后期也出现了所谓的欧洲新民粹主义 (neopopulism 或 new populsim) ——用来描述欧洲民粹主义在 20 世纪后期的某种"重新回归"。之所以说是"回归",是因为在 20 世纪上半叶,民粹主义的动员形式曾经被欧洲法西

① 参见 《民粹主义》, http://baike.baidu.com/link?url = xSOnHohMEeLw-Q8YOvs-4cxYCu6LrvPaRt9P9KWUI_ BZ1LyBy9yHabphIIJeiB5MyOiwgVh7uRu1nb-FtaaTMa。

② 林红:《西方视野下的民粹主义》,《社会科学论坛》2008 年第 12 期 (下),第 32 页。

③ 何亚非:《西方民粹主义兴起与政治极端化》,《中国新闻周刊》2014 年 6 月 16 日,第 61 页。

④ 周凡:《国外民粹主义研究前沿》,中国社会科学网,2015 年 3 月 20 日。

⑤ Paul Taggart, Populism, Open University Press, p. 25, 2000, 转引自 《国外民粹主义研究前沿》,中国社会科学网,2015 年 3 月 20 日。

⑥ Ernesto Zedillo, "Lula: the End of Latin American Populism?", Forbes, Vol. 170, Issue 13, 2002, p. 1,《国外民粹主义研究前沿》,中国社会科学网,2015 年 3 月 20 日。

斯主义所利用。①

知识分子具有民粹主义的倾向，是一个非常普遍的世界性现象。原因在于，各国知识分子在现代化过程中，"民族主义的知识分子倾向于拥护民粹主义，因为他们既同现有的权力等级体系缺乏联系又对之不满，他们唯一的力量源泉在于人民。同时，他们的民粹主义也派生于他们对更发达国家所持的一种矛盾心理。……对民粹主义的崇拜产生了一种信念，即'相信普通民众（即受教育者和非知识分子）的创造力和巨大的道德价值'"。②

在 20 世纪初的中国，激进知识分子在试图改造社会的过程中，也曾经把目光投向人民（或民众、平民），以寻找力量的源泉。列宁在 1912年所写的《中国的民主主义和民粹主义》一文中，把孙中山的民主革命纲领称作民粹主义的纲领，并把孙中山称作"中国的民粹主义者"。③ 当时中国激进的知识分子不仅熟悉马克思，而且尽取空想主义、无政府主义以及科学社会主义中的"最美好"的共同要素，热情地拥抱种种带有强烈乌托邦意识的社会革命理论。在这一激进狂潮中，民粹主义就吸引了许多著名的中国知识分子。可以说，它与"五四"的激进思潮有着极为密切的关系。在中国马克思主义的形成过程中，也存在着一种民粹主义的冲动。

（二）民粹主义的特点及产生根源

作为一种复杂的社会现象，民粹主义既是一种政治思潮，又是一种政治运动或政治策略。因此，从不同视角看待民粹主义，就会得出非常不同的结论。换言之，民粹主义所具有的模糊性特点，必然导致对其或贬或褒的模糊性评判。从贬义上说，民粹主义是一个消除合法性的概念，常常被等同于狭隘的平民主义、极端的民族主义、盲目的

---

① 周凡：《国外民粹主义研究前沿》，中国社会科学网，2015 年 3 月 20 日。

② S. M. Lipset, The First New Nation, Garden City: Anchor Books, 1967, pp. 77 - 78, 转引自顾昕《从"平民主义"到"劳农专政"：五四激进思潮中的民粹主义和中国马克思主义的起源（1919—1922 年）》，《当代中国研究》1999 年第 2 期, http://www.modernchinastudies.org/us/issues/past-issues/65 - mcs - 1999 - issue - 2/494 - 1919 - 1922 -.html。

③ 列宁：《中国的民主主义和民粹主义》，1912 年 7 月 15 日（28 日）。

排外情绪、非理性选择等;从褒义上说,"民粹主义"意味着"人民",常常被视为崇尚全民利益、直接民主、平民化、大众化、爱国主义、反帝国主义、反外来干涉、反个人专制等。

从民粹主义产生的根源来说,西方对欧美世界之外的民粹主义建构了三种解释理论。第一种理论是现代化理论。该理论认为,城市化、工业化和教育的迅速发展,引发了大众参与的爆炸性扩大,破坏了传统的政治权威,阻止了新的制度化体制的逐渐建立,并因此导致了不稳定的统治类型的产生,其中就有民粹主义,如战后亚非的民粹主义。第二种理论是自由主义经济学理论。该理论认为,民粹主义追求收入再分配的平等、平均目标,例如 20 世纪 80 年代的拉美民粹主义。第三种理论是民主化理论。该理论倾向于将民粹主义看成一种政治策略,与特定的社会经济背景没有想象中的那么紧密的联系,这与传统的现代化理论和依附论强调社会经济结构和过程对政治起着决定和限制作用的假定不同,例如塞缪尔·亨廷顿(Samuel P. Huntington)所分析的第三波民主化浪潮。①

而从民粹主义产生的社会政治根源观之,以下三种"化合"而生成民粹主义的因素,更具有普遍性的解释意义。它们分别是:第一,只有文化接触而缺乏文化认同的社会转型为民粹主义的萌芽准备了社会前提;第二,民族主义在特定的外部或内部事件的演变中与民粹主义有所交融,近乎"助燃剂";第三,精英主义是隐藏在民粹主义背后的逻辑,民粹主义在思想上的成型和实践上的展开取决于精英阶层的自觉与设计。②

(三) 民粹主义的类型

从类型上看,有学者将民粹主义分为四种基本类型:政治上的左翼、政治上的右翼、经济上的左翼、经济上的右翼(见表1)。

---

① 参见林红《西方视野下的民粹主义》,《社会科学论坛》2008 年第 12 期(下),第 29—31 页。

② 林红:《论民粹主义产生的社会根源》,《学术界》2006 年第 6 期,第 189 页。

表 1   民粹主义类型分析

	左翼	右翼
政治	平民主义、民族主义、社会主义 典型案例：拉美民粹主义（委内瑞拉）	本土主义或分裂主义、种族主义 典型案例：西欧新民粹主义（法国 国民阵线）、乌克兰
经济	福利主义、平均主义、社会主义 典型案例：北欧福利国家（挪威） 城乡矛盾尖锐国家（泰国）	孤立或排外主义、贸易保护主义 典型案例：英国独立党 中国台湾民进党

资料来源：郭正林、李镇超：《当代世界的民粹主义：四种主要类型》，《学术前沿》2016
年5月（下），第68页。

在拉美早期民粹主义、经典民粹主义和新民粹主义（也称新自由主义
民粹主义）三阶段①中，如果说以战后胡安·多明戈·庇隆（Juan Domingo
Peron，1895—1974）为代表的经典民粹主义属于政治和经济上的左翼，以
20世纪90年代卡洛斯·萨乌尔·梅内姆（Carlos Saúl Menem，1930—）、
费尔南多·科洛尔·德梅洛（Fernando Affonso Collor de Mello，1949—）和
阿尔韦托·谦也·藤森·藤森（Alberto Kenya Fujimori Fujimori，1938—）
为代表的新民粹主义属于政治和经济上的右翼，那么21世纪以乌戈·拉斐
尔·查韦斯·弗里亚斯（Hugo Rafael Chávez Frías，1954—2013）、内斯托
尔·卡洛斯·基什内尔（Néstor Carlos Kirchner，1950—2010）、胡安·埃
沃·莫拉莱斯·艾玛（Juan Evo Morales Aym，1959—）和路易斯·伊纳西
奥·卢拉·达席尔瓦（Luiz Inácio Lula da Silva，1945—）为代表的拉美民
粹主义，在某种程度上则可谓"回归"拉美经典民粹主义。② 在欧洲，

① 关于这三个阶段的详细论述，可参见李妍《论拉美现代化进程中的民粹主义》，外交学
院2008年硕士学位论文。

② 拉美经典民粹主义的特点是"倡导进口替代的依附式发展战略、推行凯恩斯主义经济政
策，实施雄心勃勃的扩展性的经济计划、刺激消费、增加资本积累、通过国家干预实现再分配，
提高社会福利水平"。拉美新民粹主义的特点是实行紧缩性政策——削减政府开支、裁减国家公
务人员、提高税收、抑制通货膨胀、扩大私有化。查韦斯等拉美最新一波的民粹主义领袖，重新
将民族主义引入政治之中并力图将国家置于政治、经济和社会生活的中心。在他们看来，只有借
助国家的力量才能有效地抵制和反抗金融资本家、成为新自由主义传声筒的媒体、那些高高在上
的政治精英以及充当世界警察的美国政府。参见周凡《国外民粹主义研究前沿》，中国社会科学
网，2015年3月20日。

20 世纪上半叶，民粹主义的动员形式曾经被欧洲法西斯主义所利用；当时欧洲民粹主义属于政治和经济上的右翼。在当代欧洲三种民粹主义——包括像 2000 年燃料抗议运动或反全球化运动之类的社会运动动员、疑欧主义，以及右翼民粹主义政党——形式之中，第三种现象是主导形态。①

二　美国民粹主义的历史发展

在上述民粹主义产生根源的西方理论界的三种解释中，第一种理论在某种程度上可以用来对美国历史上特定时期的民粹主义进行解释。例如，"大众参与的爆炸性扩大"应归因于"城市化、工业化和教育的迅速发展"；这一点尤其与 20 世纪初之前的美国民粹主义相符。而对于包括美国在内的民粹主义生成的社会根源，则可能需要分别从上述三个"化合"因素——社会转型不畅、民族主义和精英操控——的角度节能型解释。据此，美国历史上的民粹主义可以划分为大致四个阶段：第一阶段从建国伊始到 19 世纪 40 年代，第二阶段从 19 世纪 60 年代到 19 世纪末 20 世纪初，第三阶段从 20 世纪 30 年代到 20 世纪 60 年代，第四阶段从 20 世纪 90 年代至今。

在第一阶段，美国民粹主义有了得以生存和发展的宪政依据和思想源头，从而对此后各阶段的美国民粹主义发展产生规定性的影响。具体而言，美国的宪政制度设计中隐含了民粹主义的精神实质。美国建国之父们在论及政府与民众之间关系时即对此有所论述。托马斯·潘恩（Thomas Paine）认为，即使是最好样的政府也仅仅是一种必要的恶。詹姆斯·麦迪逊（James Madison）认识到，在组织一个人统治人的政府时，最大的困难在于必须首先使政府能够管理被统治者，然后再使政府管理自身；因为如果人都是天使，就不需要任何政府了。亚历山大·汉密尔顿（Alexander Hamilton）主张"野心必须用野心来对抗，权力只有通过权力才能控制"。托马斯·杰斐逊（Thomas Jefferson）的观点则是，"自由的政府，不是以信赖，而是以猜疑为基础建立的。我们用制

---

① 参见周凡《国外民粹主义研究前沿》，中国社会科学网，2015 年 3 月 20 日。

约性的宪法约束受托于权力的人们，这不是出自信赖，而是来自猜疑。"更为重要的是，这些论述的核心精神，都在不同程度上体现在美国的宪政设计之中并持续影响美国的宪政建设过程，如权利法案的提出和通过等。

在第二阶段，美国民粹主义作为一种政治运动，正式登上美国政治舞台，其背景是因美国的现代化而引发社会转型问题——农业文明与工业文明之间日益激烈的冲突。美国建国不久之后，即面临着农业立国与工业立国之间的政策争论。在中央政府层面，争论的结果是以汉密尔顿为代表的联邦主义者（同时也是工业立国论者）取得胜利。但是，这一胜利中其实存在根本性的妥协，也即尊重以杰斐逊为代表的农业立国论者的关切。反映在宪政实践上的一个例子，是在规定奴隶人头以五分之三计算规则的同时，完全剥夺其参与投票的权利。这种妥协的不可持续性，随着美国工业化的起步和推进，开始日益明显地在南北之间的矛盾中显现出来。一方面，随着南北战争的结束，美国的工业主义者彻底战胜了农业主义者；另一方面，工业主义北方的胜利，使得南方的农业经济更加举步维艰。在这样的社会背景下，肇始于 19 世纪中叶的"格兰其"运动，① 一直延续到 19 世纪末，并以新的民粹主义形式——平民主义运动出现。"格兰其"与民粹主义二者之间的关键连接点，是源于内战后美国南方乃至西部农场主所陷入的经济困境。无怪乎有学者认为，平民主义运动乃是"从工业美国的血盆大口中拯救农业美国的长期而失败的斗争中的最后一场"，是"农场主对已经稳占上风的工业文

---

① 格兰其运动的背景，是南北战争结束、奴隶制被废除后，美国的社会结构及面貌发生了很大的变化。南北战争结束以后，北方的工业发展迅速，但南方的经济尤其是农业在战争中遭到很大破坏，恢复缓慢。在南方，奴隶制的终结带来了巨大的变化，大量农田由小佃农耕作，他们交出一半的收成给地主以换取租金、种子和基本补给。19 世纪 60 年代，出现了席卷全国、为农民争取权益的运动，称为"格兰其"运动（Grange movement，或 the National Grange of the Patrons of Husbandry，也称为农民运动）。这个运动在南部、中西部吸引了大量从事农业的民众，最早的格兰其组织由奥利弗·H. 凯勒（Oliver H. Kelley）及其助手成立于 1867 年。该组织此后发展很快，比如 1873 年时有成员 20 万，两年后的 1875 年就增加到近 90 万，最兴盛时有 2 万多分会、150 万会众。摘编自《雾谷飞鸿·美国历史系列（36）：格兰其运动》，http://blogs. america. gov/mgck/? s = 36&submit = Search，2016 年 9 月 3 日。

明的最后反扑";① 是农场主的"艰难世事造就了平民党"②。

按照尼耶克尔克（A. E. Van Niekerk）的解释，"民粹主义出现于发生急剧的、根本性变革的社会环境中"，从而产生"传统与现代之间的多方面冲突，尤其是农村与城市之间的矛盾"。③ 因此，这一阶段的美国民粹主义，其实质是"以农场主为主的工业化进程中的弱势群体，针对大银行、大公司等垄断企业及支持和包庇它们的联邦政府发起的一场民众抗议运动。"④ 从这种意义上说，"格兰其"运动和平民党运动，既是美国国会 1890 年通过的谢尔曼反托拉斯法（Sherman Antitrust Act）的直接动力，也是 20 世纪 30 年代政府在社会经济生活中扮演干预角色的先声。

在第三个阶段，以自由放任为特点的美国资本主义制度下的体制性弊病，导致普遍性的财富分配不均问题，由世纪之交作为美国主要"弱势群体"的农场主，扩展到 20 世纪初普遍性的"工业化进程中的弱势群体"。面对这种情形，包括美国部分精英在内的群体在社会内部的比较中产生了不满情绪；值此社会变革之际，这些怀有不满情绪的社会群体成为精英可动员的"人民"，而"精英阶层则成为民粹主义政治动员的设计者和主导者"。⑤

美国在这一阶段里发生的两场重要民粹主义运动，分别是 20 世纪 30 年代休伊·朗（Huey Long）所领导的"分享财富"（Share Our Wealth）运动和 60 年代乔治·华莱士（George Wallace）所领导的"隔离"运动。⑥ 朗所领导的民粹主义运动起于路易斯安那州，其社会基础是受 30

---

① 转引自原祖杰《对美国平民运动的再思考》，《美国研究》2009 年第 4 期，第 121—122页。

② 这是约翰·D. 希克斯（John D. Hicks）所持的观点。转引自原祖杰《对美国平民运动的再思考》，《美国研究》2009 年第 4 期，第 116 页。

③ 转引自林红《西方视野下的民粹主义》，《社会科学论坛》2008 年第 12 期（下），第 30页。

④ 这是劳伦斯·古德温的观点。转引自原祖杰《对美国平民运动的再思考》，《美国研究》2009 年第 4 期，第 124 页。

⑤ 林红：《论民粹主义产生的社会根源》，《学术界》2006 年第 6 期，第 193 页。

⑥ 华莱士当时提出的"隔离"口号是"现在隔离！明天隔离！永远隔离！"直到 1982 年，他才公开放弃了种族隔离政策。

年代经济大萧条影响而流离失所的平民大众，运动理念是要求分享财富，以弥补大萧条中受到伤害的人。具体而言，虽然 20 世纪前 30 年里美国工业产值从 1.21 亿美元猛增到 6.85 亿美元，虽然新奥尔良的铁路等基础设施位列美国南方工业州之首，但在路易斯安那州，利益却只集中在南方少数新的财富精英手中。① 在这样的背景下，朗提出了"人人都是国王，但却不戴王冠"（"Every man a king, but no one wears a crown"）的口号，代表"以有限所有权和小规模为特点的资本主义"传统理想社会，来抨击像约翰·洛克菲勒（John Rockefeller）和皮埃尔·杜邦（Pierre S. du Pont）这样的新型华尔街财富巨头，以及美国政府对这些大金融利益集团的资助。② 相比之下，华莱士民粹主义运动兴起的背景，则是 20 世纪 60 年代美国南方社会的失序和动荡：1964 年《民权法案》（*Civil Rights Act*）和 1965 年《投票权法案》（*Voting Rights Act*）在国会通过后，黑人与白人之间的族裔关系更加紧张；越战使得美国"一分为二"；马丁·路德·金（Martin Luther King, Jr.）和罗伯特·肯尼迪（Robert Kennedy）接连遇刺身亡。这一切都导致了更多社会暴力的发生，从而使得（白人）中产阶级的和平生活不再安宁。在这样的社会大背景下，华莱士主张恢复民权运动中白人中产阶级失去的特权。华莱士的"隔离"，不仅停留在主张上，而是付诸实践。早在 1948 年，华莱士就带头反对当年民主党全国代表大会上的民权纲领；1962 年竞选亚拉巴马州州长时，他以强调种族隔离和经济问题而获胜；1963 年 6 月，他"站在校门口"，阻止亚拉巴马州大学为黑人学生登记注册；1968 年，华莱士发起成立独立党并代表该党竞逐 1968 年美国总统，结果赢得 13% 的选票和 46 张选举人票。③

在这一阶段，无论是 20 世纪 30 年代"以有限所有权和小规模为特点的资本主义"传统理想社会的崩塌所导致的草根阶层的怨怼，还是（尤其南方）白人中产阶级为失去的特权而"揭竿而起"，其根源都是社会内部的

---

① 参见白净一《美国民粹主义——以 20 世纪 30 年代休伊·朗领导的民粹主义为例》，上海外国语大学硕士学位论文，2011 年 10 月，第 18 页。

② 同上书，第 31—32 页。

③ 同上书，第 11 页；以及"乔治·华莱士"条目，http://baike.baidu.com/link? url = giGypzcxlO230bxVSkcrPEG49ftR-CCV8sT6HJG4DKQ6ESmo0pTt0-ArsZoBwHW50jqiQXrwnAlfOZGKbwSoNKduI2gQCDz3LnYVxLL42Cu。

比较而产生了不满情绪，从而为精英阶层重塑美国政治提供了草根阶层的大众支持。就罗斯福新政而言，朗的"分享财富"运动既是一种补充又是一种竞争，从而成为 20 世纪 30 年代美国政治改革的重要推动力。就 20 世纪 60 年代的美国民权运动而言，华莱士的"隔离"运动提供了一个历史的反例；虽然华莱士重塑美国政治的"开倒车"企图归于失败，但是"隔离"运动却在以族裔保守主义为其一大特点的美国民粹主义中，起到了承前继后的作用，其阴影一直投射到今天的美国民粹主义身上。

在第四阶段，美国民粹主义发生的根源，开始明显超越其内部社会政治环境。其中的重要民粹主义运动，包括始于 20 世纪 90 年代初罗斯·佩罗（Ross Perot）领导的改革党运动，1999 年发生的反全球化"西雅图风暴"，2008 年金融危机爆发后爆发的共和党内的"茶党"运动和 2011 年 9 月的"占领华尔街"运动，以及 2016 年美国总统初选中的出现的"桑德斯现象"和"特朗普现象"。

三　当代美国民粹主义

如上所述，第四阶段美国民粹主义的根源超越其国境范围，而这与全球化使得美国中下阶层开始更加直接受到外部世界的冲击有关。20 世纪 90 年代，世界进入后冷战时代，经济发展成为美国政治议程中的首要议题。恰逢此际，佩罗通过团结草根阶层力量，发起税收福利改革，团结在全球化阴影中失势的人——尤其是对全球化感到幻灭的年轻白人中产阶级。[①] 1992 年他代表自己成立的"改革党"参选美国总统，[②] 虽未获得 1 张选举人团票，却暂获 19% 的普选票，从而导致老布什败北。

"改革党"运动的影响，并不以佩罗竞选总统失败而在消停，而是在此后得到越来越大的回响。1999 年 11 月 30 日，正当世贸组织第三次部长会议在美国西雅图举行之际，多达 4 万名反全球化人士在此卷起"西

---

① 白净一：《美国民粹主义——以 20 世纪 30 年代休伊·朗领导的民粹主义为例》，上海外国语大学硕士学位论文，2011 年 10 月，第 12 页。

② 佩罗的主要竞选议题，包括改革美国的政治制度、减少预算赤字、改变对外关系（美国是全球化的受害者）、用新的方法处理美国的种族与财富之间的关系等。

雅图风暴"，从此拉开了全球范围内反全球化运动的序幕。西雅图反全球化运动参加者来自世界各地，但主要来自欧美等发达国家。究其原因，就像联合国前秘书长科菲·安南在 2000 年 4 月发表的《千年报告》中所指出的那样，"全球化对许多人已经意味着更容易受到不熟悉和无法预测的力量的伤害，这些力量有时以迅雷不及掩耳的速度造成经济不稳和社会失调。"① 具体而言，一方面，发达国家，尤其是美国是全球化的最大获益者和赢家；另一方面，跨国公司——发达国家推行全球化支柱——为降低成本而把大量工厂迁至人力、资源等成本较低的发展中国家，从而使发达国家的工人特别是产业工人面临更多的失业威胁，从而导致美欧等国媒体经常提到所谓本国发生的"第三世界化"问题。也因此，安南在《千年报告》中指出，"经济领域无法与更复杂的社会和政治结构分开而单独在自己的轨道上腾飞。全球经济的生存和兴旺必须有共同价值观和机构做法作为更坚实的基础——必须促进更广泛和更包容的社会目的。"②

进入 21 世纪，日益僵化的美国政治体制和日益固化的美国社会阶层，使"改革党"运动在美国左、右翼民粹主义中都得到应有的回响。2008 年金融危机爆发之后，从右翼看，2009 年兴起的"茶党"运动，实质上是由美国富人阶层策划、旨在为富人减税的"税收已经够多了"（Tax Enough Already，TEA）运动。该运动的参加者是广大的保守派草根阶层，他们多为男性白人，年龄在 45 岁以上，以往选举中多支持共和党；其特点是反对"大政府"，对非主流族裔歧视的民粹色彩浓厚，谋求自下而上改变现状以重塑美国政治格局。③"茶党"运动因此具有明显的保守主义色彩和右翼民粹主义倾向。在左翼方面，2011 年 9 月开始的

---

① 联合国秘书长科菲·安南《千年报告》，http：//www. un. org/chinese/aboutun/prinorgs/ga/millennium/sg/report/ch2. htm。

② 联合国秘书长科菲·安南《千年报告》，http：//www. un. org/chinese/aboutun/prinorgs/ga/millennium/sg/report/ch2. htm。

③ 其基本政策诉求包括美国宪法至高无上，主张平衡联邦预算，主张税务改革，限制联邦政府开支，审议联邦政府机构的合法性，反对大政府，反对政府的医疗保险体系，阻止碳减排法案的通过，主张自由市场经济，反对政府的经济刺激计划。除政府的政策外，茶党成员在活动中也表达了他们的价值观念：反对堕胎，反对同性恋合法化，主张严厉控制移民，并在种族问题上比自由主义者更少有同情心。参见武巍、高兴伟《美国茶党运动特点与走势》，http：//theory. rmlt. com. cn/2015/0212/372881. shtml。

"占领华尔街"运动，到 2011 年 10 月初已经蔓延到全美 120 多个城市。抗议者主要来自中下阶层民众，其中很多人都没有工作；他们不仅抗议就业问题而且抗议社会不公。虽然他们的诉求各异，[①] 但其中的一个共性是与"茶党"运动针锋相对，主张"对富人加税、改革经济制度"。正如一名"占领华尔街"运动示威者所说的那样，"在美国，1% 的富人拥有着 99% 的财富。我们 99% 的人为国家纳税，却没有人真正代表我们。华盛顿的政客都在为这 1% 的人服务。"以企业为例，名义上每家企业都有一个独立的董事会，但正如罗斯·佩罗早在 1985 年所指出的那样，"所有者分散的、成熟企业的管理者，有权挑选代表股东的董事会成员。"例如，佩罗谈及通用汽车董事会与该公司 CEO 之间的关系时，形容该董事会只是"橡皮图章"——董事会非但未能监督 CEO，反而附和 CEO 的所有想法，即使这些想法会损害股东和员工的利益。这种"绑架"企业行为的受害者比比皆是。企业高管狠狠榨取股东和企业员工，给自己支付高得惊人且与工作表现毫无关系的薪水，并动用企业资金，资助那些与他们沆瀣一气、坑害股东和员工（许多股东本身也是员工）利益的政治候选人。

2016 年美国总统初选阶段的"桑德斯现象"和"特朗普现象"，是滥觞于冷战后出现的美国民粹主义浪潮中的新高潮。如果说"占领华尔街运动"是左翼民粹主义"桑德斯现象"的一场预演，那么"特朗普现象"则无疑是右翼民粹主义"茶党"运动的升级版。不同阶段美国民粹主义具有各自特点。但总体而言，美国民粹主义存在三个共性。[②]

第一，美国民粹主义在对待美国资本主义体制上，持类似中国历史

---

① 有学者概括"占领华尔街"运动的十大诉求为控诉金融领域的贪污腐败，要求加强金融监管；控诉经济不平等现象；控诉社会不公，要求社会公正；控诉失业上升，要求增加就业岗位；控诉人民权利被剥夺，要求还权于民；控诉钱权政体，要求民主政体；控诉警察暴行，要求保护和服务公民；控诉对外战争，要求人类和平；控诉环境污染，要求保护环境；控诉资本主义制度的危机和欺骗，要求推翻资本主义制度。参见谭扬芳《从"占领华尔街"运动的 100 条标语口号看美国民众的十大诉求》，http://www.ieforex.com/huanqiucaijing/shizhengjiedu/2012 - 11 - 08/140078.html。

② 参见白净一《美国民粹主义——以 20 世纪 30 年代休伊·朗领导的民粹主义为例》，上海外国语大学硕士学位论文，2011 年 10 月，第 13—14 页。

上"只反贪官、不反皇帝"的立场。因此，即便是追求激进的改革运动，也较少具有革命的色彩。具体而言，美国民粹主义并不反对资本主义、并不怀疑美国宪政和美国社会结构，而只要求在享受资本主义扩张所带来的财富时，能够进行公平游戏。

但是，由于不平等的加剧，"社会阶级超过那些支配最近选中讨论的种族、族裔、性别、性取向、地理等议题，现在正重回美国政治的中心。"① 换言之，人们甚至开始质疑美国的资本主义制度。例如，桑德斯的政治主张受到美国年轻选民，特别是"千禧一代"的热切追捧，反映了美国年轻人对日益分化、分裂的社会现状的强烈不满。哈佛大学的一项民调结果显示，18 岁至 29 岁的美国人中，只有 19% 自称"资本主义者"，而 51% 的美国"千禧一代"不赞同资本主义。②

第二，经济上的进步性与种族上的保守性相互交缠，是美国民粹主义的另一个特点。具体而言，美国历史上的民粹主义运动都是白人为自身利益而发动的，少数族裔利益基本不在其考虑之列，甚而受到野蛮践踏。尽管如此，应该说经过几十年的努力，族裔问题已经成了美国政治中的政治正确性红线，踩踏不得。换言之，20 世纪 60 年代美国民权运动催生了美国新的价值理念——多元主义，而少数族裔移民问题也随之成为美国政治话语中的一个政治正确性议题。

但是，亚利桑那州却在 2010 年 4 月 23 日通过的打击非法移民法案中即将非法移民定性为"犯罪"，从而挑战了美国的多元主义政治理念。这比特朗普针对特定族裔移民群体、跨过"政治正确性"红线的口无遮拦，早了足足五年。

第三，美国民粹主义倾向于成立第三党来争取改革政治现状，例如 1912 年西奥多·罗斯福（Theodore Roosevelt）领导的进步党、20 世纪 30 年代休伊·朗领导的人民党、60 年代乔治·华莱士领导的独立党和 90 年代罗斯·佩罗领导的改革党等。而在 2016 年波涛汹涌的民粹主义

---

① Francis Fukuyama, "American Political Decay or Renewal?: The Meaning of the 2016 Election", Foreign Affairs, July/August, 2016.

② 杨定都：《"桑德斯现象"背后的美国裂痕》，新华社北京 5 月 19 日电，http://world. huanqiu. com/hot/2016 – 05/8953022. html。

运动中，反而没有第三党的成立。原因何在？简而言之，没有必要！纵观历史，无论是老罗斯福、朗、华莱士还是佩罗，当时他们在理念上倾向归属的两大政党，其各自的基层支持者都还没有达到彻底"反叛"的阶段，因此上述这些边缘性"反叛"型领导人，只能通过成立第三党来表达诉求。

而反观 2016 年的美国民粹主义，无论是左翼的桑德斯还是右翼的特朗普，其所在的政党基层支持者，都积极支持反对"建制派"。就共和党而言，它推动废除大萧条时期形成的规制银行体系，从而导致次贷危机爆发；它在意识形态上承诺为富人减税，削弱工会权力，削减社会服务。这一切都是为少数富人（占美国人口 1% 甚至 0.1%）谋利，与工人阶级的利益相左。就民主党而言，自比尔·克林顿（Bill Clinton）的"第三条道路"以来，其严重问题则在于意识形态政治挂帅，选举中动员的是由妇女、非洲裔美国人、城市青年、同性恋者和环保主义者组成的联盟，而置罗斯福新政联盟基石的白人工人阶级于不顾。[1] 概而言之，这一次的"反叛"领袖，无论是民主党初选中功败垂成的伯纳德·桑德斯（Bernard Sanders），还是共和党初选中笑到最后的唐纳德·特朗普（Donald Trump），都具备从党内发起"反叛"运动的条件，而无须成立"边缘性"的第三党来进行挑战，就像 1964 年的共和党人巴里·戈德华特（Barry Goldwater）和 1968 年的民主党人乔治·麦戈文（George McGovern）发起的党内"反叛"运动一样。[2]

此外，在历史的时间轴上，除了在美国民粹主义三点共性基础上的新发展之外，当代美国民粹主义的产生根源，还有着鲜明的全球化时代烙印。近年来，西方"福利国家"在全球化冲击下产生剧烈振荡和非法移民大量涌入，在很大程度上冲击着西方发达国家经济和社会生活的方方面面。而当地居民本能地把这些失业、收入下降等消极后果归因于全球化。因此，反全球主义的民族主义/本土主义，开始成为当代美国民粹

---

① Francis Fukuyama, "American Political Decay or Renewal?: The Meaning of the 2016 Election", Foreign Affairs, July/August, 2016.

② 有关这两次"反叛"的详情，参见王传兴《美国第五政党体系中的两次少数派颠覆事件及其影响——从社会力量结构的变化进行分析》，《同济大学学报》（社会科学版）2009 年第 4 期。

主义兴起"推波助澜"的根源。这在 2016 年初选中得到了充分体现：在某种程度上，特朗普与桑德斯在初选中有一个共同主题，即设计民族主义经济议程以保护和恢复美国工人的工作。[①] 而且，除税收、医保、教育公平等"纯"国内议题外，这一共同主题都与那些具有跨国性特点的议题相关，如移民、环境、族裔、贸易和国家安全等。

　　针对这些议题，桑德斯提出了与特朗普（Donald Trump）根本对立的政策主张。在诸如税收、医保这样的"纯"国内议题上，桑德斯主张对富人和企业大幅度增税，建立一套覆盖所有人的、由联邦政府单独支付的医疗保险体系；特朗普则主张全面减税，废除奥巴马医保政策。在包括移民、环境、族裔、贸易、就业和国家安全这样具有跨国性特点的议题上，桑德斯主张缩短非法移民的归化时间，对污染企业征收碳税、禁止采用压裂法开采天然气，将联邦最低工资从当前的 7.25 美元/小时提高到 15 美元/小时，实施带薪产假，反对自由贸易和"跨太平洋伙伴关系"（Tans-Pacific Partnership，TPP）等区域贸易协定，反对美国发动海外军事干预；特朗普在移民问题上主张取消 H1B 签证、[②] 禁止穆斯林入境、关注那些被人遗忘的辛勤工作的美国人而非使非法移民取得成为美国公民的资格、遣返非法移民、反对美国公民出生地原则、移民要融入美国必须说英语（美国是一个英语国家而非西班牙语国家）、筑起城墙来解决移民问题、1100 万非法移民的合法化将使民主党大获其利，在贸易问题上主张迫使中国与美国进行"公平"贸易，在与盟国的关系上主张与盟国重新谈判军事开支，在就业问题上主张将工作机会从中国、墨西哥、日本和越南带回美国本土——创造就业机会而非提高最低工资，例如以基础设施投资重建美国可以创造 1300 万份工作，在国家安全上主张加大对朝核问题的重视，为对付激进穆斯林群体威胁美国应抛弃政治正确，应监控清真寺，为对抗恐怖主义应允许水刑等拷问

---

　　① Francis Fukuyama, "American Political Decay or Renewal?: The Meaning of the 2016 Election", Foreign Affairs, July/August, 2016.

　　② 美国签证的一种，指：特殊专业人员/临时工作签证〔Specialty Occupations/Temporary Worker Visas（H-1B）〕。H1B 签证系美国最主要的工作签证类别，发放给美国公司雇用的外国籍有专业技能的员工，属于非移民签证的一种。

方式。①

结　语

"美国人如今关注经济和国土安全，厌倦没完没了的战争，不信任商业精英和政府精英。无论谁当选总统，这些情绪都不会一夜之间消失。"② 同样的，当代美国政治中的民粹主义及其新特点，也不会在一夜之间消失，而是将影响接下来四年乃至更远的将来的美国政府对内对外政策。鉴于美国至今依然享有全球性地位，当代美国民粹主义因而将产生持续的全球性影响。例如，美国现在有"一半公众相信全球经济接触是件'坏事情'"，大多数美国人说"如果美国只应对自身的问题会更好"。③

另外，在 2016 年总统初选中，现代美国政治中所谓意识形态上的妥协共识④——不走极端——确实受到了严峻挑战。但从本质上说，这次美国民粹主义运动本质上还远非反对美国资本主义制度的一场革命，充其量只是回应社会不平等矛盾的改革运动而已。此外，"世界历史上全球各地民粹主义的一大共性——民粹主义实为概念上的'底层的主义'和实际上的'精英的主义'。⑤ 因此，2016 年美国总统选举中的民粹主义，虽然在美国政治中激起层层浪花，却不会使美国社会走向失控。

（王传兴：同济大学政治与国际关系学院教授）

---

① 参见周琪《从桑德斯现象看美国左翼民粹主义运动》，《学习时报》，http：//finance. if-eng. com/a/20160516/14386145 _ 0. shtml；Donald Trump, On the issues. ［N/OL］. (2015. 06. 13) ［2016. 05. 13］. http：//www. ontheissues. org/Donald_ Trump. htm。

② Richard Fontaine andRobert D. Kaplan, "How Populism Will Change Foreign Policy?：The Bernie and Trump Effects", *Foreign Affairs*, Snapshot, May 23, 2016.

③ Richard Fontaine andRobert D. Kaplan, "How Populism Will Change Foreign Policy?：The Bernie and Trump Effects", *Foreign Affairs*, Snapshot, May 23, 2016.

④ M. J. C. Vile, *Politics in the U. S. A.* (Sixth Edition), Routledge, 2007, p. 50.

⑤ 林红：《论民粹主义产生的社会根源》，《学术界》2006 年第 6 期，第 193 页。

美国经济不平等激发政治极化

付随鑫

【内容提要】经济不平等是导致美国政治极化的一个长期的根本性原因。美国历史上的两次经济不平等最严重的时期也是政治极化最严重的时期。通过考察基尼系数、不同层次的家庭收入和财富的比重等指标，可以发现过去几十年里美国的经济不平等变得越来越严重。经济不平等促进了政治上的分裂，增强了富人对政治的影响力。经济不平等导致的收入差距拉大，增大两党政治代表性的差异。同时，经济不平等还巩固和增强了选民的政党认同的差异。中高收入选民更加倾向于共和党，而低收入选民更加倾向于民主党。经济不平等对精英政治行为的根本影响是巩固和增强了精英在自由—保守维度上分裂，加剧了精英的政治极化。

【关键词】美国政治　政治极化　经济不平等　政党认同

经济不平等对美国民主体制的影响一直是许多美国政治家所关注和担忧的问题。美国的传统政治智慧认为庞大的中产阶级是民主制度的压舱石，而贫富分化和经济不平等很可能导致民主制度的倾覆。托马斯·杰斐逊（Thomas Jefferson）就认为小地主是一个国家中最宝贵的群体，而不平等对大部分人造成了巨大的悲剧，所以应当通过恰当的政治措施——如税收和土地分配制度——来保证社会的相对平等。① 詹姆斯·麦迪逊（James Madison）在著名的《联邦党人文集》第 10 篇里面论述了财产与政治冲突的关系。他认为"造成党争的最普遍而持久的原因，是财产分配的不同和不平等。有产者和无产者在社会上总会形成不同的利益集团"。② 美国人对经济不平等的担忧与防范，从建国伊始历经杰克逊民主、进步主义时代和罗斯福新政，一直延续到今天。奥巴马在一场专门针对收入不平等的演讲中称：收入不平等是我们时代的典型问题，它破坏了美国的经济增长，损害了美国中产阶级，降低了社会流动性，增强了政治极化。③ 在 2016 年美国总统初选中，希拉里·克林顿（Hillary Clinton）在党内的主要竞争对手伯尼·桑德斯（Bernie Sanders）直接以反对经济不平等为竞选口号和施政目标，在年轻人中引起了强烈的反响。共和党内声势最大的参选人唐纳德·特朗普（Donald Trump）虽然没有像桑德斯那样直接针对经济不平等，但他成功利用了白人蓝领阶层因收入不平等加剧和工资停滞而产生的对共和党建制派的愤怒。桑德斯和特朗普的选民具有共同的特征：反对 20 世纪 70 年代以来的新自由主义共识和有利于商业利益集团的经济政策。④ 虽然很难说桑德斯和特朗普所代表了两个群体能够联合起来形成一个新的政治联盟，但他们确实使经济不平等成为 2016 年总统初选最重要的议题之一。本文将探讨经济不平等在美国过去几十年里日益加剧的趋势，并证明它是当代美国政治极化的一个主要因素。

一　新镀金时代

在美国历史上，经济不平等的程度是随时间而发生变化的。美国建国以来第一个严重不平等的时期发生在 19 世纪最后 30 年，这个时期被美

---

① Thomas Jefferson to James Madison, October 28, 1785, http://press-pubs.uchicago.edu/founders/documents/v1ch15s32.html.

② 汉密尔顿、杰伊、麦迪逊：《联邦党人文集》，程逢如、在汉、舒逊译，商务印书馆 2006 年版，第 47 页。

③ The White House, "Remarks by the President on Economic Mobility," December 04, 2013, https://www.whitehouse.gov/the-press-office/2013/12/04/remarks-president-economic-mobility.

④ John B. Judis, "This Election Could be the Birth of a Trump-Sanders Constituency," *Vox*, January 30, 2016, http://www.vox.com/2016/1/30/10869974/trump-sanders-economic-history.

国著名文学家马克·吐温（Mark Twain）讽刺为"镀金时代"。在这一历史阶段，美国的经济快速增长，工业化大规模扩张，技术飞速进步，大量财富迅速积累，自由放任的资本主义经济空前盛行。然而严重的贫穷与不平等也随之同行。中西部农场主大量破产，工人罢工频仍，来自落后欧洲国家的移民潮水般地涌入美国社会的底层。为了应对镀金时代产生的社会危机，美国人在 20 世纪初发起了声势浩大的进步主义运动，打击经济垄断行为，改善政治体制和社会保障制度，增强政府在国家生活中的作用。进步主义运动的精神在 20 世纪 30 年代之后继续被罗斯福新政所继承和发扬。到 60 年代，贫困与经济不平等降低到美国历史最低程度。然而，随着新政自由主义共识的式微，从 70 年代开始，一个世纪前的历史似乎发生了重演：新自由主义盛行，技术快速进步，全球化势不可挡，巨量财富迅速积累，亚洲和拉丁美洲的移民大量涌入美国，收入差距大增，经济不平等重新回到历史最高水平。可以说，在过去半个世纪里，美国进入了一个新的镀金时代。

经济学家已经发明了众多方法来衡量经济不平等。最常用的衡量指标之一是基尼系数。基尼系数是将某个群体中收入或财富的分配与绝对平等的分配相比较。如果该群体中每个成员所拥有的收入或财富都相等，就达到了绝对的平等，此时基尼系数为零。基尼系数越大说明越不平等，0.3 至 0.4 被认为是合理值，超过 0.4 就说明出现了较为严重的不平等。[1]根据美国人口普查局的数据，美国的税前家庭收入基尼系数在 2014 年已经达到 0.48。[2] 这说明美国的经济不平等已经很严重。如果横向地与其他发达国家相比，更能发现其严重程度。根据经济合作与发展组织（OECD）的数据，美国 2012 年税前基尼系数高达 0.513，税后为 0.389，后者比前者减少 0.124。对比来看，经合组织（OECD）的 34 个成员国中只有主权债务危机比较严重的爱尔兰、希腊和葡萄牙的税前基尼系数高于美国，其他国家都低于美国。至于税后基尼系数，所有 OECD 发达成员国的数据都比美国的低，只有墨西哥和土耳其这两个发展中国家的要

---

① 洪兴建：《基尼系数合意值和警戒线的探讨》，《统计研究》2007 年第 8 期，第 84—87 页。

② United States Census Bureau，"Income and Poverty in the United States：2014，" pp. 30 – 34，https：//www. census. gov/content/dam/Census/library/publications/2015/demo/p60 – 252. pdf.

高一些。与美国相比，欧洲的税收政策对降低收入不平等的效果要远为
显著。例如，法国2012年的税前基尼系数跟美国相当，但税后基尼系数
只有0.306，后者比前者减少了0.212。2016年民主党总统参选人桑德斯
希望美国效仿的北欧福利国家丹麦则更为平等，税前基尼系数为0.436，
税后仅为0.249。[1]

如果纵向地比较过去半个世纪美国的基尼系数，可以发现这一时期
美国的经济不平等越来越严重。美国人口普查局对基尼系数的调查可以
追溯到20世纪60年代后期，也就是新政自由主义达到顶峰和经济不平等
降到最低的时期。如图1所示，1968年美国的家庭收入基尼系数是
0.386，1972年超过0.4的警戒线，1977年后再也没有回到0.4水平之
下，几乎一路上升，到2014年已经增加到0.48。这种快速上升的趋势即
使在发达国家中也是十分明显的。如图2所示，根据OECD的统计，在
1975年至2010年这个时期，美国是G7集团成员国中税后收入基尼系数
上升幅度最大的国家。英国也曾经历过与美国类似的基尼系数快速上升
时期，即撒切尔夫人（Margaret Thatcher）当政时期。这时的英国与美国
同样盛行新自由主义政策，但之后英国的基尼系数就明显降低了。

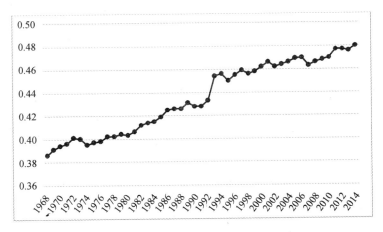

图1　1968年至2014年美国税前家庭收入基尼系数变化趋势

数据来源：United States Census Bureau，Historical Income Tables：Income Inequality，ht-
tps：//www.census.gov/hhes/www/income/data/historical/inequality/。

---

① OECD Income Distribution Database，http：//stats.oecd.org/index.aspx? queryid = 66670.

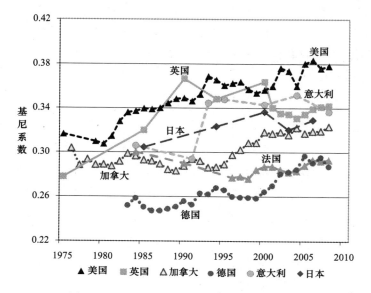

图 2　G7 成员国税后基尼系数历史变化趋势

数据来源：OECD Income Distribution Database，http：//www.oecd.org/social/income-distribution-database.htm。

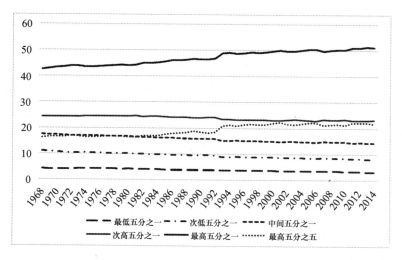

图 3　1968 年至 2014 年美国五等分组家庭收入占居民总收入比重的变化

数据来源：United States Census Bureau，Income and Poverty in the United States：2014，https：//www.census.gov/content/dam/Census/library/publications/2015/demo/p60 – 252.pdf。

　　考察经济不平等的另一种指标是五等分组家庭收入占居民总收入比重的变化。这个指标也显示在过去半个世纪里，美国的贫富差距明显增大。美国人口普查局的数据显示，从 1968 年到 2014 年，美国最富裕家庭收入占居民总收入（本文此处不加说明皆为税前收入）的比重在明显增大，而其余各层次的家庭收入占居民总收入的比重却在逐渐减少。如图 3 所示，1968 年美国最贫穷的 20% 的家庭收入占居民总收入的比重为 4.2%，到里根卸任时的 1989 年降低到 3.8%，而到 2014 年继续减少到 3.1%。相比之下，1968 年美国最富裕的 20% 家庭收入占居民总收入的比重为 42.6%，是最贫穷 20% 家庭收入的 10 倍，到里根总统卸任时这个比重升高到 46.8%，而到 2014 年继续增长到 51.2%，已经是最贫穷 20% 家庭收入的 16.5 倍。从 1968 年到 2014 年的 46 年时间里，美国最富裕的 20% 的家庭收入占居民总收入的比重增加了 20%，而同一时期最贫穷的 20% 的家庭收入占居民总收入的比重降低了 26%。不仅是最贫穷的 20% 家庭，其他三个五等分组的家庭收入占居民总收入的比重也在下降，46 年间分别下降了 26%、19% 和 5%。可以看出，过去半个世纪里，唯有最富裕阶层家庭收入的比重在快速增加，其他几个层次的家庭收入的比重都在减少，而且越贫穷的阶层其家庭收入占居民总收入的比重降低得越多。如果将顶级富裕的家庭单独抽取出来，可以发现上述反差更加明显。1967 年最富裕 5% 的家庭收入占居民总收入的比重是 16.3%，到里根卸任时已经增长到 18.9%，到 2014 年更是上升到 21.9%，这比收入最低的 50% 的家庭收入的总和还多，而且其比重在 46 年间增长了 34%。[1] 而根据国会预算局的计算，最富裕的 1% 的家庭的收入增长则最为迅速。1979 年，该群体家庭收入占居民总收入的比重就已经达到 8.9%，到 2007 年的峰值为 18.7%，增长了 2.1 倍。[2] 而同时期最富裕 5% 家庭占居民总收入比重的增长幅度为 1.25 倍，最富裕的 20% 的家庭为 1.12 倍，其他四个五等分组的比重都下降了。由此可以看出，过去半个世纪里，不仅美

---

　　[1]　United States Census Bureau，"Income and Poverty in the United States：2014，" pp. 30 - 34，https：//www. census. gov/content/dam/Census/library/publications/2015/demo/p60 - 252. pdf.

　　[2]　United States Congressional Budget Office，"The Distribution of Household Income and Federal Taxes，2011，" November 12，2014，https：//www. cbo. gov/sites/default/files/113th-congress - 2013 - 2014/reports/49440 - Distribution-of-Income-Taxes_ Supplemental_ 0_ 0. xlsx.

国人的收入差距越拉越大，而且这个趋势符合所谓的"马太效应"，即富者愈富，穷者愈穷。

对过去一个世纪美国人的财富和收入的研究更能凸显 20 世纪 70 年代以来经济不平等加剧的趋势。虽然更久远的历史时期缺乏十分精确的统计数据，但仍然可以通过不少途径较为有效地估算出美国经济不平等程度的变化情况。一种方法是利用美国 1913 年以来联邦所得税申报表的数据来测算财富或收入的集中程度。法国著名经济学家、《21 世纪资本论》的作者托马斯·皮凯蒂（Thomas Piketty）和加州大学伯克利分校的经济学教授埃曼努埃尔·赛斯（Emmanuel Saez）是这方面研究的主要开创者。他们的研究证明，美国在 20 世纪初的财富集中程度很高，但在 20 世纪30 年代到 70 年代明显下降，之后又不断升高。[1] 从 1913 年到 1929 年，美国最富有的 0.1% 的家庭所拥有的财富大约占美国家庭总财富的 15% 到25%，其中 1916 年和 1929 年最高，都达到 24.8%。但 1929 年大萧条爆发后一直到第二次世界大战结束，最富有的 0.1% 家庭的财富份额在快速下降，之后的 30 年间整体上稳中略降，1978 年达到最低点 7.1%。然后1978 年之后，最富有的 0.1% 的家庭的财富份额迅速上升，到 2012 年高达 22%，重新回到大萧条之前的水平。然而在同一时期，美国中下层90% 家庭所拥有财富占居民总财富比重的变化趋势却差不多完全相反。1928 年这部分家庭的财富的份额处于最低水平，仅为 15.6%。罗斯福新政之后就开始快速上升，整个趋势一直持续到 1986 年，达到 36.4% 的最高水平，但随后便迅速下降，到 2012 年仅剩 22.8%，差不多回到 30 年代的水平。[2] 2012 年，美国最富有的 0.1% 的家庭所占有的财富跟中下层90% 的家庭所拥有的财富几乎相等。从这方面看，占领华尔街运动喊出"99% 反对 1%"的口号并非没有缘由。另外，从最近一个世纪美国财富分布的变化趋势可以看出，在 20 世纪中期即新政自由主义占主导地位的时期，美国的经济不平等有所缓和，但从 70 年代开始不平等又快速加剧。

---

① Emmanuel Saez and Gabriel Zucman, "Wealth Inequality in the United States since 1913: Evidence from Capitalized Income Tax Data," http://eml.berkeley.edu/~saez/SaezZucman2016 QJE.pdf.

② Emmanuel Saez and Gabriel Zucman, Main data, http://gabriel-zucman.eu/uswealth/.

　　过去一个世纪美国人税前收入的增长情况也反映了20世纪70年代以来经济不平等越来越严重的趋势。图4显示了1913年以来美国最富裕的1%的家庭和后面99%的家庭的真实税前收入的变化过程。对于99%的家庭来说，他们的真实收入在30年代初到70年代初的40年时间里出现较快增长，随后20年却基本上处于停滞状态，最近20年则波动较大，但几乎没有实质增长。而最富裕1%家庭的真实收入变化趋势却基本上相反。他们在新政自由主义占主导地位的30—70年代的增长速度非常缓慢，但从70年代后期开始急剧增长，速度远高于99%家庭的任何时期。考察过去一个世纪不同层次的美国人的税前收入占国民总收入的比重，也能发现类似的现象。大萧条前20年，美国前10%人群的收入（不含资本收益）比重一直超过40%，最高值是1928年的46.1%。30年代后开始快速降低，最低值为1944年的32.5%。40年代初到70年代末处于平稳状态，但从70年代末开始迅速上升，2010年美国前10%人群收入的比重已高达46.3%，超过20世纪初的最高水平。如果算上资本收益，前10%群体的收入比重就更大了，2007年时高达49.7%。从这些数据都可以看出，高低两个群体收入差距的迅速拉大主要发生在最近40年时间里。

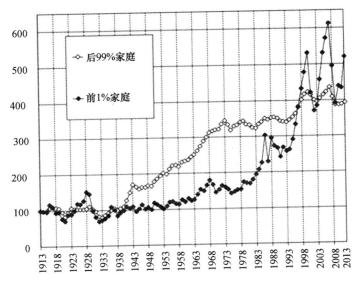

图4　1913—2013年美国前1%和后99%家庭真实税前收入增长情况

二 经济不平等与政治极化的相关性

如果同时考察 20 世纪美国经济不平等的趋势和政治极化的趋势，就会发现这两种变化是高度相关的。图 5 显示了 1947 年以来美国家庭收入的基尼系数和国会两院的政治极化水平，可以发现三者具有非常相似的变化趋势。从 20 世纪 40 年代后期一直到 70 年代后期的 30 年时间里，基尼系数和极化程度的变动相对缓慢，但之后它们的上升幅度和速度都明显增大。在这一时期，基尼系数与众议院极化水平之间的相关系数高达 0.958，说明两者有极强的相关性。基尼系数与参议院极化水平之间的相关程度略低一些，但也高达 0.824。

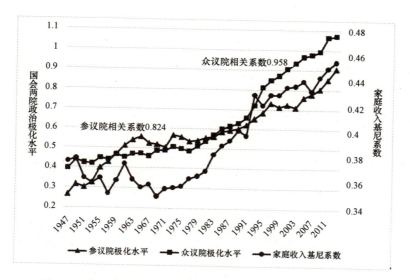

图 5 国会两院政治极化水平与家庭收入基尼系数的变化趋势

数据来源：United States Census Bureau, Historical Income Tables: Income Inequality, https：//www. census. gov/hhes/www/income/data/historical/inequality/；House Polarization 46nd to 114th Congresses, Senate Polarization 46nd to 114th Congresses, http：//voteview. com/dwnl. htm.

考察更长时段的经济不平等和政治极化水平，也能发现两者之间的强相关性。如图 6 所示，过去一个世纪里，美国最富裕的 1% 人群的税前收入比重与国会的政治极化水平呈现非常相似的 U 形变化趋势：都是在这个时期的两端出现峰值，在中间时期出现低谷。在这一个世纪里，众议院极化水平与前1%人群的税前收入比重的相关系数高达0.705，表现出很高的相关性；参议院的相关性明显低一些，两者只有中等相关性。但实际上，时间离现在越近，经济不平等与政治极化水平的相关性越强。第二次世界大战以来，众议院极化水平与前1%人群的税前收入比重的相关系数高达0.915，参议院的也达到0.691；1975年以来的数据更是分别达到0.944和0.934，呈现出极高的相关性。另一种现象是，越富裕的人群的收入比重与极化水平越相关。在过去一个世纪，前10%人群的税前收入比重与众议院、参议院极化水平的相关系数分别为0.666和0.395，这明显低于前1%人群的数据。

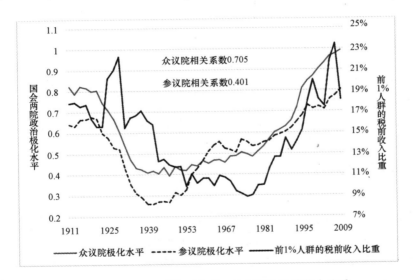

图6 国会两院极化水平与前1%人群的税前收入比重

数据来源：Thomas Piketty，http：//piketty. pse. ens. fr/fr/capital21c；House Polarization 46nd to 114th Congresses，Senate Polarization 46nd to 114th Congresses，http：//voteview. com/dwnl. htm。

以家庭财富比重来衡量的经济不平等也与国会两院的政治极化水平具有较强的相关性。如图7所示，过去一个世纪里，这三者的变化趋势也很相似：都是两端高中间低的U形。但第二次世界大战之前最富裕的0.1%家庭的财富比重与国会两院极化水平的只有中等相关性，第二次世界大战之后就变得越来越相关。1945年以来，前0.1%家庭的财富比重与众议院极化水平的相关系数高达 0.901，参议院的也达到 0.692；1975 年以来就更显著，分别高达 0.978 和 0.986。这说明最近几十年经济不平等与精英政治极化之间的关系极为密切。

图 7　国会两院极化水平与前 0.1% 家庭的财富比重

数据来源：Thomas Piketty，http：//piketty. pse. ens. fr/fr/capital21c；House Polarization 46nd to 114th Congresses，Senate Polarization 46nd to 114th Congresses，http：//voteview. com/dwnl. htm。

　　从美国的整个历史进程来看，美国至少经历了两个经济不平等和政治极化并存的高峰时期。第一个高峰时期无疑是内战结束后延续三四十年的镀金时代。这是自由竞争资本主义的全盛期。长期自由放任的结果是大量垄断企业的兴起，行业寡头们进而向政府部门渗透，实际上控制了美国的参议院甚至最高法院。在这个时期，美国的经济不平等和政治极化水平都达到了历史上的第一个高峰，但这次浪潮被 20 世纪初的进步主义运动所缓解，其重大改革措施包括打击托拉斯、征收所得税、参议员普选和建立初步的福利制度等。经济不平等和政治极化在罗斯福新政后的 40 年里都处于美国历史最低水平，这时期的公共政策也更偏向中产阶级和下层。但从 20 世纪 70 年代至今，美国再次处于一个由财富和富人统治的高峰时期。两个经济高度不平等和政治高度极化的历史时期无疑有很多相似之处。经济方面的相似之处是：技术快速进步，经济结构转型，大企业兼并，金融部门大幅度扩张，风险等级不断提高，财富高度集中，收入不平等加剧。政治上则主要表现为：亲自由市场的思潮盛行、保守主义的意识形态主导政治生活，解除对企业的管制，为大企业和富人减税，强烈怀疑政府干预，金钱政治不受约束，政治腐败等。然而，富人所倡导的涓滴效应（trickle-down effect）并不存在，减税也没有让穷人受惠，降低累进税没有明显促进经济增长，富人积累的财富不一定就投进生产领域，经济不平等很可能降低社会流动性。目前正处于新镀金时代高潮期的美国，暴露出许多与镀金时代末期相似的政治危机。最明显的现象是，对经济不平等的不满和对政府的不信任都导致了左右民粹主义的兴起。19 世纪末期兴起了美国历史上最著名的左翼民粹主义运动——平民党运动，它是进步主义运动的先驱和重要思想来源。当时也存在右翼民粹主义运动，影响最大的是三 K 党，它宣扬种族歧视，排斥外来移民，捍卫白人（特别是中下层白人）的特权。[1] 这些民粹主义运动在当今美国都能找到对应之物。左翼的民粹运动包括"占领华尔街"和桑德斯所号召的"政治革命"，右翼的则包括茶党运动和特朗普所领导的白人蓝领阶层对共和党建制派的大反叛。

许多亲市场的人倾向于将经济和政治视为两个相对独立的系统。经济是个自发体系，由供需和价格等市场因素所控制，无须政治的干预，它的好坏也与政治没有太大的关系。就像美国前财政部长亨利·保尔森所言，市场力量促进经济增长，是单纯的经济事实，去指责任何一个政党，都既不公平，也毫无用处。[2] 虽然任何政党执政下都会存在经济不平等和穷人，但并非所有公共政策对经济不平等的效应都是一样的。反过来，不同程度的经济不平等对政治的影响也不会是毫无区别的。

三　经济不平等激发政治极化

（一）经济不平等与政治代表性

经济不平等意味着富人和穷人之间存在巨大的收入差异，进而意味着两个群体间存在巨大的政治代表性差异。因此很容易理解，在经济不

---

① 付随鑫：《从右翼平民主义的视角看美国茶党运动》，《美国研究》2015 年第 5 期，第 96 页。

② Treasury Secretary Paulson Delivers First Official Speech at Columbia Business School.

平等加剧的情况下，富人对政治的影响力会越来越大，而穷人的影响力会日益缩小。这将不可避免地导致严重的政治分裂或者说政治极化。

在理论上民主国家应该是一个政治上人人平等和多数统治的社会。正如著名政治学家罗伯特·达尔所言："民主政体的一个关键特征是，政府对其政治上视为平等的民众的偏好持续做出回应。"[①] 然而，民主制度的一个明显悖论是，在基于多数统治原则的民主制国家里，为何人数甚多的穷人没有严厉剥夺为数甚少的富人。况且在经济严重不平等的情况下，穷人要求对富人增税和再分配的动力应该更强。但现实却是富人的财富和收入的增长越来越快，而绝大部分穷人没有意愿和能力去实施平均分配。这个悖论反证了富人在民主制中的影响力远超出他们的人数比例。不论是通过正式的分权制衡制度，还是非正式的金钱政治等手段，富人都能施加强大的政治影响力。曾有学者论证，选民的政策偏好与其所选代表的政策偏好之间存在强相关关系。[②] 这种结论或许没有错误，但它没有具体考察不同群体的政治代表性的差异。如果只有富人的政策偏好能够很好地被代表，而穷人的偏好无法表达出来，那依然可以说该选区的代表体现了其选民的偏好。这种非平等的政治代表性正是经济不平等所引发的严重后果之一。

选民的收入水平很大程度上决定其政治偏好对政策制定的影响力。可以通过考察参议员对其选区的代表性差异来论证收入的影响力。选区参议员作为研究对象的一个重大好处是他是单一选区代表，而且同一选区还有两个代表。这样至少避免了对不同议员进行跨选区比较可能存在的误差。对比参议员与其所在州的意识形态，可以发现即使两个参议员代表着同一个州，他们的意识形态也会出现很大差别，特别是当这两个参议员分属两个政党时。而且同州不同党的两个参议员之间的差异要明显大于不同州但同党的两个参议员的差异。例如，以第 113 届参议院为例，代表新罕布什尔州的民主党参议员 Jeanne Shaheen 的意识形态分值为

① Robert A. Dahl, *Polyarchy: Participation and Opposition*, New Haven: Yale University Press, 1971, p. 1.

② Wakken E. Miller and Donald E. Stokes. "Constituency Influence in Congress." *American Political Science Review*, Vol. 57, No. 1, 1963, pp. 45 – 56.

-0.29,共和党参议员 Kelly Ayotte 的分值为 0.37,两者差距为 0.66;而代表路易斯安那州的民主党参议员 Mary Landrieu 的分值为 -0.2,共和党参议员 David Vitter 为 0.5,两者差距为 0.7。而不同州的两个民主党参议员的分值差距仅为 0.09,两个共和党参议员的分值差距也仅为 0.13,这两个值均远小于上述两州内不同党参议员之间的差距。由此可以看出,精英的意识形态对其政策制定的影响力要明显大于其所代表的选民的意识形态。换言之,政党认同比选民偏好对精英的政治行为的约束更大。

在参议员对其选民的回应性已经很小的情况下,他们还基本上只回应中高层选民的偏好。将 ANES 参议院选举调查的受访者分成高、中、低收入三个群体,并测算它们的意识形态平均值,然后分别与参议员的意识形态分值进行回归分析。结果发现,参议员对本选区内的高收入选民的回应性最大,其次是中等收入选民,而对低收入选民的偏好基本上没有回应。再将参议员按党派分开进行分析,能发现共和党参议员对中高收入选民的回应性高于民主党参议员,两党参议员对低收入选民都没有明显的回应性。

综合前面的分析可以发现几点结论。第一,政党认同比选民偏好更能影响政治精英的投票行为。第二,精英对高收入和中等收入的选民的回应性更强。第三,共和党对高收入选民的回应性比民主党更强,对中等收入的差不多,对低收入选民都没有回应。在经济不平等加剧的情况下,共和党精英对高收入选民的回应性的增强幅度最大,而民主党精英对中等收入选民的回应性的增强幅度最大。换言之,收入差距拉大,会增大两党的政治代表性的差异。从政治代表性这个角度来看,经济不平等确实会加剧政治极化。

(二) 收入不平等与政党认同的关系。

经济上的差异通常会造成政党的分化。美国虽然不是一个存在明显阶级对立的国家,但不同的阶层仍会选择不同的政党作为支持对象。至少自新政以来,低收入者更多地支持民主党,而高收入者更倾向于支持共和党。下面将证明这种政党认同模式至今并没有发生根本性变化。

先考察一个很常见但又似乎很矛盾的现象:在过去几十年里,南部和西部的穷州往往支持共和党,特别是南方的穷人也日益支持共和党。

自 20 世纪 60 年代民权法通过后，相对贫穷的南方各州逐渐背离民主党而倒向共和党。到 80 年代还有一批里根民主党人也转投共和党的票。由此兴起一些流行的观念，认为穷人已经放弃了他们对民主党的传统忠诚，而成为共和党的忠诚支持者；或者认为选民不再像以前那样关心经济问题，他们转而主要关注社会议题；甚至进一步声称，正是因为共和党的小政府、亲市场的政策有利于穷人，所以他们才选择支持共和党。这些观点的一个代表性著作是托马斯·弗兰克（Thomas Frank）的《堪萨斯怎么了？》（*What's the Matter with Kansas? How Conservatives Won the Heart of America*）一书。这本书在 2004 年总统选举中获得了激烈的讨论和共和党人的赞扬。它探讨了位于南方的堪萨斯州为何从 19 世纪末的左翼激进主义转向 20 世纪末的保守主义。根据该书的观点，在过去几十年里，南方的政治话语从社会经济平等转向极具争议性的文化议题，如堕胎和同性恋结婚。南方工人阶级变成了文化保守主义者和价值观选民，他们宁愿牺牲自身经济利益也要坚定地支持共和党。他们还对自由化的精英分子感到愤怒，并认为民主党精英拿他们的钱去帮助穷人、少数族裔和移民，[①] 这些穷人支持共和党的观点并不像表面上看上去那样真实。

要解决上述悖论首先需要区分穷州和穷人这两个概念。不能笼统地认为穷州里的大部分人都是穷人，穷州里面也有为数众多的中高收入者，况且在同一个州里收入是个相对概念。事实上，穷州与富州之间的平均收入差距要远小于同一州内穷人与富人的平均收入差距。在美国，最富裕的州的平均收入只有最穷州的两倍，如果根据购买力平价计算差距则更小，但同州内最富裕的 20% 的家庭的平均收入至少是最穷的 20% 的家庭的 10 倍。既然穷州不等同于都是穷人，那一个明显的推论就是穷州支持共和党并不必然意味着穷人支持共和党，也就是说个人和州的选择很可能是相反的。

这里以在社会议题上争论最激烈的 2004 年总统大选为例来论证低收入者的政党认同。这次选举中最受争议的是同性恋结婚和堕胎等社会议题（另外还有反恐战争），红蓝州的分裂也受到极大的关注。投票结

---

① Thomas Frank, *What's the Matter with Kansas? How Conservatives Won the Heart of America*, Macmillan, 2007, p. 245.

果是小布什和共和党赢得的所有南部和西部的州，而克里和民主党只赢得东北部、五大湖区和太平洋沿岸的州。但深入研究两党在各州的得票情况，就会发现即使较穷的州基本上都支持共和党，但这并不意味着共和党获得了那些州的大多数穷人的选票。这里根据 ANES 的数据检验三个州的不同收入选民对共和党的投票率。这三个州分别是非常贫穷的密西西比州、中等收入水平的俄亥俄州和非常富裕的康涅狄格州。在这三个州，低收入选民对共和党的投票率非常接近，差不多都为 40%。中等收入选民则出现了一定的区别，密西西比州的投票率接近 60%，俄亥俄州为 50%，康涅狄格州刚超过 40%。这三个州的富裕选民的投票率差别更大。密西西比州的接近 80%，俄亥俄州接近 70%，而康涅狄格州还不到 50%。

从这些数据可以看出，在贫穷的密西西比州，民主党赢得了大多数低收入者的选票，共和党赢得大多数中高收入者的选票，但后两个群体的投票率更高，投票人数更多，所以共和党赢得密西西比州。在中等收入的俄亥俄州，民主党也赢得了大多数低收入选民的票，共和党赢得了大多数高收入选民的票，但两党平分了中等收入选民的票。在富裕的康涅狄格州，民主党赢得了所有阶层的多数选票。由此证明，在这三个州大多数穷人都是投民主党的票，并不存在南方穷州的穷人更可能支持共和党的现象。更重要的一个结论是，收入效应在越穷的州表现得越明显。换言之，在较穷的州收入对选民的政治偏好的影响更大。在康涅狄格州，三个收入群体对共和党的支持率的差别很小。但在密西西比州，高收入选民对共和党的支持率比低收入选民高出 40 个百分点。中等收入的俄亥俄州则居于两者之间。因此，对穷州支持共和党的一个恰当的解释应该是，穷州的绝大多数中高收入选民都支持共和党。

实际上，在全国范围内，大多数穷人也没有支持小布什，相反他们支持的是戈尔。在 1992 年和 2000 年选举中，大多数穷人支持的是克林顿和戈尔。共和党并没有得到全国贫穷选民的大多数选票。即使在州层面，共和党也只是得到了德克萨斯州和几个西部州的大多数穷人的支持。[1] 虽

---

① Andrew Gelman, *Red State, Blue State, Rich State, Poor State*: *Why Americans Vote the Way They Do*, Princeton University Press, 2009, pp. 16, 19.

然不能否认许多穷人确实支持共和党，但富人对共和党的支持率更高。因此，共和党能够赢得南方穷州的支持，是因为它赢得了那里绝大多数中高收入群体的选票，并不是因为大多数穷人倒向了它。

不过，这里仍需要解决一个问题：为何收入效应对穷州选民政党认同的影响更大，对富州选民的影响较小？换言之，为何在穷州富人的政治偏好与穷人的相差甚大，但在富州却相差不大？为何富州和大城市的多数富人愿意支持民主党？为何穷州的不少穷人依然支持共和党？虽然全国范围内大部分富人都支持共和党，但加州和东北部各州的多数富人却支持民主党。全国范围内的大部分穷人都支持民主党，但仍存在不少的里根民主党人。他们切身利益需要加强政府干预，却支持共和党并坚持保守的意识形态。这个问题涉及经济以外的因素，如种族、宗教、生活方式等。对高收入者而言，经济因素对他们的政治偏好的影响变小（这符合边际效用递减规律），而文化等因素的影响增大。这是另外需要探讨的内容。

前面的论述证明，低收入者更多地支持民主党，高收入者更多地支持共和党，这种至少是新政以来的政治分裂模式并没有发生根本性的改变。收入差距至今依然是引起政治对立的一个重大因素。随着最近几十年经济不平等的加剧，不同阶层的收入差距越来越大。下面将进一步论证收入与政治偏好或政党认同的关系越来越密切，进而加强了政治极化。

这里用收入差距引起的政党认同差异来考察收入与政党认同的关系。这里使用政党分层指数来描述这种关系，它是指收入最高的1/5群体中认同共和党的人数比例与收入最低的1/5群体中认同共和党的人数比例的比值。根据美国全国选举中心（ANES）的数据，在1956年和1960年的总统选举中，全国范围内收入最高的1/5群体几乎并不比收入最低的1/5群体更倾向于共和党。这跟前面所提到的低收入者更倾向于民主党，高收入者更倾向于共和党的结论并不矛盾。因为直到20世纪中期大多数南方高收入选民因为种族原因仍然停留在民主党内，此时收入效应对南方没有实质性的影响。随着经济不平等的加剧，政党分层指数在不断提高。到1992年、1996年和2000年这三次选举，收入最高的1/5群体认同共和党的比例已经是收入最低的群体的两倍以上。这个趋势跟高收入群体投共和党票的比例的上升趋势是非常相似的。到最近几次总统选举，全国范围内最高收入的 1/5 群体投共和党票的可能性也是最低收入的 1/5 群体的两倍以上。① 自 20 世纪 60 年代以来，政党分层指数的稳定上升，意味着收入差距导致两党之间越来越强的分裂。政党分层的增加都是因为收入效应对党派认同的影响的增强。结果便是在过去几十年里，富人越来越倾向于共和党，而穷人则支持民主党。美国政党体系的经济基础也发生了重大转变。当今收入对政党认同的影响要远大于 50 年代，对 60 年代以来的南方尤其如此。在民权运动之后，南方中高收入群体逐渐抛弃民主党转投共和党，使得共和党在全国获得了一定的优势。这是最近几十年共和党主导美国政治生活的重要原因之一。

从上述论述中可以得出经济不平等与政治极化的关系。至少自新政以来，低收入群体倾向于支持民主党，而高收入群体倾向于支持共和党。但由于种族原因的存在，一直到 20 世纪 60 年代原来南方大部分中高收入群体都支持民主党，但民权运动之后这部分人转向共和党。使得之前两党严重收入差异而发生的分裂进一步固化下来。这个过程实际上是第二维度（即种族维度）被吸纳入第一维度（经济维度）的过程。而 70 年代以来的经济不平等巩固和增强了选民的政党认同的差异。换言之，中高收入选民更加倾向于共和党，而低收入选民更加倾向于民主党。反过来，共和党精英对高收入群体的回应性和代表性变得更强，而民主党对中等收入群体的回应性和代表性变得更强。不过，由于政党认同对精英的投票行为的影响要比选民偏好更强，而且选民与政党的关联在加强，所以选民主要通过支持政党来约束精英，而非通过投票直接约束精英。总而言之，经济不平等对精英政治行为的根本影响是巩固和增强了精英在第一维度上分裂，也就是说加剧了精英的政治极化。

结 论

美国的政治极化与经济不平等之间存在密切的关系。美国历史上的两次经济不平等最严重的时期也是政治极化最严重的时期。通过考察基

---

① Nolan McCarty, Keith T. Poole and Howard Rosenthal. *Polarized America: The Dance of Ideology and Unequal Riches*, Mit Press, 2006, pp. 73 - 74.

尼系数、不同层次的家庭收入和财富的比重等指标，可以发现过去几十年里美国的经济不平等变得越来越严重。

经济不平等促进了政治上的分裂。政治精英对高收入和中等收入的选民的回应性更强。共和党对高收入选民的回应性比民主党更强，对中等收入的差不多，对低收入选民都没有回应。在经济不平等加剧的情况下，共和党精英对高收入选民的回应性的增强幅度最大，而民主党精英对中等收入选民的回应性的增强幅度最大。换言之，收入差距拉大会增大两党的政治代表性的差异。从政治代表性这个角度来看，经济不平等确实会加剧政治极化。

20 世纪 70 年代以来的经济不平等还巩固和增强了选民的政党认同的差异。中高收入选民更加倾向于共和党，而低收入选民更加倾向于民主党。反过来，共和党精英对高收入群体的回应性和代表性变得更强，而民主党对中等收入群体的回应性和代表性变得更强。不过，由于政党认同对精英的投票行为的影响要比选民偏好更强，而且选民与政党的关联在加强，所以选民主要通过支持政党来约束精英，而非通过投票直接约束精英。总而言之，经济不平等对精英政治行为的根本影响是巩固和增强了精英在第一维度上分裂，也就是说加剧了精英的政治极化。

（付随鑫：中国国际问题研究院美国研究所助理研究员）

从总统选举的视角看未来
美国气候政策与行动

刘元玲

【内容提要】 在过去约三十年间，总统换届对美国应对气候变化的政策与行动产生显著的影响。本文旨在分析奥巴马政府实施的一系列积极应对气候变化的政策和行动在 2016 年后将面临怎样的发展环境，特朗普治下的美国在气候问题上会采取多大程度上的倒退和反复，以及对未来全球气候治理产生什么样的影响。

【关键词】 美国政治　美国气候政策　气候政策与行动

美国气候政策与行动包括两大内容：（1）美国国内气候政策，包括联邦、各州以及地方层次应对气候变化的政策与行动。（2）是美国气候外交，即美国在全球气候治理过程中双边和多边层次的相关气候外交政策与行动。无论是国内还是国际气候政策与行动，又分别呈现多种不同的形态，林林总总地构成了美国国家气候政策与行动的全貌。

美国历届政府的气候政策随着相关的政治、科学、经济以及安全等因素的发展而不断发展变化，最早可追溯到 20 世纪 50 年代艾森豪威尔时期。[①] 纵观美国的气候政策与行动可发现总统本人对该问题的认识将直接

---

① Karen Fisher-Banden, "International Policy Instrument Prominence in the Climate Change Debate", in Paul G. Harris ed., *Climate and American Foreign Policy*, New York: St. Martin's Press, 2000, p. 152.

影响相关政策出台和行动落实。例如自 90 年代气候问题作为全球性议题登上国际政治舞台以来，在老布什和小布什任期内，均对气候问题持怀疑消极的态度。而克林顿和奥巴马政府时期均采取了相反的态度，不仅认同和支持气候变化的科学研究，而且主张积极应对气候变化。

一　奥巴马政府治下的气候政策与行动

奥巴马政府在气候变化问题上的态度和立场与前任历届政府都有所不同，承认气候变化客观存在，认可人为因素对气候变化产生重要影响，主张采取积极行动来应对，并试图在国内和国际气候治理领域发挥积极领导作用。

奥巴马称"消极坐等气候变化而不加以应对，是对子孙后代不负责任"，2008 年奥巴马在联合国气候会议远程演讲时表示"我的总统任期将标志着美国在气候变化方面担当领导的新篇章"[1]，2015 年 8 月则指出：只要我还是美国总统，就要在全球气候治理领域发挥积极领导作用。[2] 这被普遍认为是气候变化问题奥巴马时期的来临。有报道反映奥巴马在气候问题上的"勤勉度"指出：根据白宫保存的工作记录，2015 年 1 月至 8 月平均每 4 天半奥巴马就会通过行政命令的方式来发布有关应对气候变化的一项新举措。[3]

奥巴马拥有自己"亲气候"的相关决策圈，包括国务卿约翰·福布斯·克里（John Forbes Kerry）、国家安全事务助理托马斯·多尼隆（Thomas E. Donilon）、美国气候大使托德·斯特恩（Todd Stern）以及美国进步中心主要领导人波德斯塔（John Podesta）等。他们都是气候变化支持论的拥趸者，承认气候变化客观存在，并且认可人为因素对气候变化所产生的主要影响，因而支持采取积极行动来应对气候变化。这个气

---

① 《奥巴马气候变化政策含义：与振兴美国经济相联系》，《中国新闻周刊》2009 年 2 月 6 日，http：//www. chinanews. com/gj/bm/news/2009/02 – 06/1552821. shtml。

② John Abraham，"Barack Obama is the first climate president" www. theguardian. com/environment/climate-consensus – 97 – per-cent/2016/nov/02/barack-obama-is-the-first-climate-president。

③ Suzanne Goldenberg，Barack Obama sets sizzling climate action pace in push to leave legacy，http：//www. theguardian. com/environment/2015/jun/25/barack-obama-climate-change-legacy。

候圈子对奥巴马在气候问题上的内政和外交政策发挥了重要影响。尤其是在奥巴马第二任期内，国务卿克里带领的外交团队更加强调气候议题，2014 年签署的《中美气候变化联合声明》、2015 年《中美元首气候变化联合声明》，以及 2016 年《中美元首气候变化联合声明》的签署不仅成为中美外交中的重大成果，也成为奥巴马政府气候外交的一大亮点。此外，美国国家安全事务助理托马斯·多尼隆则推出了气候安全的理念，提出气候变化对国家安全的影响源自其对世界各国环境日益严重的影响，① 这大大扩展了气候变化的研究领域。

奥巴马政府时期将气候变化看作其政治议程的重要事项，因此对该问题付出相当程度的资源与精力。在气候外交层面，一方面奥巴马政府积极重塑美国在全球气候治理中的领导作用，通过参加历届世界气候大会以及在《联合国气候变化框架公约》等机制外的积极活动，积极在全球气候变化的谈判中发挥影响力。另一方面，奥巴马政府也同当今碳排放大国诸如印度、中国等积极推行双边气候外交，分别取得了不同的进展和成就。

奥巴马主政时期，就应对气候变化的机构而言，美国大多数联邦层面正在进行的气候政策与行动主要是通过总统行政办公室（Executive Office of President，EOP）、环境质量委员会（Council on Environmental Quality，CEQ）、美国环境保护署（Environmental Protection of America，EPA）来推行。其中总统行政办公室主要是绕开国会压力和阻挠而通过总统行政命令的方式来推行气候应对行动；环境质量委员会的功能在于协调联邦各机构与白宫之间的气候政策与行动；环保署则是历来重视环境保护并在气候政策与行动上通过一系列安排来积极配合奥巴马政府。

奥巴马曾经试图通过一项专门的立法来推动美国开展应对气候变化的政策与行动，无奈面对的阻力太大，最终使得相关的法案被遏制在萌芽状态。在这样的情况下，一方面，《美国振兴与再投资法案》（American Recovery and Reinvestment Act，ARRA）中相关的内容成为奥巴马政府

---

① Tom Donilon, National Security Advisor to the President, Remarks at the Launch of Columbia University's Center on Global Energy Policy, White House Press Releases, Fact Sheets and Briefings, April 24, 2013.

开展气候行动的一个重要依赖，《美国振兴与再投资法案》重点在清洁能源研发和气候科学的研究提供资金和政策支持，其中包括 630 亿美元的研发资金投放在能源、交通和气候研究领域。另一方面，2013 年颁布的《总统气候行动计划》则推出了广泛的行动内容来推动美国本土以及全球层面上应对气候变化的努力。

美国政治制度的设计决定了任何一位在位总统想完成一件政治事业，最好的状态是立法、司法和行政三个部门能够在认识上同心合一，立场上团结一致，实践上通力合作。然而由于理念与利益，尤其是党派、利益集团等的大量存在，不同的声音和力量永远存在，因此要达到这种"合一"的状态毫无疑问非常困难，这就让美国国内政治不时呈现各种纷争的状态，让当初为了避免集权专政而做的制度设计最后呈现为制衡大于妥协，程序的公平正义压制和拖延解决问题的信度和效度。在气候问题上，奥巴马在其担任总统的前几年面临来自共和党各种层面的压力，2016 年第二任期中期选举之后，参议院和众议院均由共和党占多数，成了名副其实的"跛脚鸭"总统。在这样的情况下，奥巴马要想推行其有关应对气候变化的政策与行动，一直以来都面临很大的苦难与挑战。

美国国内政治精英的极化现象由来已久，这种极化不仅体现在两党作为一个整体对各自政治理念和原则的拥护上，还体现在具体的政治议题上。在气候变化问题上，两党的分化尤其明显，历年来皮尤调查的数据都显示，共和党与民主党在面对气候变化问题上分别持不同的观点。民主党具有亲环境的政策传统和悠久的环保理念，共和党则与之相反，在气候问题上绝大多数的共和党人长期持"反对论"或者是"怀疑论"的观点。来自共和党的这种理念和立场，影响了美国联邦和地方各个层次很多的执政掌权者，对奥巴马所积极倡导的气候政策与行动采取漠视、轻视甚至反对的态度。

总而言之，需要注意的是，由于美国三权分立的政治制度设计，以及国内政治精英在气候变化问题上没有达成共识，因此奥巴马在任期内想通过立法来实施其相关的应对气候变化的政策与主张没能成功。不得已而采用行政命令的方式，在其权限范围内最大可能地来推动美国联邦和各州积极应对气候变化的努力。

有研究显示，如果这些行政命令都能够落实成功，那么奥巴马政府在全球气候大会上提出的美国的国家自主承诺贡献的目标基本上可以完成。然而，值得关注的是，其中很多的政策措施的实施时间段以及大大超出了奥巴马总统任期的时间段，除非他持续连任美国总统，否则很多政策的命运前途未卜，因而 2016 年总统大选的结果对奥巴马气候遗产的继承十分关键。

二　希拉里和特朗普的"气候观"之比较

2016 年的美国总统选举是美国历史上前所未有的一次非常规选举。众所周知，经过异常激烈而又独特的总统候选人角逐，在 2016 年 11 月 8 日大选结果出炉前的几个月里，民主与共和两党候选人轮番出场，气候议题虽不是候选人关注的重点，但也均有涉及。希拉里虽然败选，但是她所代表的民主党在气候问题上的立场和观点，以及过去几年的政策与做法将不会随着她的败选而立即销声匿迹。因此分析希拉里·克林顿与唐纳德·特朗普在气候问题上的立场与观点，将有助于更加全面和深刻地认识和理解未来美国气候政策与行动的走向。

曾几何时，作为民主党阵营中最具问鼎总统宝座实力的候选人，希拉里在气候变化问题上与现任总统奥巴马的主张基本一致，如果竞选成功，美国现行的国内气候政策和行动将有望得以延续和更新，美国在全球气候治理中的作用和影响将更趋积极。

希拉里在明确表示会延续奥巴马政府的环境政策。她曾指出："我将以'清洁电力计划'为基础，与各州、城镇以及非城市居民共同加快清洁能源利用、提高能效、推广绿色交通。"并提出：未来 10 年，针对巴黎气候协议的行动方向非常重要，因为如果不大力推进清洁能源发展，削减经济增长过程中的碳污染，将无法避免最终的灾难性后果。希拉里还提出了自己的环境方案，比如对石油巨头（主要指埃克森美孚）展开调查，同时对气候变化进行深入研究，许诺大幅增加太阳能在美国能源结构中的占比。①

---

① 《特朗普与希拉里的能源"恶战"》，http://www.qstheory.cn/zoology/2016 - 06/01/c_1118956481.htm。

2015 年 8 月，希拉里通过竞选网站首度公开其气候变化政策细节的视频，其中提到若竞选成功，将在其首个总统任期内在全美新装 5 亿个太阳能电池板，并保证 2026 年后让家家户户都能实现可再生能源供电。随后希拉里在爱荷华州发表演讲时重申了该政策，并表示这将覆盖美国大多数家庭。希拉里提出的内容目标之一是让美国 33% 的电力都来自可再生能源，与奥巴马曾经提出的到 2030 年占比 20% 的目标相比，似乎更加宏大。

不过，值得关注的是：希拉里对水力压裂技术的态度与特朗普不谋而合，这也是最受争议的地方；另外还对美加输油管道 Keystone XL 态度暧昧。据悉，希拉里团队接受了能源巨头的资金支持，支持利用压裂法开采油气，还向全世界推销该技术。希拉里相信，页岩气能重塑全球能源版图，在向更加清洁绿色经济模式转型的过渡时期，天然气将发挥巨大的作用。

再来看看共和党阵营的情况。与民主党在气候问题历来相对积极的态度相比，共和党作为一个整体在该问题上向来持消极立场。例如，在特朗普这股旋风尚未形成气候之前，包括特朗普在内的所有共和党总统竞选者，以及泰德·克鲁兹（Ted Cruz）、本·卡森（Ben Carson）、杰布·布什（Jeb Bush）、马克·卢比奥（Mark Rubio）、约翰·卡西奇（John Kasich）等都是气候变化的"怀疑论者"，他们都否认全球气候变化客观存在，质疑人类在其中发挥的影响作用，反对现行的有关应对气候变化的政策和行动，对奥巴马提出的诸如"清洁电厂"、削减甲烷等非二氧化碳温室气体等一系列的进步举措都持反对态度，在反对"清洁电厂"方面，他们不惜鼓励各州动用法律途径来指控奥巴马政府的做法涉嫌违宪。与此同时，即便在少数承认气候变化且人类该负责任的共和党人那里，例如克里斯·克里斯蒂（Chris Christie）、卡莉·菲奥莉娜（Carly Fiorina），他们大多反对奥巴马政府所采取的应对方法。

尽管目前特朗普对气候变化的基本认知方面出现了观点的松动，然而整体看来，特朗普的"反气候"的立场基本上是一以贯之的。例如，2016 年 7 月 19 日在克利夫兰召开的共和党全国代表大会上，特朗普力压反对阵营，成为无可争议的美国共和党总统候选人。回顾和汇总特朗普在气候变化问题上的各种言论，极具特朗普个人特色的回答，基本上代表了目前他在气候问题上的立场和态度。

可以说，尽管特朗普在气候问题上秉持了其一贯"语不惊人死不休"的特征，尽管他不可能凭借一己之力就废除《巴黎协定》（即便他当了总统按照《巴黎协定》，退出也需要花费四年的时间），但是他的言论以及截至选举结果出炉的一些做法的确展示了如果竞选成功，他有能力放缓该协定的批准过程，有能力削弱甚至推倒奥巴马政府任期内所开展的一系列应对气候变化的政策与行动，有能力影响美国各级地方政府在应对气候问题上的一些做法——让消极的更消极，让积极行动更困难，让那些犹豫不定更倾向于走到特朗普的阵线中去。

俗话说：听其言，观其行。如果以上的说法对于"气候支持论"者来说意味着"言论上的不负责任"，那么特朗普任命气候变化怀疑论者克拉默（Aron Cramer）作为其能源政策顾问和任命油气界老板哈罗德·汉姆（Harold Hamm）担任能源部长则无疑是一种"行为上的灾难"。2016年5月13日，特朗普选定北达科他州众议员、气候变化怀疑论者克拉默作为能源政策顾问。克拉默不仅强烈支持石油和天然气开采，还坚决否定气候变化，他所在的北达科他州正积极推动页岩油和天然气开采。据克拉默透露，特朗普团队希望克拉默拟定一份《白皮书》，详述能源政策看法。克拉默准备在《白皮书》中阐述外资控股美国能源资产的危害，批评能源领域税负过重与监管严苛。[1] 更具冲击力的则是特朗普所中意的未来能源部长。据路透社2016年7月21日从特朗普竞选团队内部渠道获悉，特朗普准备提名传奇页岩巨头、大陆资源公司首席执行官哈罗德·汉姆担任美国能源部长，这将意味着会出现美国历史上首位由油气业界老板直接担任的能源部长。[2] 而在2016年12月初，特朗普提名气候变化质疑者（真实是反对者）斯考特·浦路伊特（Scott Pruitt）出任美国环保署署长，无疑是向奥巴马时期的气候变化和环境政策的公然宣战。因为斯考特·浦路伊特的从政经历可以看出，他一直致力于反对环境保护署

---

[1] "Trump Taps Climate Change Skeptic Kevin Cramer as Key Energy Advisor", http：//www. teaparty. org/trump-taps-climate-change-skeptic-kevin-cramer-key-energy-advisor – 164713/.

[2] 《特朗普豁出去了：要首次提名油气大鳄当能源部长》，http：//money. 163. com/16/0722/18/BSJM34H900253B0H. html。

的各种环保政策，自称是"一个反抗美国环境保护署激进议题的领路人"。在气候问题上，他长期对此问题持质疑的态度，曾经联合其他州的检察总长们团结起来起诉"清洁电厂计划"——奥巴马政府面对巨大压力情况下利用其行政权力在最大限度内的应对气候变化的行动主张——并且取得了不凡的成就。这一点让美国的低碳化经济发展道路前途布满荆棘。最近，他还采用同样的方法联合其他各州的检察总长起诉美国刚出台的甲烷排放法规。

据美国相关机构的研究结论，美国目前（特朗普正式执政之前）的政府将会在很大程度上削弱美国的气候目标。[1] 这意味着，即便是美国在奥巴马政府时期已经尽可能地在应对气候变化方面积极有所作为，无论是在减排、减缓还是适应方面均有不同的政策应对和实际行动，但是要达到美国气候目标，依然面临很大的挑战，需要做更多的努力。然而，未来的期待不禁变得渺茫和悲观起来。作为环保主义者的亿万富翁汤姆·斯迪尔指出："特朗普的能源政策将会加速气候变化，因为这些政策旨在保护污染性企业的利益，这些企业污染空气和水，阻碍美国向清洁能源的转型，不利于美国经济的发展以及气候和环境的健康。"[2]

美国能源安全理事会高级顾问盖尔·鲁夫特（Gal Luft）在 2016 年 6 月 30 日北京举行全球能源安全智库论坛暨《世界能源蓝皮书：世界能源发展报告（2016）》指出：特朗普如果当选，美国气候政策将会发生巨变。奥巴马政府一直认为"气候变化"是一个非常紧迫的问题，希拉里也一直强调气候变化是人类的最大挑战；与此相反，特朗普完全不认为气候变化是个问题，并不需要政府投入很多资金和政治资源去解决。

有效的国际气候治理不仅依靠一个有法律约束力性的全球协定，更重要的是各国各地区的行动和努力，持续有力的国内气候政策与行动尤为关键，尤其是那些在该问题上能够发挥巨大影响力的各个大国。2016年 11 月 18 日第 22 届《联合国气候变化框架公约》缔约方大会在摩洛哥

---

① Samantha Page, "New Gas Infrastructure Is Going to Completely Undermine U. S. Climate Goals", http：//thinkprogress. org/climate/2016/07/22/3800752/a-bridge-to-forgetting-paris/.

② "Donald Trump would 'cancel' Paris climate deal", http：//www. bbc. com/news/election-us－2016－36401174.

中部城市马拉喀什举行，马拉喀什大会期间，美国选出了新一届"反气候"的总统特朗普，不禁让在会议现场的美国工作人员泪洒会场，也给整个全球气候治理蒙上阴影。好在，东边不亮西方亮，包括中国、欧盟和小岛屿国家政府等先后明确无论美国气候政策如何改变，都将坚定落实气候承诺。特朗普的当选，对已经做出的国家自主贡献目标，恐怕不大可能卖力气去真做，更难以拿出真金白银帮助其他发展中国家应对气候变化。中国谈判代表指出：中国的政策立场不变，中国谈判原则不变，中国减排行动力度不变，国际气候合作方向不变，中国的表态和立场为国际气候治理注入了希望和力量。同时，考虑到美国各州和各级地方，以及市场的巨大影响力，都在美国气候行动中一直发挥着重要作用，民间社会在继续推动并监督未来特朗普政府的执政方面也是可期待的希望所在。

总之，如果认可全球气候变化客观存在，承认人类燃烧化石能源对该变化过程的影响之大，并决心有所作为积极加以应对，那么作为全世界最主要温室气体排放国家的美国，其在应对气候变化方面的政策与行动、内政与外交，不仅对美国本土产生影响，而且与全球人类命运的发展息息相关，值得我们关注。与此同时，美国总统个人作为一个重要的自变量，其对美国气候政策与行动、内政与外交发挥着举足轻重的影响，同样值得关注与期待。特朗普的上台，无疑为美国未来的气候政策与行动以及全球气候治理的未来，蒙上了阴影。

（刘元玲：中国社会科学院美国研究所助理研究员）

美国外交

从冷战后美国亚太政策的延续性
看特朗普外交政策的走向

魏红霞

【内容提要】 纵观冷战后美国亚太政策调整的主线，我们可以发现，从共和党的老布什政府，到民主党的克林顿政府，再到共和党的小布什政府，最后到民主党的奥巴马政府，无论政党如何交替，无论胜选总统怀有什么样的理念，以双边同盟为基石，以多边合作为补充，维护美国在亚太地区的主导地位一直是美国在亚太地区的政策目标。而且，随着全球局势的变化和美国战略的调整，美国不但从来没有离开过亚太，而且其介入亚太事务有愈来愈深的势头。特朗普是在美国固有的制度中施政，而且他个人的角色也在转换之中，他面对的是全新的工作，但他面对的世界并不是全新的世界。特朗普在外交政策方面强调"美国优先"，强调把美国安全的利益放在第一位。这意味着美国不会放弃世界霸权地位，特朗普的美国也还是那个霸权美国。美国外交政策中固有的利益和理念会促使特朗普政策继续奥巴马政府在亚太地区的一些政策选择。美国外交向太平洋倾斜的趋势不会因为奥巴马的任期结束而停止。

【关键词】 美国外交 美国亚太政策 特朗普

2016 年 11 月 8 日美国大选落下帷幕，唐纳德·特朗普（Donald Trump）当选为美国新一届总统。早在宣布参选之时，他就备受争议。目前，尽管大选已经落下帷幕，特朗普及其未来执政趋势似乎引起了更大的争议。他将带领美国走向何方？将对美国的外交政策做何调整？世界格局会不会因为他上台后进行调整而发生大的改变？中美关系将会变好还是更加曲折？因为特朗普本人没有从政的经验，而他在竞选期间提出了相对极端的政策提议，因此，这些问题无论在各国政界、学界还是媒体上都频频引发涟漪，被普遍认为难以预测，有很大的不确定性，甚至有很多人担心美国会在特朗普的领导下回到早期的"孤立主义"。

确实，对于特朗普执政后美国外交政策的调整，现在如果得出准确的结论还为时尚早，但是，并不是所有的政策调整都需要新政策出台后再去做分析和判断，特朗普本人也不会因为竞选期间极端的政策提议而在就任后进行极端的政策调整。

在美国现存的政治制度之下，虽然外交政策的选择受领导人思想意识的支配，但是美国国家外交政策并不是由总统一个人能够完全决定的，主要还取决于美国的国家利益、政治传统和价值理念或者说广义的文化背景。19 世纪末以来，随着美国对外政治、经济关系的扩大，越来越多的利益集团和政治机构参与对外交往活动。具体政策的产生，一般都是各种利益和思想互相交锋的结果。美国外交政策的过程非常复杂，掌握最大决策权的总统，在入主白宫之前未必有充分的外交经验，却必须始终适应国内政治思想动向。① 美国获取、维护其世界霸权和领导地位的需要和美国国内政治的稳定在很大程度上保证了外交政策的延续性。这种延续性对我们判断特朗普政府的政策调整动向有着重要的参考意义。

本文将从冷战后美国的亚太政策的延续性来分析特朗普政府外交政策的调整。

冷战结束以来至今，美国共有四位总统执政。除了老布什（乔治·H. W. 布什，1989.1—1992.1）任期为四年之外，其余三位都是连任执政八年：比尔·克林顿总统（1993.1—2000.1），小布什（乔治·W. 布什，2001.1—2008.1），以及巴拉克·奥巴马总统（2009.1—2017.1）。由后

---

① 王缉思：《美国外交思想传统与对华政策》，载中国社会科学院美国研究所、中华美国学会编《中美关系十年》，商务印书馆 1989 年版。

面三位总统的连任，以及小布什和老布什的父子关系，我们可以观察一下美国亚太政策的变与不变，并在此基础之上，展望美国新任总统唐纳德·特朗普的政策走向。

一　老布什政府时期：提出构想

老布什任期内，世界格局正在发生巨大变动。随着世界格局的变化，美国加紧调整亚太战略，并积极参与亚太地区的国际事务中。1989 年 2 月，老布什甫一上台，就开始了亚太之行，以表明美国对这一地区的重视。[1] 他在访问中申明"美国是一个太平洋国家"[2]，亚太是对美国"利益攸关的地区"。从外交政策概念上，老布什政府于 1989 年提出建立"新太平洋伙伴关系"；1989 年 6 月，时任国务卿詹姆斯·贝克（James A. Baker, III）提出建立包括美日在内的"泛太平洋经济联盟"。到 1991 年 11 月，贝克更为全面地提出了一个针对亚太地区的构想，即建立一个以北美为基点包括日本、韩国、东盟、澳大利亚的呈"扇形结构"的"太平洋共同体"。[3] 在行动上，老布什政府强调美日同盟是"太平洋共同体"的基轴，同时加强美韩关系、美澳关系，密切与东盟国家的关系，改善了与越南的关系，促使美越关系迈向正常化。

对于中美关系，老布什执政期间，就开始在发展和波澜中前行。1989 年，老布什就任总统时，中美关系保持着《8·17 公报》签署以来的良好势头，随后中美关系遇到了波折，几乎陷于停滞。但是，老布什政府终究没有在美国国会对华制裁的鼓噪中采取孤立和排斥中国的政策，阻止了中美关系陷入绝境，而是积极寻找两国解决分歧的途径。至其任期结束，中美关系在经贸、科技、军事以及文化等各个领域的合作和交

---

　　① 1989 年 2 月 23—27 日，老布什访问了日本、中国和韩国，中国是其上台之后出访的第二站。

　　② 早在里根时期，面对亚洲"四小龙"的腾飞，美国已经开始重视亚太地区。里根本人在多次讲话中称美国为"太平洋国家"，其实，奥巴马政府出台亚太再平衡政策，强调美国是"太平洋国家"并不是全新的提议。

　　③ James A. Baker III, "America in Asia: Emerging Architecture for A Pacific Community," *Foreign Affairs*, Winter 1991/92, pp. 1 – 18.

流逐步恢复，甚至扩大，双边关系得到了相当大的改善。

二 克林顿政府的亚太政策：全面面向太平洋

克林顿一上台就面对着一个新世界，也面临很多新问题，其中亚太政策面临的调整是一次具有划时代意义的机遇和挑战。克林顿入主白宫以后，强调美国的未来在于更广泛、更深入、更集中地参与亚太事务，并提出了建立一个"分享力量、分享繁荣和对民主价值共同承担义务"的"新太平洋共同体"①，谋求创造美国的"太平洋世纪"。新太平洋共同体的构想有三个支柱：经贸、安全和民主。在经贸方面，克林顿政府强调积极参与和领导亚太经济发展，谋求建立更广泛的亚太经济贸易体系。美国提议将亚太经合组织部长级会议提升为峰会，并于1993年11月主办了第一次峰会。这对亚太经合组织机制化进程、美国对亚太地区经贸合作的参与都具有里程碑式的意义。在安全方面，就是以美国在亚太的军事存在为后盾，以日美等双边同盟条约为基础，积极参与多边安全对话，确保美国在亚太地区的安全主导权，阻止该地区出现任何其他军事大国挑战美国的领导地位。克林顿政府亚太政策调整的另一个重要方面就是强调要在这一地区推进民主制度。他提出"民主的推广是我们可能在这一地区实现区域和平、繁荣和稳定的最佳保障之一"。这实际上与奥巴马上台以后推进与缅甸、蒙古的关系是一脉相承的。

克林顿第一任期和第二任期分别发布了《东亚战略报告》②，确立美国在东亚的主角和领导地位，强调在加强与盟国关系方面，美国要继续对亚太地区承担军事义务的同时，寻求多边合作的机会。

值得注意的是，克林顿执政八年期间，中美关系的波动更为频繁、曲折。美国一方面把中国看成美国全球地位的挑战者，另一方面又强调"把中国纳入国际社会"；一方面在政治上和经贸方面采取与中国全面接

---

① 1993 年 3 月 31 日，亚太事务助理国务卿温斯顿·洛德（Winston Lord）在参议院对外关系委员会作证时提出"新太平洋共同体"（A New Pacific Community，也有人称为"亚太共同体"）这个概念，很快被克林顿总统采纳。

② U. S. Department of Defense, *The United States Security Strategy for the East Asia-Pacific Region* (1995，1998)．

触的政策，另一方面又在人权方面对中国进行施压，试图将中国引向美国所希望的"自由市场经济"和"民主"国家。

1993 年，克林顿总统以行政命令形式宣布无条件延长 1993—1994 年度中国的最惠国待遇。但是随后的"银河号事件"导致中美关系一时间呈恶化趋势。接着，克林顿政府全面审视中美关系，又改变了对中国的强硬政策，开始执行与中国进行全面接触政策。1993 年，中美首脑会晤曾经被认为标志着中美关系有了新的良好开端。1994 年，美国国务卿沃伦·迈纳·克里斯托弗（Warren Minor Christopher）甚至表示："一个强大、稳定和繁荣的中国符合美国的国家利益"。① 随后，美国对华政策迈出一个关键性的步伐——无条件延长中国的最惠国待遇，并把人权问题同每年延长中国最惠国待遇问题脱钩。此举让中美关系一时间温暖如春。但是在人权方面，美国并没有放弃对中国内政的干涉。1995 年李登辉访美得到了美国政府的允许，导致中美关系再次降到冰点。

在这一时期，美国国内掀起了对华政策大辩论。两党在对华政策上受到了辩论的影响，经过探索和调整，最终在加强与中国接触这一点上，达成新的共识，为中美关系的恢复和改善提供了有利的政治环境。1997 年 1 月，克林顿进入第二任期后，明显在坚持对华接触战略方面比以前坚决得多。中美领导人和两国高层官员互访增多，交流范围不断扩大。克林顿总统于 1998 年 6 月对中国进行了为期九天的正式国事访问。这次访问被认为"使中美关系再上一个台阶，达到了十年来的最高峰"。

然而，好景不长。1999 年上半年发生的"李文和事件"、美国对台军售和中国驻南斯拉夫使馆被炸事件使中美关系再次倒退。这些反复不是偶然的，而是在很大程度上反映了美国国内政治对外交政策的影响。随后，美国进入大选，共和党抓住对克林顿民主党政府对华政策的不满，大肆进行攻击，使中国议题在美国大选中成为"无辜的"中枪者。

克林顿政府采取的两面性政策使中美关系不会有突破性的良性发展。但由于中国是亚太这一"世界上经济最活跃的地区"的最具活力的大国，美国尽管害怕中国会构成对美国的挑战，但还不至于使中美关系急速走下坡路。

---

① 1994 年 3 月中旬，克里斯托弗访华期间。

三　小布什时期：反恐态势下的亚太合作

2001 年 9 月 11 日，美国国内遭到的恐怖袭击迫使小布什政府改变了政策方向，投入了一场旷日持久的反恐战争。基于反恐的需要和"新保守主义"理念的指导，小布什政府的亚太政策呈现了两条主线：一条是将亚太地区开辟为反恐的第二战场，另一条是推进这一地区的贸易自由化，这实际上是克林顿政府亚太政策的继续。小布什政府第一任期内在处理国际事务时虽然更多地奉行单边主义原则，但是美国推进反恐的主要工具却是积极参与多边合作机制，例如，将亚太经济合作组织作为美国推进反恐合作、构建反恐联盟的多边平台。小布什在历届亚太经济合作会议中，都积极推出各种与反恐有关的议题。并且以反恐为基点，美国官员甚至企图让亚太经济合作组织成为一个处理亚太安全问题的多边平台。①

值得注意的是，在反恐态势下，小布什政府将朝鲜界定为"邪恶轴心"国家，② 并把东北亚安全问题纳入反恐的议题中。然而，小布什政府一直拒绝同朝鲜进行正式双边谈判，而是主张将朝核问题通过六方会谈等多边框架进行解决。遗憾的是，六方会谈几经波折，最终没有解决朝核问题，而朝鲜的核试验反而日益升级，导致东北亚地区安全危机时而处于引爆点。

在整个小布什执政期间，中美关系因为突发事件，也经历了大起大落，最终向好的方向发展。布什上台初期，其对华政策呈现出十分强硬的姿态。小布什提出中美两国既不是"战略伙伴"，也不是"潜在敌人"，而是"竞争对手"。从"撞机事件"到售台武器，中美关系一时间再次面临新的考验。

"9·11"事件的发生，不但使美国对外战略发生了转变，也将中美关系置于一个新的环境之中。双方都抓住了反恐的机遇，改善了关系。

---

① Condoleezza Rice, "Robust Engagement with Asia," *The Wall Street Journal*, Oct. 24, 2003.

② Goerge W. Bush, 2002 State of the Union Address, available at: http://georgewbush-whitehouse. archives. gov/stateoftheunion/2002/.

2001 年 10 月，小布什出席在中国上海召开的 APEC 会议时，提出两国致力于发展"建设性合作关系"，这使两国关系取得重大进展，两国不仅扩大了在政治、经济方面的合作，也展开了在军事等领域的积极合作。中美关系在一段时期走上了平稳发展的轨道。

在布什第二任期，随着反恐局势的变化，小布什政府开始将战略聚焦从中东逐渐转移。伴随着中国的迅速发展和崛起，美国国内开始出现了中国挑战美国的聒噪论调。人民币汇率、知识产权、贸易不平衡以及反倾销等问题开始困扰中美关系。在安全方面，美国开始试图将台湾问题国际化，并继续强调加强美日同盟，甚至打算将台湾问题纳入美日同盟合作的共同战略目标。① 同时，美国开始提升与中国尚有领土争端的印度的关系。美印关系的提升显然在于平衡中国力量的发展，被认为是"抑华"的战略。

在小布什执政的八年中，中美关系的波线呈现了从其第一任期的紧张到平稳发展，转到其第二任期的波澜再起，最后又逐步过渡到在相互防范中的平稳发展。也正是从小布什执政后期开始，"未来的中美关系将向何处去"成为两国都在思考的问题。两国的领导层都看到了彼此在社会制度、意识形态和对外战略方面存在的差异，在台湾、人权等问题上的严重分歧，也深刻地认识到两国共同合作的重要性，形成了"中美关系将是复杂的和良好的"这样一个基本判断。

四　奥巴马执政：再平衡引发了不平衡，美国更深卷入亚太

迄今，"转向亚太"（Pivot to Asia）在奥巴马任职的八年里是美国外交政策调整的支柱，甚至美国国内政治都在围绕着亚太战略的推进而转动。② 根据奥巴马政府和美国战略界的各种阐述和解释，亚太再平衡战略

---

① 马俊威、徐学群：《日美"2＋2"会议文件与日美同盟转型》，《现代国际关系》2007年第 6 期。

② 例如，美国国会共和党和民主党与奥巴马总统围绕着贸易促进授权（TPA）而进行了旷日持久的斗争。

的初衷是平衡美国投放在中东进行反恐的资源,[①] 抓住亚太地区经济增长和发展的机遇。[②]

目前为止,在安全领域,奥巴马政府一再强调增加美国在亚太地区的军事部署,并调整了部分地区的驻军。实际上,这不是奥巴马政府的新计划,早在小布什时期,美国就有调整亚太兵力的战略计划。奥巴马政府的亚太再平衡战略使得小布什执政后期的战略计划成为新的军事存在。

通过亚太再平衡战略调整,美国加强了与传统盟友的关系(如日本和韩国),扩展了盟友的范围(如泰国和越南),调动了这些国家围绕着美国再平衡战略的调整而转动,其中最典型的例子就是韩国布置萨德。[③]

在推进民主方面,奥巴马政府重新开启了与缅甸的关系,解除了长期以来对缅甸的经济制裁。这是奥巴马政府亚太再平衡战略中的重要一环,被认为是奥巴马缓和与敌对国家的关系,同时抵消中国影响力的一个重要举措。

再平衡战略还巩固了美国与东盟国家的关系,与布什时期美国高层时常缺席东盟召开的会议相比,奥巴马时期,东盟地区论坛的作用得到了加强,由此美国与东南亚国家的关系也得以深化。印度尼西亚作为东盟成员中的大国,也随之成为美国亚太战略在东南亚平衡中国影响力的一枚重要棋子。

在奥巴马第二任期,推进跨太平洋伙伴关系谈判成为再平衡战略的

---

① 2013 年 3 月 11 日,美国总统国家安全事务助理汤姆·多尼隆在亚洲协会(Asia Society)发表演讲,从全球资源分配的角度阐释奥巴马第二任期内美国对"再平衡"政策的推进。他指出,美国在全球力量的投射和重心存在着不平衡,在某些地区和区域投入过大,例如在中东的军事行动,同时,在其他一些区域投入不足,例如在亚太地区。参见 Thomas Donilon, "What the US Rebalance in Asia Means," available at: http://asiasociety.org/video/policy/thomas-donilon-what-us-rebalance-asia-means。

② 美国企业研究所的学者奥斯林(Michael Auslin)曾经这样指出:"如果你在华盛顿,当你环顾全球的时候,你在想,对于美国国内的经济、贸易等方面的增长来说,哪里有最大的机会?哪里有促进民主的机会?哪里有与年轻人接触来帮助推动社会变革的机会?我认为这个答案是亚洲。"参见《美国重返亚洲之路(第一集):战略重心转向亚太的背景》,美国之音,美国东部时间 2012 年 10 月 8 日,参阅网页: http://www.voachinese.com/content/us-china-asia-pacific-20120917/1509446.html。

③ 自克林顿政府时期,美国开始推进国家导弹防御系统(National Missile Defense, NMD)和战区导弹防御系统(Theater Missile Defense, TMD)。萨德属于战区导弹防御系统。

焦点。美国不但完成了与其他 11 个伙伴国的谈判，而且奥巴马总统获得了贸易促进授权（TPA）。虽然 2016 年民主党在大选中受挫使 TPP "出师未捷身先死"，TPP 谈判的方式和制定的关于贸易的高标准对未来世界贸易的谈判有着深远的影响，它所承载的重要性远远超过了一个贸易协议，它被看作美国有能力转向亚太而且在亚太的经济架构上发挥领导作用的一个重要象征。①

在中美关系方面，奥巴马执政八年的波线是先扬后抑。奥巴马上台之初，由于美国深陷经济衰退，而中国经济呈现迅速增长。在强调"重振美国的领导地位"的前提下，奥巴马政府积极推动中美关系的发展，冀望中国在西方主导的国际社会中承担更多责任，帮助美国走出经济危机，时任国务卿希拉里·克林顿曾经提出中美"同舟共济"，②甚至还有人提出了 G2 和中美国（Chimerica）的概念。③但是，这些并未得到中国的热情回应。随后的哥本哈根气候会议僵局让中美关系开始降温。2010年，一系列事件如对台军售、谷歌事件、天安号事件、钓鱼岛撞船事件、延坪岛事件削弱了中美双方在安全战略方面的互信。7 月下旬，时任国务卿希拉里在东盟地区论坛外长会议上抛出了南海争端问题，中国外交部长杨洁篪随之驳斥回应。除了外长之间的唇枪舌剑，美国军方开始频繁派出军舰游弋在越南、菲律宾的港口和南海海域，美国开始给亚洲国家留下这样的印象：在不断升级的海洋领土争端中，华盛顿当局正在支持越南、菲律宾和日本。④

在奥巴马第二任期，中美关系伴随着双边摩擦与合作不断波动，同

---

① 《美国重返亚洲之路》（第四集）"美国亚太策略的经济支柱—跨太平洋伙伴关系"，VOA 卫视，参见 http://www.voachinese.com/content/back-to-asia-20121005/1521318.html。

② Associate Press, "Clinton Urges China, 'Don't Stop Investing in US,'" Feb. 22, 2009.

③ "中美国"（Chimerica）一词由美国哈佛大学经济史学教授尼尔·弗格森（Niall Ferguson）和柏林自由大学石里克教授共同创造出的新词，以强调中美经济关系联系的紧密性，称中美已走入共生时代。"G2"概念是指中、美两国组成一个集团来代替旧有的八国集团，以携手合作解决世界经济问题。G2 这个概念由美国著名经济学家弗雷德·伯格斯滕提出来。这两个词都是在 2008—2009 年美国金融危机的背景下提出来的，但是没有得到中国的积极回应。

④ Michael D. Swaine, "America's Asia Pivot Threatens Regional Stability," *The National Interest*（网络版），December 7, 2011, available at: http://nationalinterest.org/commentary/washington-destabilizes-sino-american-relations-6211。

时，随着亚太再平衡战略的明确提出并得以推进，亚太地区的国家逐渐被限制在美国战略调整的框架内，在安全和贸易方面跟着美国走，这让中国不满，同时，中国持续的高速增长和日益强硬的外交姿态也让美国愈来愈充满疑虑。中国提出的中美新兴大国关系的倡议并没有落到实处，而美国学者提出的"修昔底德陷阱"赋予中美关系更多困扰。中美"互信"最终成为最根本的、最大的问题。

总而言之，如果从历史的角度看待奥巴马政府的"再平衡"政策，这项政策实际上在很大程度上不但体现了冷战结束以来美国在东亚战略目标的连续性，也承继了前任政府的许多政策遗产。例如，达尔文驻军问题。第二次世界大战以后，从东北亚到东南亚，美国的军事基地进行过多次调整，也曾经因此与韩国、日本、菲律宾等设有美国军事基地的国家发生过摩擦。与缅甸的接触性政策也并非史无前例。克林顿时期与越南恢复外交关系，推进越南的民主化进程或许比奥巴马政府与缅甸的接触更具有历史意义。"再平衡亚洲"政策里所蕴含的一些新因素并不是美国战略本质上的变化，而是相对于前任政府而言形式上的变化。

五　特朗普政府会完全否定奥巴马政府的政策吗？

纵观冷战后美国亚太政策调整的主线，我们可以发现，从共和党的老布什政府，到民主党的克林顿政府，再到共和党的小布什政府，最后到民主党的奥巴马政府，无论政党如何交替，无论胜选总统怀有什么样的理念，以双边同盟为基石，以多边合作为补充，维护美国在亚太地区的主导地位一直是美国在亚太地区的政策目标。而且，随着全球局势的变化和美国战略的调整，美国不但从来没有离开过亚太，而且其介入亚太事务的势头愈来愈深。

新当选的美国总统唐纳德·特朗普以其特立独行、语惊世人的竞选口号和理念取得美国大选的胜利，世界对他充满怀疑，也对他充满期待。没有从政经历的他面对的是全新的工作，但他面对的世界并不是全新的世界。

第一，在经济和贸易方面，亚太地区仍然是世界上相对稳定、经济相对活跃的地区，是经济增长最快和最具活力的地区。至今，美国战略界对该地区经济局势的判断并没有改变，加强与亚太国家的经贸合作，分享亚太地区经济发展和繁荣是美国亚太政策一贯的目标追求。坚持向亚洲靠拢，继续参与亚太经济是美国不可能放弃的政策选择。特朗普政府也不会例外。特朗普在不断释放未来施政纲领的信号中，虽然"毙掉"TPP，然而，他仍然强调的是与其他国家继续进行贸易谈判。不管是什么形式的贸易谈判，他对 TPP 不可能是完全摈弃，只不过代之以"特朗普版"的 TPP。

第二，在安全方面，同盟体系一直是美国亚太政策的基石，这一点在冷战后民主党和共和党执政期间都没有改变过，而且这个同盟体系一直在加强和扩展。特朗普目前一直没有在这方面释放明确的政策调整信号，但是，他胜选后的第一个电话打给了朴槿惠，之后又会见了安倍晋三。从这点上看，如果没有意外情况，美日韩同盟未来只会加强，不会离心。

第三，从克林顿到奥巴马，美国越来越深地介入东亚地区安全事务中的一些地雷区，如朝核问题、台湾问题、钓鱼岛问题，加之最近愈加干扰南海问题。特朗普强调美国的安全利益优先，而上述问题在过去的十几年里无一不是在美国安全利益的框架下被放大，被反复重提。所以，可以肯定的是，在特朗普接下来短短的四年任期内，如果亚太本地区国家不致力于缓解上述地区危机，美国从中抽身的可能性是微乎其微的。在上述这些困扰亚太安全的议题上，特朗普政府不但会继续介入，而且可能采取强硬的措施。

第四，中美关系方面，尽管双边分歧愈来愈复杂，过去三十多年一直在合作扩大中前行。在给特朗普胜选的贺电中，中国国家主席习近平提出"秉持不冲突不对抗、相互尊重、合作共赢的原则，拓展两国在多边、地区、全球层面各领域合作，以建设性方式管控分歧，推动中美关系在新的起点上取得更大进展"。之后，习主席在跟特朗普的电话中，关键词也是"合作"。特朗普在回应贺电时也表示同意习主席对美中关系的看法。目前，很多分析仅仅基于特朗普在大选中的话语和特朗普顾问团队中的成员情况而得出美国将要采取对华更加强硬的政策、中美将要打贸易战之类的结论。事实上，得出这些结论为时尚早。看待未来的中美关系，需要回顾过去，也需要更加理性。美国个别人的强硬主张不代表最终一定形成决策。中国已经崛起的事实、中美相互利益的渗透，以及多年来形成的中美两个社会的交往渠道也将会推着特朗普执政期间的中美关系继续前行，尽管曲折不可避免。

总之，尽管特朗普的个人背景特殊，然而，他是在美国固有的制度中施政，而且他个人的角色也在转换之中，他在大选中的言辞针对的是国内的选民，而不是国际社会。众所周知，在美国政治中，府会关系在很多时候会影响决策，特朗普面对的是共和党主导的国会，共和党并不是铁板一块都支持特朗普。即便特朗普的政策主张有超乎寻常的地方，美国固有的政治规律也不可能让超乎寻常的非理性政策得到贯彻实施。而且，特朗普在外交政策方面强调"美国优先"（或"美国第一"），强调把美国安全的利益放在第一位。这意味着美国不会放弃世界霸权地位，特朗普的美国也还是那个霸权美国。特朗普政府不会完全否定奥巴马政府的外交选择。

（魏红霞：中国社会科学院美国研究所研究员）

国际秩序与奥巴马政府的外交遗产

杨卫东

【内容提要】 国际秩序是奥巴马政府着力倡导的重构美国世界领导力的对外大战略。这种大战略思想秉承了威尔逊自由国际主义的思想理念，强调规则在国际秩序中的突出作用。奥巴马政府国际秩序大战略思想的外交遗产主要体现在三方面。第一，奥巴马政府国际秩序大战略拓展与深化了美国对国家利益的认识。第二，奥巴马政府国际秩序大战略指明了后奥巴马时代美国通过掌控规则话语权从而更好地实现美国世界领导权的大方向，这种大战略思路可能会在未来的民主党政府身上体现得尤为明显。第三，奥巴马政府国际秩序大战略在实践中存在的缺陷为后奥巴马时代的共和党政府通过强调权力秩序观以更好地发挥美国的全球领导力指明了方向。

【关键词】 美国外交　奥巴马政府　外交遗产　国际秩序

贝拉克·侯赛因·奥巴马（Barack Hussein Obama）的八年总统任期最终结束了。作为第 44 任美国总统，奥巴马在内政外交方面留下了诸多遗产。本文重点以奥巴马政府任内在美国国家安全战略报告中两度提出的国际秩序大战略为依据，通过分析这种大战略的理论基础，规则构建在奥巴马政府国际秩序大战略中的突出地位，指出奥巴马政府将国际秩序上升到美国国家利益的战略高度，在美国国家安全战略报告中反复强调，这必将成为奥巴马政府外交遗产的重要组成部分，并对后奥巴马时代的美国对外政策产生深远的影响。

一 奥巴马政府国际秩序大战略的理论基础

奥巴马政府上台以来，先后于 2010 年 5 月与 2015 年 2 月出台了两份美国国家安全战略报告。与前几届政府国家安全战略报告的一个显著区别在于，奥巴马政府在两份美国国家安全战略报告中都高度强调国际秩序在构建美国全球领导力方面的重要作用，认为国际秩序与安全、经济、价值观同为美国国家利益。2010 年奥巴马政府国家安全战略报告开篇认为，美国国家安全战略就是如何构建美国实力与影响力之源，以最大限度地维护美国作为世界领导者的地位，而构建一种国际秩序能够克服 21世纪美国所面临的挑战。[①] 2015 年奥巴马政府出台的第二份美国国家安全战略报告为了凸显国际秩序的重要性，将国际秩序单列一章，并将国际秩序分为政治秩序与经济秩序，重点阐述美国如何构建一个基于法治的国际经济秩序。[②] 回顾奥巴马政府八年任期对国际秩序大战略的反复强调，我们不难发现，这种国际秩序大战略与自由国际主义理论有着密切的内在关系。

20 世纪以来，伴随着美国日益崛起，成为世界强国，以威尔逊主义为代表的自由国际主义逐渐成为美国外交哲学的主旋律。美国历史学家弗兰克·宁科维奇（Frank Ninkovich）在《威尔逊世纪》一书中指出，威尔逊主义的意识形态引导着美国，塑造着当代世界。所以，20 世纪与其说是"美国世纪"，不如说是"威尔逊世纪"。[③] 何为威尔逊主义，美国学术界始终争论不休，但就威尔逊主义的精髓而言，美国学界还是能达成一个基本共识。按照美国塔夫斯大学政治学教授托尼·史密斯（Tony Smith）的观点，威尔逊主义体现在四个方面。第一，威尔逊强调扩展自由民主政府与制衡的宪政秩序。第二，威尔逊强调开放的国际市场。第三，威尔逊强调多边机制协调冲突，通过集体安全体系防止侵略。

---

① The White House, National Security Strategy, May 2010, p. 1.

② The White House, National Security Strategy, February 2015.

③ Frank Ninkovich, *The Wilsonian Century: U. S. Foreign Policy since* 1900, Chicago: University of Chicago Press, 1999, pp. 5 - 6.

第四，威尔逊强调美国领导地位的必要性。① 所以，威尔逊主义试图以美国国内的宪政秩序为基础，在美国的领导下对国际秩序进行"美国式"的重构。威尔逊主义的国际秩序就其实质而言是一种强调以国际机制或制度为基础的国际秩序观。按照普林斯顿大学教授约翰·伊肯伯里（John Ikenberry）的观点，这种自由主义国际秩序实质是一种自由主义霸权秩序。美国不只是促进开放的、以规则为基础的秩序，它还成为这种秩序的霸权性组织者和管理者。②

20 世纪，美国试图用自由主义的国际秩序观对世界进行改造至少经历了三次。第一次是威尔逊总统在巴黎和会上提出结束第一次世界大战的"十四点计划式"国际秩序观，第二次是第二次世界大战结束之际罗斯福和杜鲁门所倡导的战后国际秩序观。第三次是冷战结束之际，老布什总统所强调的用美国价值观作为指导思想的"一个世界共同体"取代"东西方对峙的两个世界"的世界新秩序观。纵观 20 世纪美国所倡导的自由主义国际秩序观，尽管也遭遇过严重的挑战，诸如 20 世纪 30 年代的经济危机与第二次世界大战后苏联社会主义模式的巨大冲击，但美国始终经受住了挑战，并随着苏联解体、东欧巨变，美国式自由主义国际秩序完成了一统天下。但是，当 21 世纪的第一个 10 年即将结束之际，美国逐渐意识到在经历了近 10 年的反恐战争与 2008 年的国际金融危机之后，美国的实力在相对衰落，以金砖国家为代表的新兴经济体的崛起正日益对美国主导的自由国际秩序构成严峻的挑战。布热津斯基在论述美国自 20 世纪以来所经历的三大挑战时就指出，21 世纪初全球新兴大国的崛起是美国所面临的第三次重大挑战。③ 2014 年，美国智库"新美国安全中心"发表的一份战略性研究报告在分析美国对外战略面临的五大核心挑战时就明确指出，美国面临的第三大战略挑战是二战后美国主导的国际秩序基石不断受到侵蚀。正如报告所

---

① Tony Smith："Wilsonianism after Iraq：The End of Liberal Internationalism?" in G. John Iken-berry, Thomas J. Krock, Anne-Marie Slaughter and Tony Smith, *The Crisis of American Foreign Policy*：*Wilsonianism in the Twenty-First Century*, Princeton, New Jersey：Princeton University Press, 2009, pp. 58 – 59.

② G. John Ikenberry, *Liberal Leviathan*：*The Origins*, *Crisis*, *and Transformation of the American World Order*, Princeton, New Jersey：Princeton University Press, 2011, p. 2.

③ Zbigniew Brzezinski, *Strategic Vision*：*America and the Crisis of Global Power*, New York：Basic Books, 2013, pp. 41 – 45.

指出的那样，第二次世界大战后美国领导下建立的国际秩序几近 70 年，但这一国际秩序的基石开始受到侵蚀。新兴国家对这一国际秩序不断提出挑战。[①] 新兴大国的崛起对美国主导的国际秩序构成的这种现实挑战，促使美国意识到美国世纪似乎行将终结。

2009 年初，奥巴马入主白宫，如何应对美国可能面临的衰落趋势以及新兴大国崛起对西方世界的挑战，重塑美国在全球的领导地位成为奥巴马必须回答的现实问题。在奥巴马决策团队看来，自老布什政府以来，美国从安全、经济与价值观角度理解美国国家利益的传统思路不足以应对 21 世纪以来新兴大国崛起对美国全球领导地位的挑战，美国应该调动软实力因素。故此，奥巴马政府推出国际秩序大战略，以应对美国面临的全球挑战。事实上，早在奥巴马入主白宫之前，美国学术界与战略界就如何摆脱小布什主义的困境，重塑美国的全球领导力就进行过深入的学理性探讨。一些智库出台的研究报告对现实主义的理论假设提出质疑，指出在一个无政府世界中相互合作与相互依赖以及建立一个基于法治的自由国际秩序的重要性，其特征具有鲜明的新自由主义色彩。美国乔治·梅森大学科林·杜克（Colin Dueck）博士在分析奥巴马总统的自由主义思想时就曾指出，奥巴马从内心深处认为冲突并非国际政治的本质，相反，他相信，如果对手能够学会倾听，相互协作，起支配地位的国际合作是有可能的。[②]

21 世纪以来，在美国学术界与战略界极力推崇国际秩序大战略以应对美国面临的各种挑战中，普林斯顿大学教授伊肯伯里的观点最具代表性。作为新自由制度主义的代表人物，伊肯伯里继承了基欧汉与约瑟夫·奈等人提出的国际机制理论，认识到国际制度对维护美国霸权的重要性。与基欧汉、约瑟夫·奈等人有所不同的是，伊肯伯里更多地从国际秩序层面理解美国的世界霸权重建。近年来，伊肯伯里在一系列著述中反复强调自由国际秩序大战略对于重构美国全球领导力的重要性。例

---

① Julianne Smith and Jacob Stokes, Strategy and Statecraft: An Agenda for the United States in an Era of Compounding Complexity, Center for a New American Security, June 2014, pp. 9 – 10.

② Colin Dueck, *The Obama Doctrine: American Grand Strategy Today*, Oxford and New York: Oxford University Press, 2015, p. 35.

如，2008 年，伊肯伯里在《外交》期刊上撰文指出，美国领导下的单极时代最终会过去的。他告诫美国政府，如果美国要保持在当今世界的领导力，就必须强化当今的国际秩序，加强制度与体系构建，使这个秩序的根基尽可能牢固。针对中国的崛起，伊肯伯里鼓励中国加入由西方主导的国际秩序而并非排斥这个秩序。按照伊肯伯里的说法，中国的崛起必须遵循这样一个原则，即西方式贯通东方之路（the Road to the East Runs through the West）。① 2009 年，伊肯伯里与约翰·霍普金斯大学教授丹尼尔·德德尼（Daniel Deudney）联合在《外交》期刊撰文，再次阐述了上述观点。② 从伊肯伯里等人的这些论述我们不难发现，在美国的一些政界与学界精英看来，未来的国际秩序仍然是美国意志的体现，是一种自由国际秩序或自由霸权秩序。这种国际秩序的特征主要有：开放的市场、民主共同体、集体安全、法治。尽管美国自身实力有可能衰落，但美国塑造的基于法治、开放的自由国际秩序不会衰落，并会延续。美国应该在自身衰落之前将现有自由国际秩序"升级"，建立一个威尔逊 3.0 版本的自由国际秩序，将新兴经济体囊括进这个包容性的自由国际秩序。奥巴马政府重构国际秩序的大战略正充分体现了伊肯伯里等美国精英阶层的新自由制度主义思路，是威尔逊自由主义哲学观在新世纪的集中体现。

二　国际秩序与奥巴马政府国家利益观的新思路

对国家利益的思考与判断是分析美国对外政策的逻辑起点。美国学者亨利·诺（Henry Nau）认为，传统上思考美国对外政策的圣杯（holy grail）是国家利益。现代美国对外政策的每一次研究都开始于国家利益这一咒语。③ 也就是说，分析美国对外政策的关键是从如何认识国家利益入

---

① G. John Ikenberry, "The Rise of China and the Future of the West: Can the Liberal System Survive?" *Foreign Affairs*, Vol. 87, No. 1, January/February 2008, pp. 24 – 25.

② Daniel Deudney and G. John Ikenberry, "The Myth of the Autocratic Revival", *Foreign Affairs*, Vol. 88, No. 1, January/February 2009.

③ Henry R. Nau, *At Home Abroad: Identity and Power in American Foreign Policy*, Ithaca, NY: Cornell University Press, 2002, p. 16.

手。但是，由于美国社会的多元性，美国自立国之初就大致形成了对国家利益的两种不同的认同。摩根索指出，从美国早期历史之始，两种不可调和的哲学观就在美国人的心目中突出存在，并相互斗争。一种观点在美国联邦主义时代的对外政策中占据着突出地位，其典型代表是汉密尔顿，另外一种观点与联邦党的美国国家利益观相对立，并被许多美国人所信奉，伍德罗·威尔逊是这种观点的典型代表者。到了 20 世纪之后，两种新观点主导着美国外交：其一是绝对的孤立主义，其二是不受限制的、包揽世界的干涉主义或激进干涉主义。① 20 世纪 50 年代，以摩根索、乔治·凯南为代表的现实主义学派对美国对外政策中过度强调价值观与意识形态的理想主义表示不满。尽管现实主义强调以国家安全、经济繁荣为主要标准的国家利益观，反对冷战时期实际存在的以意识形态为标准的国家利益观，但以价值观认同为核心的理想主义国家利益观已经根深蒂固，诚如米尔斯海默所形容的那样，成为美利坚民族的 DNA，无法从民众的内心深处抹去。②

冷战结束以来，美国历届政府对国家利益的认知是基本一致的，主要是安全、经济和价值观三大要素。美国国家利益观的这种界定集中体现在克林顿政府 1994 年 7 月提交的国家安全战略报告中。③ 自克林顿政府以来，美国始终强调安全、经济与价值观的三位一体性，三者之间的有机协调，共同构成美国国家利益。就美国国家利益的先后顺序而言，国家安全第一，经济繁荣第二，扩展价值观第三。④ 但奥巴马政府上台以来，美国政府对国家利益进行了重新评估，将"国际秩序"作为美国国家利益的第四大目标。在奥巴马政府看来，国际秩序与前面三大目标紧密相连，也可以说是前面这三大目标实现的重要保障。按照奥巴马政府时期美国国家安全事务助理苏珊·赖斯的说法，强化与提升国际秩序，

---

① Hans J. Morgenthau, "What is the National Interest of the United States?" *Annals of the American Academy of Political and Social Science*, Vol. 282, Jul., 1952, pp. 1 – 6.

② George F. Kennan, *American Diplomacy*, 60th – Anniversary Expanded Edition, Chicago and London: The University of Chicago Press, 2012, p. xxxi.

③ The White House, National Security Strategy of Engagement and Enlargement, July 1994.

④ Christopher Hemmer, "Continuity and Change in the Obama Administration's National Security Strategy", *Comparative Strategy*, Vol. 30, Issue 3, 2011, p. 270.

美国的国家安全才能够有所保障，美国与世界的经济繁荣才有可能实现，美国所推崇的民主与人权事业才有可能实现。① 奥巴马政府反复强调国际秩序是美国国家利益之一，并通过国家安全战略报告体现出来，这说明美国政府从理论到实践层面都已经认识到国际秩序对美国全球领导力的重要性。

在美国学术界乃至政界，强调国际秩序重要性的论述并不少见，但将国际秩序上升到国家利益的高度并不多见。早在 20 世纪 70 年代后期，美国学者唐纳德·纽彻特内恩（Donald E. Nuechterlein）就将国际秩序纳入美国国家利益的研究视野，纽彻特内恩认为美国国家利益应该包含四个方面：国防利益、经济利益、世界秩序利益、意识形态利益。② 1978 年，哈佛大学教授斯坦利·霍夫曼（Stanley Hoffmann）在《支配地位，还是世界秩序?》一书中呼吁，美国的对外政策"应把建立世界秩序上升到政策实践阶段"。在霍夫曼看来，所谓的世界秩序主要由三个不可分割的要素构成：（1）世界秩序是国家间建立和睦关系的一种理想化的模式；（2）世界秩序是国家间友好共处的重要条件和规范行为的规章准则；（3）世界秩序是合理解决争端冲突，开展国际合作以求共同发展的有效手段和有序状态。③ 按照复旦大学潘忠岐教授的说法，这标志着美国的世界秩序观已从理论启动阶段上升到政策实践阶段。④ 90 年代初，伴随苏联东欧集团的解体，老布什政府时期一度强调用美国式的自由国际秩序统领世界的重要性。尽管老布什政府反复强调国际秩序，但老布什政府并没有将国际秩序与美国国家利益联系起来。真正将国际秩序上升到战略高度，视为美国国家利益的一部分，是在奥巴马时代。

---

① Center for a New American Security, Eighth Annual National Security Conference, Keynote Address by Ambassador Susan Rice, June 11, 2014. http://www.cnas.org/transcript/cnas2014/keynote-address-susan-rice#. VPLwhimLFAk.

② 王希：《美国历史上的"国家利益"问题》，《美国研究》2003 年第 2 期，第 13 页。

③ Stanley Hoffmann, *Primacy or World Order: American Foreign Policy since the Cold War*, New York: McGraw-Hill Book Company, 1978, pp. 109 - 188. 转引自潘忠岐《世界秩序理念的历史发展及其当代的解析》，载秦亚青主编《中国学者看世界·国际秩序卷》，新世界出版社 2007 年版，第 41 页。

④ 潘忠岐：《世界秩序理念的历史发展及其当代的解析》，载秦亚青主编《中国学者看世界·国际秩序卷》，第 41 页。

在奥巴马政府看来，美国要应对新兴大国崛起对其全球领导力带来的挑战，一方面应该按照美国对外关系委员会主席理查德·哈斯（Richard Haass）等人的设想，实行全球战略收缩，苦练内功，休养生息。另一方面，按照布热津斯基与基辛格等战略家的思路，在对外政策方面巧妙运用结盟与平衡策略。同时，美国在对外政策方面还应该注重巧实力的运用，而强调国际秩序是美国国家利益的重要组成部分，倡导国际秩序大战略，就是这种思路的体现。但是，何为国际秩序？国际秩序的内涵主要有哪些？美国国内始终存在着分歧。约瑟夫·奈认为，关于国际秩序的分析，应该有两种视角：现实主义与自由主义的视角。传统的以尼克松与基辛格为代表的现实主义者认为均势在主权国家间构建国际秩序非常重要，以威尔逊与卡特为代表的自由主义者认为民主与人权等价值观，以及由联合国主导的国际法与国际制度是国际秩序之源。① 就奥巴马政府对国际秩序内涵的关注点而言，奥巴马政府不太强调权力，而比较注重规则在国际秩序构建中的重要作用。例如，奥巴马政府反复强调 TTP 与 TTIP 在构建美国主导的世界经济秩序中的重要作用，在叙利亚危机与伊朗核危机方面强调制度与国际合作的突出作用。

三 奥巴马政府的外交遗产

国际秩序是奥巴马政府着力打造的对外大战略，这种对外大战略是奥巴马政府针对美国实力面临衰落之际提出的如何有效发挥美国全球领导力的重要手段。无论从理论层面还是现实层面上讲，国际秩序大战略都将作为奥巴马政府的外交遗产对后奥巴马时代的美国对外政策产生一定的影响，这种影响主要体现在以下三方面。

第一，从理论层面上讲，奥巴马政府国际秩序大战略拓展与深化了美国对国家利益的认识。20 世纪以来，美国逐渐成为一个具有全球影响力的国家，所以，美国政府对国家利益的理解也逐渐超越

---

① Joseph S. Nye, Jr., "What New World Order?" *Foreign Affairs*, Vol. 71, No. 2, Spring 1992, pp. 83 – 84.

了狭隘的物质层面，发展到精神层面。第一次世界大战结束之际，威尔逊总统首次将美国国家的意识形态引入国际政治，强调凝聚美国社会精神的民主价值观对于发挥美国全球领导力的重要作用。北京大学历史系王希教授在评价威尔逊外交思想对美国的影响时就曾指出：首先，威尔逊考虑的国家利益是一个在世界范围的美国利益，超出了传统的西半球，尤其是进入了欧洲。其次，威尔逊将美国的意识形态带入了国际政治，并以此作为建设新的国际政治秩序的准则。最后，威尔逊还将美国国内的政治实践带入世界政治。①作为美国自由主义外交思想的实践者，威尔逊强调超越美国现实主义外交思想之外的价值观与制度在美国对外政策中的重要作用。第二次世界大战后，美国逐渐将价值观纳入国家利益认知的视野，强调国家安全、经济繁荣与价值观作为美国国家利益的三大板块，这种思路在克林顿政府时期通过美国国家安全战略报告得到清晰的体现。到了奥巴马时代，美国根据不断变化的国际形势，为应对美国面临的全球性挑战，不断凸显国际秩序在应对美国全球性挑战中的重要作用，并将国际秩序提升到美国国家利益的战略高度。可以说，国际秩序是威尔逊主义在新时期美国国家利益的发展。尽管美国民主、共和两党对国际秩序的内涵，即权力秩序观和规则秩序观孰轻孰重存在着争议，但两党都认同国际秩序是美国国家利益的一个重要组成部分，这一点在民主党身上体现尤为明显。从自由主义的视角出发，美国政府将价值观与国际秩序作为国家利益，体现了美国作为一个世界大国的理想主义情怀，也是美国有别于世界其他大国的独特之处。就国际秩序的内涵而言，现实主义强调权力秩序观，自由主义凸显规则秩序观。19 世纪的欧洲在国际政治中强调权力秩序观，20 世纪的美国在国际政治中凸显规则秩序观。美国政府的这种规则秩序观突出体现在第一次世界大战后美国倡导的国联，及其第二次世界大战后美国倡导的联合国，无论是国联还是联合国都强调制度与规则在国际政治中的重要作用。从自由主义的角度讲，美国通过制度与规则构建，为国际社会提供公共产品，从而有

---

① 王希：《美国历史上的"国家利益"问题》，《美国研究》2003 年第 2 期，第 23—24 页。

效地降低了战争与冲突的可能性。约瑟夫·奈就曾认为，国际秩序是美国为国际社会提供的全球公共产品，而全球公共产品事关美国的国家利益。[①] 但现在的问题是美国所推崇的国际秩序不过是将美国自身的立国原则、价值观以及制度构建的普世化，是美国道德标准的国际延伸与国内秩序的国际化。20 世纪以来，美国始终梦想着把自己的国内政治秩序变成国际秩序原则，美国政治秩序世界化的每一次成功又促使美国人深信这种秩序的科学性与正当性。有学者指出，在各国的历史传统迥然不同的世界里，威尔逊原则的普遍公正性是大有疑问的。如果说，美国的幸运在于其简单——北美殖民地短暂的历史恰好与欧洲 18 世纪的自然权利说契合，那么世界的不幸就在于其太过复杂——有太长的历史、太多样的传统、太纷繁。[②]

第二，从现实层面上讲，奥巴马政府国际秩序大战略指明了后奥巴马时代美国通过掌控规则话语权从而更好地实现美国对世界领导权的大方向。美国的相对衰落是历史发展的大趋势，而美国要维持对世界的领导地位，以约瑟夫·奈、伊肯伯里等为代表的一大批战略家提出的巧实力与国际秩序理论不失为一种现实可行的方法。王缉思教授在分析美国外交传统时曾经指出，美国自第一次世界大战以来就极力重视国际组织以及有形或无形的国际规范和机制。冷战的胜利在个别美国学者看来，与其说是美国实力的胜利，不如说是美国所倡导的国际规范的胜利。冷战后的美国更加重视国际机制、国际组织和各个功能性领域里制定有利于它的行为规范和"游戏规则"。所谓在世界上发挥"领导作用"，就是企图把美国国内那一套规则与制度扩展到国际事务中去。美国在一系列国际条约、协定、组织中所做的一切，都是围绕着"立德立威"，制定国际规则这一中心。今天美国人说要建立世界新秩序，是要尚未有任何国家或国家组织能对美国的超级大国地位构成真正的挑战之前，或公开，或潜移默化地企图使它一家的主张在国际上制度化，变成似乎是全球共

---

① Joseph S. Nye, Jr., "Redefining the National Interest, *Foreign Affairs*", Vol. 78, No. 4, July/August 1999, pp. 27 – 28; Joseph S. Nye, *The Paradox of American Power: Why the World's Only Superpower Can't Go It Alone*, Oxford and New York: Oxford University Press, 2002, p. 142.

② 俞沂暄：《国家特性与世界秩序：国际政治变迁的研究》，时事出版社 2009 年版，第262—264 页。

同遵守的行为准则。① 阎学通教授也曾指出，中美当前的核心矛盾不是意识形态分歧而是国际规则之争。② 按照语言哲学的政治逻辑，规则与制度的倡导又是一种话语权的掌控。今天，奥巴马政府的国际秩序大战略就其实质而言可以说是美国试图通过掌控构建国际秩序的话语权占领国际政治的制高点。规则是一种制度，制度一旦确定，则具有一定的约束性。与历史上的传统强国相比，美国更注重制度霸权，更强调国际制度建设在维护美国国家利益方面的重要性。美国前总统克林顿曾经指出，中国在经济总量上超越美国是不可避免的。美国只要把国际秩序和规则安排好，自身还可以继续发展，没有什么可担忧的。③ 由此可见，规则、制度等软实力对美国世界领导权的重要性。21 世纪以来，以中国为代表的新兴大国不断融入国际社会，这对于美国所主导的现有国际秩序构成一定的心理冲击。这种冲击由于伴随着守成大国与崛起大国有可能出现的权力转移而使问题更为复杂化。奥巴马政府高调强调现有国际秩序是美国国家利益的重要组成部分，这在某种程度上就含有用国际秩序大战略应对中国崛起对美国全球领导力挑战的深层用意。尽管中国政府一再强调中国是当代国际秩序的参与者、维护者与改革者，但在美国政府将一个存在争议的国际秩序④ 视为其国家利益的情况下，这无疑会增加中国融入现存由美国主导的国际秩序的困难程度。

第三，奥巴马政府国际秩序大战略在实践中存在的缺陷为后奥巴马时代的共和党政府通过强调权力秩序观以更好地发挥美国的全球领导力指明了方向。奥巴马政府的国际秩序思想主体延续着民主党自由主义的外交理念，强调规则、制度，轻视权力在国际秩序构建中的重要作用，故此，他的国际秩序大战略遭到共和党以及民主党右翼势力的责难。作为现实主义权力秩序观的典型代表，美国布鲁金斯学会高级研究员、共

---

① 王辑思主编：《高处不胜寒——冷战后美国的全球战略和世界地位》，世界知识出版社1999 年版，第 365—366 页。

② 阎学通：《现在谈"中国世纪"太早了》，《环球时报》2015 年 3 月 20 日国际论坛版。

③ 王辑思、李侃如：《中美战略互疑：解析与应对》，社会科学文献出版社 2013 年版，第71 页。

④ 基辛格在《世界秩序》一书中就曾坦承，由于人类存在理解上的分歧，全球还没有存在过真正意义上的"世界秩序"。参见 Henry Kissinger, *World Order*, New York：Penguin Press,2014，pp. 2 - 3。

和党外交智囊核心人物之一罗伯特·卡根（Robert Kagan）的观点最具代表性。卡根指出，任何秩序最终都不会单纯依靠规则，而是依靠强制实施这些规则的实力。国际秩序并非进化而来的，而是强制实施的结果，是强国意志的体现，必须依托于强国的实力作为支撑。① 2014 年，美国《国家利益》期刊总负责人之一保罗·桑德斯（Paul J. Saunders）撰文指出，奥巴马过于天真地相信法治、规范等国际规则而并非实力在国际政治中的作用。② 2016 年美国总统大选共和党总统候选人之一的联邦参议员马科·卢比奥（Marco Rubio）在《外交》期刊撰文，卢比奥抨击奥巴马政府在美国面临更严峻全球性挑战之际削减军费的做法，他强调增加军事预算的必要性。卢比奥认为美国下届政府应该回归到第二次世界大战结束以来两党一致认同的壮大美国国防以满足世界全球化这一新现实的传统。③ 尽管卢比奥在共和党总统候选人提名中最终落选，但作为共和党建制派精英代表，卢比奥的对外政策主张基本体现了共和党精英的观点。最新上任的特朗普总统在竞选期间就曾攻击奥巴马政府削减军事预算的举措，尽管特朗普身上体现出更多的不确定性，但作为第 45 任美国总统，特朗普必将会沿着共和党政府推崇强大国防的外交传统，在捍卫美国的世界霸权地位中更多地强调权力秩序观的重要作用。

四 结语

在美国历史上，每一位有作为的总统都会给美国和世界留下一份值得思考的外交遗产。就奥巴马总统而言，强调国际秩序是美国国家利益的一部分，推行国际秩序大战略，这无疑是其外交遗产的一个突出亮点。美国学者吉迪恩·罗斯（Gideon Rose）认为，奥巴马是棒球队中一个表现出色的投手，他从前面队友中接过球并传递到下一个队友。奥巴马从小布什总统手上接过了两场战争和一场全球金融危机，奥巴马领导美国

---

① Robert Kagan, *The World America Made*, New York: Alfred A. Knopf, 2012, pp. 96 - 97.

② Paul J. Saunders, "The Wanderer", *The National Interest*, September/October 2014, p. 5.

③ Marco Rubio, "Restoring-America's Strength: My Vision for U. S. Foreign Policy", *Foreign Affairs*, September/October 2015, pp. 109 - 110.

摆脱了这些老问题，避免美国陷入新的麻烦问题。罗斯认为奥巴马政绩不俗，其成就应该肯定而不是责难。在罗斯看来，奥巴马成功的关键是他抓住了问题的关键：他意识到美国培育达 70 年之久的自由国际秩序的重要性。[1] 的确，奥巴马意识到如何重塑美国全球领导力的"药方"，即将战略重点投入国内，国内战略优先于国际战略。奥巴马政府在国际上强调战略收缩与协调，从而将主要精力投入国内经济与社会问题的改革。但是，宏观的战略收缩并不排除局部的战略进攻。奥巴马政府强调国际秩序大战略就是一种攻势战略，目标主要针对以中国为首的新兴经济体对美国全球领导力的挑战。学术界这两年热议国际秩序或世界秩序，这从一个侧面说明奥巴马政府强调国际秩序大战略的正确性。尽管奥巴马政府反复强调国际秩序大战略的重要性，但这种大战略在实践中并没有发挥应有的效果，乃至在美国国内非议不断。就国际秩序的两个重要因素而言，权力与规则缺一不可，奥巴马政府注重规则而忽视权力。在美国实力不断面临相对衰落、对外奉行休养生息的收缩战略之际，奥巴马政府一味强调国际秩序中的规则塑造，这无疑是一张无法兑现的空白支票。另外，在一个美国政治极化日益严重的年代，奥巴马政府在如何推进国际秩序大战略方面还要面临来自美国国内的挑战。新美国安全中心"扩展美国权力"项目组发表的最新研究报告认为，当今对美国领导的国际秩序的根基构成威胁的是，诸如俄罗斯与中国这样一些具有实力又富有野心的集权政府，以及伊斯兰极端恐怖主义，而维护这个国际秩序最大的挑战也许在美国自身，因为美国两党长期一致奉行的介入世界的政策现在却因两党的相互责难而遭受损伤。[2]

（杨卫东：天津师范大学政治与行政学院教授）

---

[1] Gideon Rose, "What Obama Gets Right: Keep Calm and Carry the Liberal Order On", *Foreign Affairs*, Vol. 94, No. 2, September/October 2015, p. 2.

[2] Kurt Campbell, eds., *Extending American Power: Strategies to Expand U. S. Engagement in a Competitive World Order*, Center for a New American Security, May 2016, p. 2.

"亚太再平衡"背景下奥巴马政府"亚太—中东"整体战略评析

张 帆

【内容提要】 自奥巴马政府开启"亚太再平衡"以来,此重大战略调整引发的争议很大程度上围绕此问题进行,即:在战略重心东移或"亚太再平衡"背景下,美国能否兼顾其亚太和中东事务。相当一部分舆论从某种孤立的地缘战略观出发,对此问题做出较为悲观的回应,认为在"亚太再平衡"背景下,美国最终会撤离或放弃中东,或者,中东危机会迫使美国将原本用于亚太的战略资源调至中东,从而有损于"亚太再平衡"。但奥巴马政府近年来的战略实践表明,美国能够通过"亚太—中东"整体战略,以较低成本或战略克制,在"亚太—中东"保持某种整体地缘战略态势,即:在战略重心转向亚太且在亚太实施战略扩张的同时,在中东保持一定的地区存在,以应对中东危机。但这种"亚太—中东"战略因缺失中国的合作而存在一定缺陷。

【关键词】 美国外交 亚太再平衡 亚太—中东整体战略 奥巴马政府

美国将"(战略重心)移向亚洲"(Pivotal to Asia)或实施"亚太再平衡"(Rebalance to Asia),此战略调整在世界范围内引发热议。相当一部分舆论主要从地缘战略角度理解、分析"亚太再平衡"对美国地区战略的影响及有关国家或地区的反应。奥巴马政府宣布将"(战略）重心东移"的同时，着手在中东实施战略收缩，此现象触发外界从地缘战略角度讨论"亚太再平衡"背景下美国亚太战略与中东战略的关系。从某种孤立的地缘战略观出发，相当一部分舆论认为，由于战略资源有限，美国对其亚太战略和中东战略必然做出非此即彼的选择。但奥巴马政府的战略实践表明，美国并未在其亚太战略和中东战略之间做出此类选择，而是以某种整体战略思路为指导，将美国在亚太和中东的地区战略结合起来，维护和增进美国利益。此类整体战略思路及实践，一定程度上反映了当今"亚太—中东"的地缘政治、经济现实，但存在一定缺失。本文旨在评析"亚太再平衡"背景下奥巴马政府的"亚太—中东"整体战略，以使我们更好地理解近年来美国在"亚太—中东"的整体地缘战略态势。为此，本文首先介绍近年来流行于美国国内外的有关美国亚太战略与中东战略之间关系的地缘战略观；接着以此为对照，分析、论述奥巴马政府的"亚太—中东"整体战略，并以此为基础，从中美合作缺失这一角度评论该整体战略的缺陷，最后在结语部分总结本文主要见解。

一　"亚太再平衡"背景下美国亚太战略与中东战略之间的关系：三种地缘战略观

针对奥巴马政府以"亚太再平衡"为重要内容的全球战略调整，美国国内外政界、学界重点关注的议题之一是，此战略调整会对美国在其他地区（如欧洲和中东）的战略造成何种影响？[①] 另外，美国应对世界其他地区挑战的战略是否会占用原本可用于亚太地区的战略资源，从而使"亚太再平衡"陷入停顿甚至"破产"？[②] 简言之，在全球战略调整，战略重心东移的背景下，美国的亚太战略与美国在世界其他地区的战略存在何种关系？就亚太战略与中东战略的关系而言，迄今为止，存在三种

---

①　Charles M. Perry and Bobby Andersen, "Managing the Global Impact of America's Rebalance to Asia" (A Report Published by The Institute for Foreign Policy Analysis, December 2014), http://www.ifpa.org/pdf/AmericasRebalanceToAsia_ color.pdf, pp. 1 – 9.

②　Scott W. Harold, "Is the Pivot Doomed? The Resilience of America's Strategic 'Rebalance'", *The Washington Quarterly*, Vol. 37, No. 4, 2014, p. 85.

地缘战略观。

（一） 中东撤离论

所谓 "中东撤离论" 的核心见解是 "亚太再平衡" 意味着美国撤离或放弃中东。

奥巴马政府为其战略调整加上了一条重要 "注释"，即：美国近 10 年时间里由于反恐战争在中东投入了过多资源和精力，现在需要将美国对外战略重心移向更有活力的亚太地区。此前，奥巴马政府已经着手以撤兵伊拉克为契机，开启在中东的 "战略收缩"。此类事态发展促使外界关注美国战略重心东移背景下其亚太战略与中东战略的关系。美国国内外相当一部分舆论认为，战略重心东移意味着美国将逐步撤离或放弃中东，将战略资源更多地用于亚太地区。此种地缘战略观在美国的中东盟友中尤为盛行，尤其是沙特和以色列。①

在沙特和以色列政府看来，战略重心东移是美国在中东实施战略收缩的重要原因。奥巴马政府在亚太紧锣密鼓采取一系列增进美国地区存在的举措之时，美国先后撤兵伊拉克和阿富汗。与美国能源独立、削减防务预算等因素结合在一起，沙特和以色列等地区盟友对美国的地缘战略动机判断从怀疑变为肯定，其基本逻辑是，美国在财政紧缩、防务预算削减的情况下实施 "亚太再平衡"，意味着将原本用于世界其他地区的资源转移到亚太；奥巴马政府有关 "亚太再平衡" 的 "注释" 及其在中东的战略紧缩意味着中东是 "亚太再平衡" 的 "牺牲品"；随着 "亚太再平衡" 的强化，加上美国在能源独立方面日益取得成就，美国最终会撤离甚至放弃中东。奥巴马政府在实施 "亚太再平衡" 的同时没有公开、明晰地阐明 "亚太再平衡" 对美国中东战略的含义，反而以 "中东近十年来占用美国过多资源和关注" 作为 "亚太再平衡" 的注释，这无疑增强了中东盟友有关 "亚太再平衡" 意味着美国舍中东保亚太的地缘战略观。

美国在中东的地区盟友正是以上述地缘战略观看待、解释奥巴马政

---

① Kenneth Pollack, remarks at a Capitol Hill conference in Washington, D. C., "U. S. Foreign Policy and the Future of the Middle East," sponsored by the Middle East Policy Council, July 21, 2014, http: //mepc. org/journal/middle-east-policy-archives/us-foreign-policy-and-future-middle-east.

府随后对中东事态的反应，并因此而使这类地缘战略观进一步固化。在
沙特王室政权看来，奥巴马政府 2013 年 8 月放弃对叙利亚的军事干预集
中体现了美国放弃中东、集中资源于亚太的地缘战略思维。① 对以色列政
府而言，"伊核问题"是美国地缘战略动向的试金石，奥巴马政府坚持通
过非武力手段应对该问题并着手与伊朗和解，佐证了美国因专注亚洲而
在中东无心恋战的地缘战略心态。②

（二） 中东牵制论

美国国内外同时存在另一种舆论，即"中东牵制论"。其核心见解
是，危机频发的中东将迫使美国战略重心再度西移，导致"亚太再平衡"
陷于停顿或"破产"。具体地说，美国在中东有其重要、持久利益，对这
些利益的地区威胁不但没有消失或实质降低，反而不断演进，日益复杂，
美国需为应对这些威胁持续投入战略资源，占用原本用于亚太的资源，
减缓"亚太再平衡"取得实质进展的速度，甚至有可能使"战略重心东
移"成为纸上谈兵。

"中东牵制论"主要存在于美国国内外对"亚太再平衡"有效性持怀
疑态度的人士中，美国国内外的"亚太再平衡"积极支持者也不时以
"中东牵制论"发声。前者主要从美国全球战略资源有限性的角度出发，
质疑奥巴马政府能否同时在中东和亚太投入足够资源；③ 后者则更多的是
担心奥巴马政府分心于中东乱局而降低亚太事务的重要性，不时以"中
东牵制论"提醒、敦促奥奥巴马政府仍然以亚太为战略重点，防止战略
重心再度"西移"。④

---

① Abdullah K. Al Shayji, "The GCC-U. S. Relationship: A GCC Perspective", *Middle East Policy*, Vol. XXI, No. 3, Fall 2014, pp. 65 – 66.

② Charles M. Perry and Bobby Andersen, "Managing the Global Impact of America's Rebalance to Asia" (A Report Published by The Institute for Foreign Policy Analysis, December 2014), http://www.ifpa.org/pdf/AmericasRebalanceToAsia_ color. pdf, pp. 164 – 165.

③ U. S. Senate Committee on Foreign Relations, *Re-Balancing the Rebalance: Resourcing U. S. Diplomatic Strategy in the Asia-Pacific Region*, 113th Congress, Second Session, April 17, 2014, http://www.foreign.senate.gov/imo/media/doc/872692. pdf, p. 2.

④ Scott W. Harold, "Is the Pivot Doomed? The Resilience of America's Strategic 'Rebalance'", *The Washington Quarterly*, Vol. 37, No. 4, 2014, p. 85.

"中东牵制论"的基本逻辑是，在财政紧缩、防务预算削减的情况下，世界其他地区（尤其是中东）的危机会迫使美国做出反应，挤占美国有限战略资源，影响美国在亚太的投入，在质、量两方面破坏"亚太再平衡"。在奥巴马政府第二任期内，随着中东各种危机的日益复杂、加剧，"中东牵制论"占有更多舆论市场。对持有"中东牵制论"的"亚太再平衡"支持者而言，叙利亚内战和伊核问题尤其牵动其神经，他们唯恐奥巴马政府以大规模军事介入应对此类危机。对中东事务有个人偏好的约翰·福布斯·克里（John Forbes Kerry）担任国务卿后，"中东牵制论"很大程度上将奥巴马政府的这一人事变动解读为美国战略重心再度西移的前兆。2014 年 3 月，美国负责军备采购的助理国防部长（U. S. Assistant Secretary of Defense for Acquisition）卡特丽娜·麦克法兰（Katrina McFarland）声称，由于预算限制，"我们正在重新审视战略重心（东移），因为，坦率地说，它不可能进行"。① 卡特丽娜此番言论在美国国内外掀起轩然大波。在"中东牵制论"看来，这是奥巴马政府为应对中东危机而牺牲"亚太再平衡"的又一佐证。在"伊斯兰国"迅速"崛起"、要求奥巴马政府进行大规模军事干预的呼声日渐增强之时，"中东牵制论"再度预言，美国在中东面临的挑战将使其"亚太再平衡"陷入困境。②

（三）"亚太—中东"一体化论

还有一种舆论认为，亚太和中东同等重要。亚太与中东存在日益紧密的互动和相互依赖，在实施"亚太再平衡"的同时，美国需要某种"亚太—中东"一体化战略处理其与两大地区战略间的关系。这种"亚太—中东"一体化论主要源自美国政策研究界，尤其是某些智库，如位于华盛顿的战略与国际问题研究中心（CSIS）和中东研究所（the Middle East Institute），前者的中东研究项目（the Middle East）以 21 世纪初的

---

① Zachary Fryer-Biggs, "DoD Official: Asia Pivot 'Can't Happen' Due to Budget Pressures," Defense News, March 4, 2014, http://www.defensenews.com/article/20140304/DEFREG02/303040022/DoD-Official-Asia-Pivot-Can-t-Happen-Due-Budget-Pressures.

② Scott W. Harold, "Is the Pivot Doomed? The Resilience of America's Strategic 'Rebalance'", *The Washington Quarterly*, Vol. 37, No. 4, 2014, p. 85.

"中国—美国—中东"三边关系研究为基础,进一步探索美国的亚太战略与中东战略的互动关系;后者则通过其近年来发起的"中东—亚洲项目"(the Middle East-Asia Project),研究中东与亚太两大区域间的互动及其对美国对外战略的含意。

"亚太—中东"一体化论突破传统的孤立看待中东或亚太的地缘战略视角,从两大区域日益紧密的政治、经济、文化和安全互动出发,突出两大区域的整体性。[①] 在"亚太—中东"一体化论看来,中东与亚太存在相互依赖的经济关系,波斯湾是东亚重要的能源供应地,亚太国家与海湾国家间的贸易和投资呈迅速上升势头;鉴于中东是东亚重要的能源供应地,中东的稳定以及从波斯湾到东亚的海上石油运输线的安全是中东和亚太的共同利益;中国以能源需求为突破口日益增加在中东的政治、经济和外交活动,其在中东地区的影响力有所提升,沙特等海湾君主国与中国的双边关系日益增进。中国学者提出的"西进"战略及中国政府推进的"一带一路"建设表明,中国已经从"亚太—中东"一体化的地缘战略视角布局其对外战略活动;此外,印尼、马来西亚等东南亚国家有着人口众多的穆斯林群体,他们与中东尤其是海湾国家有着密切的互动,宗教和文化上的这种密切关系是联系中东和亚太的重要纽带。[②]

以上述观念为基础,"亚太—中东"一体化论提出,"亚太再平衡"的成功离不开中东的稳定,"亚太再平衡"的停滞或失败同样有损于海湾国家的利益。美国切忌因为"亚太再平衡"放弃中东或因应对中东危机减缓或搁置"亚太再平衡"。美国应以"亚太再平衡"为契机,放弃那种"要么亚太,要么中东"传统地缘战略思维,在军事、外交和经济等领域整合其中东战略和亚太战略。[③]

如何以"亚太再平衡"为契机整合美国的中东和亚太战略?在亚

---

① Jon B. Alterman, "The Asia Pivot", January 2013, http：//csis. org/publication/middle-east-notes-and-comment-asia-pivot.

② Naofumi Hashimoto, "The US 'Pivot' to the Asia-Pacific and US Middle East Policy：Towards an Integrated Approach", Mar 15, 2013, http：//www. mei. edu/content/us-pivot-asia-pacific-and-us-middle-east-policy-towards-integrated-approach.

③ Jon B. Alterman, "The Middle East Turns East", May 2011, http：//csis. org/program/middle-east-notes-and-comment-gulf-states.

太—中东"一体化论来看，鉴于中国正在紧锣密鼓地落实"一带一路"倡议、增进在中东的影响力，中美有必要且有可能在中东就反恐和其他地区问题展开合作。除此之外，"亚太—中东"一体化论并未就如何整合美国的亚太和中东战略提出更为明晰、具体的战略构想。

二 "亚太再平衡"背景下美国亚太战略与中东战略的关系：奥巴马政府的"中东—亚太"整体战略

在"亚太再平衡"背景下，奥巴马政府如何处理美国的亚太战略与中东战略之间的关系？上述三种见解都是从地缘战略角度出发就此问题做出的预期或围绕此问题提出的建议，但奥巴马政府的战略实践是否印证了上述预期，或在多大程度上与有关建议相一致？

（一）奥巴马政府的实践：撤离或放弃中东？

美国的中东盟友担忧奥巴马政府会因"亚太再平衡"的战略需求而撤离或放弃中东，并以此关切为基础制定和落实应对之策。

奥巴马政府的确在中东实施战略收缩。奥巴马政府先后宣布撤兵伊拉克和阿富汗，这被外界视为美国撤离或放弃中东的开始。此外，美国在应对地区事务或危机时，坚决避免大规模军事行动，尤其是避免地面部队卷入。奥巴马政府降低对"大中东"边缘地区的关注度，将战略资源集中于波斯湾和黎凡特地区，[1] 并原则上放弃对中东国家内部事务的干预，弃用"促进民主"这一提法，代之以"支持政治、经济改革"。

但与此同时，美国在中东仍然保持一定的地区存在：首先，保持前沿军事部署，实施有限军事行动。在从伊拉克和阿富汗撤军的同时，美国规划了在中东保留的军事规模。2013 年 11 月，时任美国国防部长的查克·哈格尔（Chuck Hagel）宣布，美国在该地区保留约 3.5 万名军事人员，其中包括约 1 万名前沿部署士兵；保留美国在巴林、卡塔尔、科威

---

[1] Luis Simon, "Sea Power and US Forward in the Middle East: Retrenchment in Perspective," *Gepolitics*, Vol. 21, No. 1, 2016, pp. 132 – 133.

特和阿联酋的军事基地和设施；保留约 40 艘战舰，其中包括一个航母战斗群；强化和改进情报、监控和侦查设施。① 这一部署成为近年来和未来一段时期考察美国在中东军事存在的主要指标。在北约针对利比亚卡扎菲政权的军事行动中，美国在中东的军事设施为盟国提供后勤和情报支持；美国利用其在中东的前沿部署直接从事对"伊斯兰国"武装的空袭，为地区盟友的军事打击提供情报支持。奥巴马政府以中东军事设施为平台，利用无人机和特种部队对盘踞在阿富汗、巴基斯坦和也门的恐怖组织重点人物实施"定点清除"。

再次，强化和巩固美国在中东的同盟关系成为美国维持其地区存在的重要选择。奥巴马政府利用"阿拉伯之春"后中东地缘政治变化，协调、整合海湾君主国、埃及、约旦和以色列的立场和态度，在既有的与以色列、埃及和沙特的双边联盟关系的基础上，在中东建立某种松散的、网络状的、以美国为节点或领导地位的联盟体系。②

迄今为止，美国并未如"中东撤离论"所预言的那样撤离或放弃中东。

(二) 奥巴马政府的实践：亚太再平衡受制于中东危机？

"中东牵制论"者不断声称，危机频发的中东会迫使奥巴马政府重新部署战略资源，减缓"亚太再平衡"步伐。

"亚太再平衡"意味着亚太地区成为美国全球战略中最重要的地缘区域、美国对外战略资源最重要的汇集地以及美国海外政治、经济、军事和外交最重要的活动场所。在"亚太再平衡"驱动下，美国亚太战略的核心内容或支柱包括：强化与传统条约盟国（如日本、韩国、澳大利亚、菲律宾和泰国）的关系，积极发展与新兴国家（如印度、印度尼西亚、越南和缅甸）的伙伴关系，应对中国崛起，积极参

① Remarks by Secretary Hagel at the Manama Dialogue from Manama, Bahrain, http://www.globalsecurity.org/military/library/news/2013/12/mil – 131207 – dod01.htm.

② Anthony H. Cordesman and Michael Peacock, "The Arab-U. S. Strategic Partnership and the Changing Security Balance in the Gulf: Joint and Asymmetric Warfare, Missiles and Missile Defense, Civil War and Non-State Actors, and Outside Powers" (Center for Strategic and International Studies, October 2105), pp. 505 – 508.

与、影响该地区的多边制度（如东盟、东亚峰会），以及谈判并缔结"跨太平洋伙伴关系协议"（TPP）。[①] 自开启"亚太再平衡"以来，美国围绕这些领域展开一系列政治、经济、外交和军事活动，在亚太地区的战略态势呈明显扩张趋势。[②]

从地缘上看，奥巴马政府在亚太投放和增进影响力的活动从邻近中国的美国传统盟友和伙伴国开始，不断向南、向西扩展至印度洋和南太平洋；从前沿军事部署看，除保留在日本、韩国的军事存在外，随着撤兵伊拉克和阿富汗计划的实施，撤离中东的陆军第 25 步兵师和海军陆战队第 1 和第 3 远征部队重返亚太。[③] 在与地区盟友和伙伴国就取得和利用军事设施达成一系列安排后，美国与澳大利亚就有关 2500 名美海军陆战队士兵以每年轮换方式驻军达尔文的安排达成协议。奥巴马政府高调宣称，到 2020 年美国海军 60% 的舰只将部署在亚太，到 2016 年用于对亚太国家进行军事培训和教育的援助金额将增加 40%。[④] 与此同时，美国积极介入亚太地区争端，宣布美日安保条约适用于钓鱼岛，且在南海问题上采取愈发强势的态度。此外，奥巴马政府积极参与、影响和倡导亚太多边制度。奥巴马政府在其第一任期内签署《东盟和睦和合作条约》（the ASEAN Treaty of Amity and Cooperation）并向东盟派驻常驻使节，并于 2011 年宣布全面、积极参与"东亚峰会"（the Eastern Asia Summit）。2009 年，时任国务卿的希拉里·克林顿发起"湄公河下游倡议"（the Lower Mekong Initiative），以期通过在环保、医疗、教育和基础设施等领域为缅甸、老挝、泰国、越南和柬埔寨等国提供援助，提升美国在这一区域的"软"实力。除在 2011 年成功促成美韩自由贸易协定（the Korea-

---

① Mark E. Manyin, Stephen Daggett, Ben Dolven, Susan V. Lawrence, Michael F. Martin, Ronald O'Rourke, and Bruce Vaughn, "Pivot to the Pacific? The Obamaadministration's 'Rebalancing' Toward Asia" (CRS Report for Congress, March 28, 2012), pp. 1 – 29.

② Scott W. Harold, "Is the Pivot Doomed? The Resilience of America's Strategic 'Rebalance'", *The Washington Quarterly*, Vol. 37, No. 4, 2014, pp. 86 – 88.

③ Charles M. Perry and Bobby Andersen, "Managing the Global Impact of America's Rebalance to Asia" (A Report Published by The Institute for Foreign Policy Analysis, December 2014), http://www.ifpa.org/pdf/AmericasRebalanceToAsia_ color.pdf, pp. 23 – 24.

④ Scott W. Harold, "Is the Pivot Doomed? The Resilience of America's Strategic 'Rebalance'", *The Washington Quarterly*, Vol. 37, No. 4, 2014, p. 89.

U. S. Free Trade Agreement，KORUS FTA）的批准外，奥巴马政府还全力倡导和推进"跨太平洋伙伴关系协议"，并于 2013 年成功说服日本加入"跨太平洋伙伴关系协议"谈判。

自奥巴马政府第二任期开始，尤其是 2014 年至 2015 年间，随着叙利亚内战的扩大和深化以及"伊斯兰国"的迅猛崛起，奥巴马政府不断面临以更多资源投入应对中东危机的压力。不少舆论预言奥巴马政府会因此从亚太转移部分军事资源至中东，并减少对亚太事务的专注度，从而有损于"亚太再平衡"进程。但从近几年来的政策实践看，奥巴马政府并未将亚太的军事资源转移至中东，美国在亚太的扩张和强势态势丝毫未减。奥巴马政府继续在亚太广大区域扩展影响力，除积极发展与印度的军事和经济合作外，美国以新西兰为突破口，增进与南太平洋国家的交流与合作，并着手进一步发展与马来西亚、印度尼西亚、老挝、柬埔寨的关系，就投放影响力而言，大有将亚太国家一网打尽、不留空白之势。奥巴马政府不但没有将亚太军事资源投送中东，反而在日本、韩国部署更先进的海、空武器和作战平台，并在 2016 年初朝鲜氢弹试验之前就已计划在韩国部署"萨德"反导系统。① 同时，美国以更强硬的姿态介入地区争端，在南海问题上逐步形成以武力与中国对峙的局面。尽管"跨太平洋伙伴关系协议"的进展不如其支持者预期的那样迅速，且"中东牵制论"将此局面归咎于中东危机对奥巴马政府的影响。事实上，奥巴马政府在推进"跨太平洋协议"进程中遭遇的不顺畅主要源于该协议本身的复杂性而非中东事务的牵制。在中东危机加深之时，"亚太再平衡"一如既往地进行，美国在亚太地区总体上保持扩张势头。

（三）奥巴马政府的"亚太—中东"整体战略：指导原则和战略路径

自开启"亚太再平衡"以来，奥巴马政府始终以亚太为战略重心，未因中东危机分散注意力和战略资源；与此同时，美国也并未撤

---

① Ashley Rowland, "Official: THAAD Missile Defense System Being Considered for South Korea," Stars & Stripes, October 1, 2014, http://www.stripes.com/news/officialthaad-missile-defense-system-being-considered-for-south-korea – 1. 305980.

离或放弃中东，其背后的基本指导原则是，在地缘战略重心转向亚太的同时，在中东保持一定的地区存在，以防范中东危机扩大和深化。①这一指导原则体现了奥巴马政府整体看待并协调亚太和中东事务的地缘战略观。

首先，"亚太—中东"整体战略观以亚太的相对重要性为前提。从地缘战略上看，亚太是全球最重要的区域。这种重要性既源于亚太巨大的经济和金融实力、创新力及增长潜力，也源于该地区存在的诸多不确定和不稳定因素。就致力于维持全球领导地位的美国而言，亚太既是机会，也是挑战。②没有这种对亚太地区重要性的认识，也就无所谓"战略重心东移"或"亚太再平衡"。就此而言，在奥巴马政府看来，亚太和中东的重要性不可相提并论。

其次，"亚太—中东"整体战略观兼顾中东，强调其对亚太的重要意义。"亚太再平衡"是美国以上述对亚太重要性的认识为基础而在全球范围内实施的战略资源转移，涉及将美国原本用于其他地区的战略资源转移至亚太；"亚太再平衡"本身并非某种地区战略，但对美国在全球各地区的战略（包括亚太战略和中东战略）具有重要影响。在此背景下，奥巴马政府和美国战略界如何看待美国亚太战略与中东战略的关系？克里国务卿的回应具有一定代表性："我希望，我们在亚洲所从事的任何活动不会以牺牲我们在欧洲或中东的关系为代价。"③2012 年 6 月，布鲁金斯学会在与中央司令部进行年度政策讨论会后发表报告，进一步阐明了"亚太再平衡"背景下美国需要某种整体战略观处理其亚太和中东事务的必要性："任何战略再平衡，如果忽略（亚太—中东）地区间的政治、经济动力，都会具有局限性。美国也许想从中东抽身离去，但事实上，中东仍然是维护美国利益、美国盟友能源需求以及亚太持续繁荣的关键地区。在中东的继续存在对我们在亚太的战略活动具有重要价值，有助于

①　David W. Barno, Nora Bensahel and Travis Sharp, "Pivot but Hedge: A Strategy for Pivoting to Asia While Hedging in the Middle East", *Orbis*, Vol. 56, No. 2, Spring 2012, pp. 158 – 176.

②　Kurt M. Campbell and Ely Ratner, "Far Eastern Promises: Why Washington Should Focus on Asia," *Foreign Affairs*, Vol. 93, No. 3, May/June 2014, p. 108.

③　John F. Kerry, Statement Before the US Senate Foreign Relations Committee, January 24, 2013, http://www.state.gov/secretary/remarks/2013/01/203455.htm.

安抚盟友、保障石油运输以及促进全球政治、经济稳定。"① 在奥巴马政府和美国中东政策分析人士看来，亚太与中东存在密切关联，即：中东是亚太最重要的能源供应地，亚太的持久繁荣以中东一定程度的稳定为前提。以亚太为重点的亚太再平衡须兼顾中东事务。②

相对于"亚太—中东"一体论所提出的"亚太和中东同等重要"，奥巴马政府的"亚太—中东"整体战略观更强调亚太的相对重要性，但奥巴马政府从亚太与中东的政治、经济互动看待两大区域间的密切关联，与"亚太—中东"一体论存在某种一致。但在财政紧缩、防务预算削减的背景下，奥巴马政府如何在其战略实践中兼顾亚太和中东事务，即如何在战略重心东移的背景下在中东保持一定地区存在，且在应对中东危机时不从亚太调配资源？

首先，美国以"亚太再平衡"名义向亚太投放资源的活动是以较低成本实现的，为美国保存其在中东的地区存在留有了余地。美国在亚太增进影响力的活动不仅涉及前沿军事存在，且更多涉及外交、多边接触、联盟体系、贸易协定等。前沿军事存在并非美国在亚太的唯一战略选择，其前沿军事存在也并非仅用于纯军事目的，而是更多地担负军事外交、人道主义救援等多重使命。在应对地区事态发展时，如朝鲜半岛危机，奥巴马政府综合运用外交、经济和军事手段，减少单纯依赖军事资源的程度。③

为了以较低成本实现在亚太的战略扩张，不至于因"亚太再平衡"造成其他地区（如中东）的战略资源赤字，奥巴马政府着眼于在亚太打造新的联盟体系，组建以美国为节点或领导核心的、形式上较为松散的网络状联盟。④ 这一新的联盟体系包括美国在该地区的传统盟友和新兴伙

---

① Lt. Colonel Eduardo Abisellan, "CENTCOM's China Challenge: Anti-Access and Area Denial in the Middle East", June 28, 2012, http://www.brookings.edu/research/papers/2012/06/28 – centcom-china-abisellan.

② Kenneth Pollack and Ray Takeyh, "Near Eastern Promises: Why Washington Should Focus on the Middle East," *Foreign Affairs*, Vol. 93, No. 3, May/June 2014, p. 125.

③ Scott W. Harold, "Is the Pivot Doomed? The Resilience of America's Strategic 'Rebalance'", *The Washington Quarterly*, Vol. 37, No. 4, 2014, p. 98.

④ Bruce W. Jentleson, "Strategic Recalibration: Framework for a 21st-Century National Security Strategy", *The Washington Quarterly*, Vol. 37, No. 1, 2014, pp. 124 – 126.

伴国，且具有开放性。美国在亚太打造新的联盟体系的重点则是以各种军事援助和多种军事演习，增进成员国能力，分担美国防务负担。

美国在亚太地区的战略扩张态势至此始终以较低成本进行，这为其在中东保留一定的地区存在创造了条件。

其次，美国以其在中东有限的地区存在为基础，低调介入地区危机，避免了从亚太调配资源。在"北约"针对利比亚卡扎菲政权的军事行动中，美国仅限于向盟友提供情报和后勤支持；在因叙利亚阿萨德政权使用化学武器而引发的危机中，美国在最后时刻联手俄罗斯以外交途径解决叙化武问题；在应对伊核问题时，奥巴马政府综合运用外交和定点金融制裁。

为有效地以有限地区存在应对中东地区的危机，奥巴马政府在中东复制"亚太版"的地区联盟体系。组建以美国为领导，包括以色列、沙特、埃及、约旦等传统盟友，外加海合会除沙特外其他海湾君主国的较为松散的联盟体系。[①]美国打造该联盟的重点同样是以军事援助和军事演习提升成员国自身能力，减少美国防务负担。在应对"伊斯兰国"危机时，奥巴马政府在中东以较低成本应对地区危机的模式进一步完善且得以检验，即美国主要利用其在中东的有限军事存在发动空袭、支持盟国军事行动，并向交战地区派驻少量军事顾问和特种部队。

奥巴马政府在应对中东接踵而至的各种挑战时，竭力避免大规模武力干预，这就避免了从亚太调集军事资源。

最后需要指出的是，美国目前能以较低成本实践其"亚太—中东"整体战略，能在战略重心东移的背景下兼顾亚太和中东事务，很大程度上得益于坚守"奥巴马主义"，即极力避免不必要的大规模军事卷入。但这只是美国主观上的自我克制，而地区事态的发展往往不以主观意志为转移，尤其是在中东这样一个危机层出不穷、战略意外频发的地区。就"亚太再平衡"背景下美国在中东有限的地区存在而言，其掌控和应对事态发展的能力呈下降趋势。为应对中东可能出现的、以美国现有地区存在难以招架的重大危机，避免因此类危机从亚太调集资源，从而破坏

---

① Bruce W. Jentleson, "Strategic Recalibration: Framework for a 21st-Century National Security Strategy", *The Washington Quarterly*, Vol. 37, No. 1, 2014, pp. 128 – 129.

"亚太再平衡"，奥巴马政府着手引入英国、法国和澳大利亚等传统盟友，充实美国在中东的前沿军事存在。[①] 奥巴马政府积极鼓励这些盟国恢复或强化它们在海湾的军事存在，与美国及其地区盟友共同增强对地区事态发展的控制能力和事后应对能力。争取其他大国合作是奥巴马政府支撑其"亚太—中东"整体战略的重要内容或环节，但在中东地区影响力日益上升的中国缺失于这一环节。

三 奥巴马政府"亚太—中东"整体战略的缺失：与中国的合作

在"亚太—中东"这一广大地理区域，两大地缘政治、经济现实无须置疑，即亚太巨大的经济增长活力及潜在安全挑战；亚太与中东日益密切的互动和联系。为适应此类地缘政治、经济现实，奥巴马政府以"亚太再平衡"推动美国战略资源东移，同时通过上述"亚太—中东"整体战略兼顾美国在亚太和中东的利益，在"亚太—中东"形成战略资源东移且日益集中于亚太之时，兼顾中东事务的地缘战略态势。但这种以亚太—中东地缘现实为基础而进行的战略态势调整不仅限于美国。中东国家早在美国"亚太再平衡"正式启动前就着手打造"立足中东向东看"的战略态势；[②] 中国则通过落实其"一带一路"倡议，着力打造"立足东亚，向西进发"的战略态势。无论是美国的"亚太—中东"整体战略，或是中东国家的"向东看"，或是中国的"西进"，都以"亚太—中东"当今最基本的地缘现实为基础，在承认亚太与中东紧密联系的同时，通过地缘战略态势调整使亚太—中东间的互动更为频繁、紧密。[③] 亚太持久繁荣和中东的稳定是中国、美国和中东国家的共同利

---

① Jon B. Alterman and Kathleen H. Hicks, "Federated Defense in the Middle East" (A Report of the Federated Defense Project, CSIS, September 2015), pp. 10 – 14.

② David Rothkopf, "The Middle East's Pivot to Asia", April 24, 2015, http://foreignpolicy.com/2015/04/24/the-middle-easts-pivot-to-asia-china/; Jon B. Alterman, "The Middle East Turns East", May 2011, http://csis.org/program/middle-east-notes-and-comment-gulf-states.

③ Jon B. Alterman, "Paradigm Shift", February 2013, http://csis.org/files/publication/0213_ MENC.pdf.

益，三者在"亚太—中东"着手实施的战略态势调整具有较大合作空间。

早在以海合会为首的中东国家开启"向东看"战略以及中国落实"一带一路"之前，中国与中东国家以能源合作为纽带，在贸易和投资领域的互动日益密切。以沙特为代表的海合会国家的"向东看"战略，旨在以既有的与亚洲国家的经贸关系为基础，进一步巩固能源合作，借助有关国家（尤其是中国和印度）日益增长的实力和影响力，实现对外战略多元化，增加维护海湾稳定的战略选择。[①] 在美国实施战略中心东移后，由于担心美国撤离或放弃中东，以沙特为代表的海湾君主国更是在其"向东看"战略中融入更多的地缘政治要素，甚至以"海湾安全国际化"这类构想防范美国撤离后的战略真空。[②] "海湾安全国际化"旨在吸引包括中国在内的更多大国为海湾安全贡献力量。[③] 中国自 21 世纪初以来，在能源需求驱动下，与中东的贸易和经济往来不断扩大、深化，在中东的影响力不断扩大。中国政府新倡导的"一带一路"构想很大程度上旨在强化与中东国家（尤其是海合会国家、伊朗和埃及）的合作。中国自西向东的"一带一路"与中东国家的"向东看"在相当程度上不谋而合。埃及、伊朗和海湾君主国对"一带一路"的认可以及中国在中东影响力的提升，使作为东亚最大经济实体和亚太经济增长代表的中国在中东也日渐产生影响力，成为亚太—中东这一广大区域内最具影响力的国家之一。[④] 对致力于实践亚太—中东整体战略的美国来说，此现象具有何种战略或政策含义？

---

① Kristian Coates Ulrichsen, "The Gulf Goes Global: the evolving role of Gulf countries in the Middle East and North Africa and beyond" (FRIDE and HIVOS Working Paper, No. 121, December 2013), pp. 4 – 6.

② Jon B. Alterman, "The Middle East Turns East", May 2011, http: //csis. org/program/middle-east-notes-and-comment-gulf-states.

③ James Mina and Daniel Serwer, "Circumventing Hormuz", *Survival*, Vol. 56, No. 1, February-March 2014, pp. 131 – 133.

④ Christina Lin, "China's Strategic Shift Toward The Region of The Four Seas: The Middle Kingdom Arrives in the Middle East", *Middle East Review of International Affairs*, Vol. 17, No. 1, Spring 2013, pp. 32 – 55.

就如何在亚太地区应对"中国崛起"而言,无论是美国政府还是学术界或政策分析界一直未能脱离"接触+防范"这一基本范式。但如何看待中国在中东日渐增长的影响力,美国舆论总体经历了一个从怀疑到逐步接受、认可的过程。

21世纪最初10年里,中国因能源需求而扩大其在中东的政治、经济和外交活动。此现象引发美国舆论的强烈关注。这一时期美国学术界和政策研究界就中国在中东影响力的扩展对美国中东政策的含义进行了广泛研究,较为一致的看法是,中国在中东的活动不仅旨在确保能源供给,而且一定程度上旨在破坏美国在该地区的霸权,以此平衡中国在亚太面临的美国的压力。因此,美国舆论就中美可能以何种形式在中东进行互动持怀疑、悲观或消极态度,虽然大多数研究旨在回答中美未来在中东的互动究竟是合作还是冲突,但结论往往是在不确定的同时为冲突留有更多的假设或想象。①

进入21世纪第二个10年后,也就是奥巴马政府在中东实施战略收缩并开启"亚太再平衡"以来,美国国内舆论,尤其是政策研究界,对中国在中东的影响力评价日趋正面、积极,并以此为基础,主张美中在中东加强合作。② 有关见解认为,中国在中东影响力的增强是不争的事实,随着"一带一路"的推进和落实,中国在该地区的影响力会进一步强化。前面提到的"亚太—中东"一体化论主要从"亚太—中东"整体视角和美国在亚太再平衡背景下兼顾亚太、中东的战略考虑出发,提出美国应在中东与中国合作的理由:其一,在财政紧缩和防务预算削减的背景下,美国很难在维持"亚太再平衡"的同时,持续地在中东以有限的地区存在维护该地区的稳定。争取其他大国合作,共同维护中东稳定,应该是美国重要的战略选择,而在中东不断提升影响力的中国应该是重要的合

① The U. S. -China Economic and Security Review Commission, 2006 *Report to Congress of the U. S. -China Economic and Security Review Commission* (November 16, 2006), http: // origin. www. uscc. gov/sites/default/files/annual_ reports/USCC% 20Annual% 20Report% 202006. pdf, pp. 65 – 126.

② The U. S. -China Economic and Security Review Commission, *China and The Middle East* (Hearing Before The U. S. -China Economic and Security Review Commission, June 6, 2013), http: // origin. www. uscc. gov/sites/default/files/transcripts/USCC% 20Hearing% 20Transcript% 20 – % 20June% 206% 202013. pdf, pp. 1 – 152.

作候选国；① 其二，在美中因南海等地区争端而在亚太面临更多对峙或冲突的情况下，美中在中东的合作可以平衡两国在远东的紧张关系，避免两国走上全面对抗之路。②

但美中在中东的合作应该涉及哪些领域？就此问题而言，从奥巴马政府"亚太—中东"整体战略衡量，美国迫切需要在减轻中东防务负担方面得到其他大国帮助，以维持其兼顾亚太、中东的地缘战略态势，这也是上述"亚太—中东"一体化论主张美中在中东进行合作的重要理由。这意味着安全领域的合作，即参与海湾国家和美国政策研究界近来主张的"海湾安全国际化"——依赖海湾石油进口的大国共同维护海湾地区的安全。海湾国家和美国政策界出于不同的动因提出"海湾安全国际化"，前者担心美国撤离或放弃中东，以"海湾安全国际化"防止美国撤离后出现"权力真空"；③ 后者则认为，在美国对海湾进口石油依赖不断减少的情况下，美国保护海湾能源安全实际上是为其他石油进口国提供某种公共产品，其他严重依赖海湾石油进口的国家（尤其是中国）理应分担维护本地区稳定的责任。④ 但"亚太—中东"一体化论者和其他相关政策分析界人士也认识到，目前就"海湾安全国际化"争取中国合作，为时尚早，美中在中东的合作目前只能局限于反恐、打击海盗，以及在联合国制度框架内应对中东危机。目前，首要的是创造合作气氛，为将来更高层次的合作创造条件。⑤

从实践看，奥巴马政府在处理中东事务时，尤其是在应对伊朗核

----

① Jon B. Alterman, "The Asia Pivot", January 2013, http://csis.org/publication/middle-east-notes-and-comment-asia-pivot.

② Naofumi Hashimoto, "The US 'Pivot' to the Asia-Pacific and US Middle East Policy: Towards an Integrated Approach", Mar 15, 2013, http://www.mei.edu/content/us-pivot-asia-pacific-and-us-middle-east-policy-towards-integrated-approach.

③ James Mina and Daniel Serwer, "Circumventing Hormuz", *Survival*, Vol. 56, No. 1, February-March 2014, p. 132.

④ Joshua Rovner and Caitlin Talmadge, "Hegemony, Force Posture, and the Provision of Public Goods: The Once and Future Role of Outside Powers in Securing Persian Gulf Oil", *Security Studies*, Vol. 23, No. 3, July-September 2014, pp. 548 – 581.

⑤ Naofumi Hashimoto, "The US 'Pivot' to the Asia-Pacific and US Middle East Policy: Towards an Integrated Approach", Mar 15, 2013, http://www.mei.edu/content/us-pivot-asia-pacific-and-us-middle-east-policy-towards-integrated-approach.

问题和叙利亚内战时，积极在联合国等多边制度框架内争取中国合作，但就落实"亚太—中东"整体战略的核心问题——"海湾安全国际化"而言，出于种种顾虑，奥巴马政府更多的是寻求英国、法国和澳大利亚等传统盟友的支持，而没有考虑中国可能发挥的作用。无论何种原因，中国的缺失是奥巴马政府"亚太—中东"整体战略的不完整之处。

四　结语

自"亚太再平衡"开启以来，尽管存在种种担忧和争议，奥巴马政府的战略实践表明，美国并未因战略中心东移撤离或放弃中东；奥巴马政府也未因应对中东危机事态而从亚太调集战略资源，从而危及"亚太再平衡"。奥巴马政府从"亚太—中东"整体视角出发，以较低成本和战略克制同时兼顾亚太和中东事务，在从事"亚太再平衡"、实现战略重心东移且在亚太呈现战略扩张态势的同时，在中东保留一定的地区存在，应对中东事态发展。奥巴马政府的"亚太—中东"整体战略在一定程度上反映了当今"亚太—中东"的地缘政治、经济现实。①

迄今为止，美国尚能在财政紧缩和防务预算削减的情况下，以较低成本和战略克制维系"亚太—中东"整体战略，这不仅得益于奥巴马政府其在战略事务中坚守"奥巴马主义"，同时很大程度上也源于中东或亚太没有发生危及美国根本利益、需要美国重点集中有限资源加以应对的重大突发事件。二战时的美国强调"先欧后亚"；第一次海湾战争和"9·11"事件先后引发美国将战略资源从其他地区（包括亚太）紧急调往中东。在美国看来，历史上冲突不断和危机连绵的中东存在诸多不确定性和战略隐患，目前美国在中东的有限地区存在和地区盟国力量很难有效掌控事态发展或应对较大规模危机。因此，为继续支撑其同时兼顾亚太和中东的地缘战略态势，奥巴马政府引进中东区域外的传统盟

---

① Michael C. Hudson, "Geopolitical Shifts: Asia Rising, America Declining in the Middle East?" *Contemporary Arab Affairs*, Vol. 6, No. 3, 2013, pp. 458 – 466.

友，共同维护海湾安全，一定程度上开启"海湾安全国际化"进程。但在这一进程中，在"亚太—中东"整体区域内影响力与日俱增的中国缺失于这一日渐形成的地区安全安排，这是奥巴马政府"亚太—中东"整体战略的不完整之处，对"亚太—中东"地缘政治、经济的影响还有待观察。

（张帆：中国社会科学院美国研究所研究员）

美国智库对美南海政策影响探析

刘建华　朱光胜

　　【内容提要】 奥巴马政府时期，美智库学者对南海问题进行了大量研究。学者们分析了中美南海博弈及中国的南海战略等问题，提出的政策建议大致可分为"加大压制""扶压并举"和"共同努力，缓解冲突"三种类型。奥巴马政府大体上采纳了"扶压并举"的应对策略。中国需关注美国智库在南海问题上的研究动态及其对美国政府的影响。

　　【关键词】 中美关系　美国智库　南海政策　奥巴马政府

　　自美国"重返亚太"以来，南海问题不断升温，各方博弈加剧，紧张局势一直持续到菲律宾总统杜特尔特上台后才暂时告一段落。为服务于政府的政策需要，众多美国智库学者加入对南海问题及美国南海政策选择的研究中，相关观点和政策建议充斥在研究报告、期刊文章、听证会证词、媒体访谈中，这在一定程度上影响了美国政府的南海政策。当前国内学者对美国南海政策的研究主要集中于美国政府层面①，很少从美智库的角度探讨近年来美国在南海问题上对华强硬的缘起或动因。② 本文

---

　　①　例如张学昆《美国介入南海问题的地缘政治分析》，《国际论坛》2013 年第 6 期；张明亮《美国国会介入南海议题的方式与影响》，《南海学刊》2015 年第 3 期；信强《"五不"政策：美国南海政策解读》，《美国研究》2014 年第 6 期；王传剑《南海问题与中美关系》，《当代亚太》2014 年第 2 期，等等。

　　②　赵明昊：《美国在南海问题上对华制衡的政策动向》，《现代国际关系》2016 年第 1 期。该篇文章将美国智库与政策界结合在一起来考察美国南海政策，缺少单独对涉南海研究智库的详细分析。

首先介绍参与美国南海政策研究的部分智库及其影响政府政策的方式；进而分析智库学者对中美南海博弈和中国南海战略的看法；接着论述他们为美国政府提出的对策建议，最后分析智库研究对美国南海政策的影响。

一 美国涉南海问题研究的智库及其影响 政府政策的方式

近年来随着南海紧张局势不断升温，越来越多的美国智库涉足南海问题及美国南海政策的研究，部分比较活跃的智库见表 1。

表 1   美国涉及南海研究的部分智库

智库名称	代表学者	研究文献
布鲁金斯学会	贝德 （Jeffrey Bader）	正确看待南海问题①
美国新安全中心	帕特里克·克罗宁 （Patrick Cronin）	保留规则：反击亚洲海上强制②
美国外交关系协会	罗伯特·布莱克维尔 （Robert D. Blackwill）	修正美国对华大战略③
战略与国际 研究中心	邦妮·葛来仪 （Bonnie Glaser）	南中国海的冲突④
卡内基国际和平 基金会	迈克尔·史文 （Michael D. Swaine）	在太平洋的真正挑战： 回应"如何阻止中国"⑤

---

① Jeffrey Bader, Kenneth Lieberthal, and Michael McDevitt, "Keeping the South China Sea in Perspective", *The foreign policy brief*, Brookings Institution, August 2014.

② Patrick M. Cronin and Alexander Sullivan, "*Preserving the Rules: Countering Coercion in Maritime Asia*", Maritime Strategy Series, Center for a New American Security, March 2015.

③ Robert D. Blackwill and Ashley J. Tellis, "*Revising U. S. Grand Strategy Toward China*", Council on Foreign Relations, Council Special Report No. 72, March 2015.

④ Bonnie S. Glaser, "Armed Clash in the South China Sea", *Contingency Planning Memorandum*, No. 14, Council on Foreign Relations, April 2012.

⑤ Michael D. Swaine, "The real challenge in the Pacific: A response to 'How to Deter China'", *Foreign Affairs*, May/June 2015 Issue.

续表

智库名称	代表学者	研究文献
国防大学国家 战略研究所	克里斯托弗·容 （Christopher Yung）	中国定制的强制及其对手的行为反应： 数据告诉我们什么①
美国海军战争学院 中国海洋研究所	艾立信（Andrew S. Erickson） 彼得·达顿（Peter Dutton）	维护南海成为全球公共领域的和平组成部分② 南中国海的博弈改变了吗?③
美国海军分析中心	迈克尔·麦克德维特 （Michael McDevitt）	南中国海：评估美国未来政策和选择④

资料来源：作者根据智库网站整理。

除上述智库外，国会研究服务局、兰德公司、东西方中心、企业研究所、传统基金会、詹姆斯敦基金会等智库也参与了南海问题研究，并产生了许多研究成果。一般来说，智库学者对某个问题进行研究之后会通过各种方式将其研究成果传达给外界，试图以此影响政府政策。上述涉及南海问题研究的智库也不例外，它们采取的方式主要有以下几种。

1. 通过学术研究成果来影响政府的南海政策

智库学者通过发表期刊文章、出版著作、发表研究报告等方式阐述观点，以期给予政府官员启示或改变其想法，为政府决策提供一定的指导。例如美国新安全中心帕特里克·克罗宁和其他学者一起撰写了海上战略系列（Maritime strategy series），该系列包括《保留规则：反击亚洲海上胁迫》《回应海上强制的挑战》等文章，其主要观点是近年来中国试图通过"定制的强制"行为单方面改变南海现状，美国政府应该采取多种方式来增加中国在南海实施强制行为的成本。这种观点为奥巴马政府

---

① Christopher Yung and Patrick McNulty, "*China's Tailored Coercion and Its Rivals' Actions and Responses: What the Numbers Tell Us*", Center for a New American Security, Maritime strategy series, January 2015.

② Andrew S. Erickson, "Keeping the South China Sea a Peaceful Part of the Global Commons", *The National Interest*, July 28, 2015. http://nationalinterest.org/feature/keeping-the-south-china-sea-peaceful-part-the-global-commons – 13437? page = show.

③ Peter Dutton, "Did the Game Just Change in the South China Sea?", *A ChinaFile Conversation*, June 2, 2015.

④ Michael McDevitt, "*The South China Sea: Assessing U. S. Policy and Options for the Future*", A CNA Occasional Paper, November 2014.

制定美国的南海政策提供了参考。

2. 通过出席国会听证会影响政府南海政策

随着南海紧张局势的升温，美国国会增加了对南海问题的关注，近些年召开了数次关于南海问题的听证会，邀请政府官员、智库和高校学者前往国会山提供证词，这为智库学者影响议员提供了契机。例如，2015 年 7 月 23 日，众议院外交事务委员会亚太小组委员会举办了主题为"美国在南海的安全角色"的听证会。听证会邀请了包括克罗宁、艾立信、米拉拉·普珀以及迈克尔·史文在内的多位智库学者就南海问题及美国对策提出观点和建议，这些意见会在一定程度上影响国会议员对南海问题的看法。

3. 通过在智库与政府部门之间流转任职影响政府南海政策

智库学者还通过"旋转门"机制在智库与政府部门之间流转任职来影响美国南海政策。例如，现供职于战略与国际研究中心亚洲研究室的资深副主任迈克尔·格林（Michael Green）以前是白宫国家安全委员会的亚洲主管；美国新安全中心的创始人之一的米歇尔·弗卢努瓦，2009 年 2 月出任了美国国防部副部长，主管国家安全和防务政策的制定、整合与监督等。① 这种"旋转门"机制便于智库人员将自己的观点和建议带入到政府的南海决策中去。

4. 通过召开研讨会影响政府南海政策

美国智库通常会围绕某个热点问题举行政策研讨会，政府官员往往也会受邀出席。智库学者们会借此将观点和建议传递给政府官员，从而影响政府相关政策。例如，2014 年 7 月 14 日，战略与国际研究中心举办了主题为"南海最新趋势和美国政策"的学术年会来讨论南海问题。会议邀请了国会议员、政府高级官员、知名学者，甚至来自外国的代表参加。② 这些与会官员可能受到某些观点的影响。

除上述影响方式外，其他影响美国政府南海政策的方式还包括发表评论、撰写报刊专栏文章、接受媒体采访，等等。

---

① 参见美国新安全中心网站成员介绍网页：http：//www.cnas.org/people/militaryfellows。

② "Recent Trends in the South China Sea and U. S. Policy, The Fourth Annual CSIS South China Sea Conference"，http：//csis.org/event/recent-trends-south-china-sea-and-us-policy。

二 美智库对中美南海博弈现状及中国南海战略的认知

对于近年来中美在南海问题上的激烈博弈，美智库学者既有相对悲观的看法，也有比较乐观的看法，还有顺其自然的看法。

看法比较悲观的智库学者以约翰·霍普金斯大学中国研究所主任兰普顿为代表。兰普顿认为中美两国在南海问题上的博弈加剧了中美关系"战略漂移"的危险，这体现在两国不断加深的战略互疑上。"中美安全关系正变成净负值"①，这可能导致战略误判、对抗升级和先发制人等军事安全风险的上升。两国安全关系的持续恶化还会影响双方的经济、文化和外交关系，对双边关系造成进一步的损害。

持相对乐观看法的学者以新美国安全中心的卡普兰为代表，他认为中美南海争端或将产生一种积极的影响。在他看来，20 世纪初以来的冲突无论是大规模的、常规的地面接触战争，还是肮脏的、非常规的小型战争，都产生了大量的平民伤亡，从而使战争不仅成为将军的议题，也成为人道主义者关注的对象。而中美在南海的摩擦则成为了一种不同于传统战争的"未来冲突"模式，这种冲突形式仅限于海上，它不会造成平民伤亡。另一方面，因为冲突是不可能从人类社会完全消除的，而且如果控制得当，它比僵硬的稳定更可能导致人类进步。"一个挤满了军舰的海洋与一个大有前途的亚洲时代并不矛盾，不安全感常常产生活力"②，因此南海的冲突其实是一种积极的场景（positive scenario）。

美国海军战争学院中国海洋研究所艾立信则对南海问题持顺其自然的看法。他认为中美南海摩擦不可避免，两国已形成一种"竞争性共存"的大国关系。中国实力日益增长，必然会采取行动来保护自身的重大利益，尤其是在声称拥有核心利益的南海地区。中美处在一个大国

---

① David Lampton, "Three Perspectives to Stop the Sino-US Strategic Drift", *South China Morning Post*, November 24, 2015.

② Robert D. Kaplan, "The South China Sea Is the Future of Conflict", *Foreign Policy*, August 15, 2011.

关系网中，这意味着两国要在同一个战略空间里活动，彼此有着重叠的利益。因此无论是在南海还是其他地区，中美之间的摩擦和竞争不可避免，双方都必须接受彼此之间有限的战略摩擦和竞争，并对这种适度的摩擦进行管理。对于南海的现状，艾立信认为美国"不会推回（roll back）中国对于岛屿和其他特征地域（岛礁或珊瑚礁等）的实际占领，就如同美国不会接受中国推回其邻国对于其他岛屿和特征地域的占领一样。"①

上述智库学者虽然对中美南海博弈的看法不尽相同，但他们都主张要管控好两国在南海的摩擦，勿使摩擦升级为军事冲突。

另外，美智库学者认为中国在南海问题上采取的战略有"拖延""定制的强制"等，而其行为模式则包括"切香肠""剥卷心菜"等。

美国麻省理工学院傅太林（M. Taylor Fravel）认为，从20世纪90年代中期至21世纪的头十年，中国一直奉行的是"拖延"（Delaying）战略（指中方提出的"搁置争议，共同开发"主张）。大约在2005年之后，中国增加了外交、行政管理和军事手段来强化自己的主权声索，但这并没有改变"拖延"战略的实质。"拖延"战略的目的主要是在巩固自身海上领土权益主张的同时、阻止其他争端国抛开中国开发南海资源。因此，"拖延"战略是一种避免紧张局势升级并保护自身南海权益的方法。②

而在最近几年，克罗宁等一些学者提出中国在南海实行的是"定制的强制"（Tailored Coercion）战略。他们认为"定制的强制涉及一系列自信的政策和行为，其目的在于扩大领土和控制资源"。③ 中国实施"定制的强制"措施有多种形式，而且常常在实践中相互结合，希望借此来单方面改变争议地域的现状，这些措施包括强势外交、针对经济和贸易的"胡萝卜加大棒"、宣传和心理战、国内和国际的法律措施以及军事、准军事、执法等。虽然中国不是唯一采取强制手段的国家，但是中国在争

---

① Andrew S. Erickson, "America's Security Role in the South China Sea", Testimony before the House Committee on Foreign Affairs Subcommittee on Asia and the Pacific, July 23, 2015.

② M. Taylor Fravel, "China's Strategy in the South China Sea", *Contemporary Southeast Asia*, Vol. 33, No. 3, 2011, pp. 292 – 319, 2011.

③ Patrick M. Cronin and Alexander Sullivan, "*Preserving the Rules: Countering Coercion in Maritime Asia*", Center for New American Security, March 2015.

议水域挑起竞争并大量采取强制措施的行为，"使其似乎成为地区紧张局势的主要推动者。"① 他们指出中国正试图通过除军事手段外的各种方法改变南海的现状，以便最大限度地发挥其影响力。具体的做法包括：宣称拥有南中国海大部分地区的所有权；宣布渔业法规来证明中国对其他索赔国行为的合法性；迫使菲律宾退出南海的斯卡伯勒礁（即中国黄岩岛）并将其实际控制；周期性骚扰美国部署在中国 200 海里专属经济区内自由航行的海军舰艇等。"这种结合经济、法律和军事压力的行为，是教科书式的强制外交。"②

为了证明这种说法的正确性，美国国防大学国家战略研究所克里斯托弗·容（Christopher Yung）和帕特里克·麦克纳尔蒂（Patrick McNulty）列举了一些数据来证明中国确实施行了"定制的强制"外交行为，部分数据整理如表 2 所示。

表 2　　　　　　一定时期内南海争端各方采取行为次数对比③

	中国	菲律宾	越南	马来西亚	文莱	台湾
国家经济行为（次）	75	36	—	—	—	—
国家信息行为（次）	156	133	66	28	10	93
军事和准军事行动（次）	148	60	13	9	5	32

数据来源：作者根据 Christopher Yung and Patrick McNulty 的 "China's Tailored Coercion and Its Rivals´ Actions and Responses：What the Numbers Tell Us" 文章整理。

从数据中可以看出中国与其他声索国相比，在各项数据中都排名靠前。克里斯托弗以此来证明中国在南海的确采取了"定制的强制"行为。

对于中国在南海领土争端中所采取的行为模式，克罗宁等学者认为，

---

① Patrick M. Cronin and Alexander Sullivan, "*Preserving the Rules：Countering Coercion in Maritime Asia*", Center for New American Security, March 2015.

② Patrick M. Cronin, Ely Ratner, Elbridge Colby, etc., "*Tailored Coercion：Competition and Risk in Maritime Asia*", Center for New American Security, March 2014.

③ Christopher Yung and Patrick McNulty, "*China's Tailored Coercion and Its Rivals' Actions and Responses：What the Numbers Tell Us*", Center for a New American Security, Maritime strategy series, January 2015.

中国近年来在南海一些事件的处理过程中，采用了"切香肠"（Salami-Slicing）的战术，积跬步以成千里，在不引发大规模冲突对抗的情况下对"现状"做出一点又一点的改变，蚕食对手，而且配合使用"信息战、法律战、心理战"等多种手段来压制对手。① 美国战略与国际研究中心迈克尔·格林（Michael Green）也持有类似的见解。他认为中国正在以一种"剥卷心菜"的方式来应对海上争议。正在缓慢且处心积虑地建设岛屿设施，强化海上力量，逐步改变南海现有的军事平衡。"他们在剥卷心菜，每次剥一片叶子。"②

与上述"剥卷心菜""切香肠"认知相似的是，美国东西方中心高级研究员丹尼·罗伊（Denny Roy）提出了"灰色区域"（gray zone）挑战论。罗伊认为，中国在南海的"造岛"行为显示了中国在"灰色区域"（gray zone）挑战美国的高超技巧。中国在灰色区域推进自身战略虽然削弱了美国的利益，但因为"远远不逾越红线"，从而不会招致美国常规的军事报复。③

对于中国南海政策的目的，美智库学者认为中国南海政策的目的不仅仅体现在保护重要的贸易通道、获得丰富的油气渔业资源和缓解民族主义情绪上，更体现在军事目标上。这些军事目标包括：在第一岛链建立一个隔断区，使与美国可能的军事冲突区域远离中国大陆；在南海为中国正在形成的核潜艇战略威慑力量建立一个防御堡垒④；帮助其实现成为欧亚大陆亚洲区域地区霸权的目标⑤，等等。

美国企业研究所迈克·奥斯林（Michael Auslin）认为，中国的目标不是阻止美国海军在南海的航行，而是改变其邻国的行为并迫使这些声

① Christopher Yung and Patrick McNulty, "*China's Tailored Coercion and Its Rivals' Actions and Responses: What the Numbers Tell Us*", Center for a New American Security, Maritime strategy series, January 2015.

② Geoff Dyer, "US-China: Shifting sands", *Financial Times*, June 21, 2015.

③ Denny Roy, "*China's Strategy to Undermine the US in Asia: Win in the 'Gray Zone'*", September 18, 2015; Patrick Cronin, "*The Challenge of Responding to Maritime Coercion*", CNAS, 2014.

④ Mathieu Duchatel and Eugenia Kazakova, "Tensions in the South China Sea: the Nuclear Dimension", *SIPRI*, July-August 2015.

⑤ Gary Roughead, "*China, Time and Rebalancing*", Hoover Institute, March 25, 2014. http://www.hoover.org/taskforces/military-history/strategika/11/roughead.

索国在事实上放弃它们在南沙群岛的立场。这样不仅能让中国在该地区取得军事主导地位，而且最终将孤立美国。因为如果其他国家已经放弃阻止中国改变力量平衡的努力，那么美国不可能单独采取行动。① 美国战略与国际问题研究中心高级研究员葛来仪认为，中国宣布在南中国海填海所获得的土地将作为救援和科研据点的说法也许是事实，但强化军事能力无疑才是其主要目的。② 艾立信也认为中国的造岛行为并非如中方所宣称的是非军事目的。他指出中国的许多人造岛屿以前只是小的岩石或珊瑚礁，造岛行为已经创造了超过 2000 英亩的"土地"，这些土地成为了中国创造的"沙子长城"。中国如此规模的岛礁建设行为至少部分是为了"满足必要的军事防御需要"。③

总之，相当多的美智库学者将中国近年来在南海扩建岛礁、设置灯塔、修筑机场跑道、部署地空导弹等举措定性为中国在南海谋求"军事化"，目的是改变南海地区力量平衡，强化对南海的实际控制。

三　美智库学者的政策建议

对于中国近年来在南海采取的包括加强海警巡逻、开展岛礁建设等行为，智库学者普遍认为美国政府应该采取必要的应对策略予以限制或制止，但对应采取何种应对策略却存在分歧。根据应对策略的不同，可以将美智库学者的建议大致分为三类。第一类学者主张对华实施"扶压并举"策略，即在增加对华压制的同时继续保持合作，这类智库学者可称之为现实派；第二类学者主张对华全面加大压制力度，我们可称之为强硬派；第三类学者主张加强中美合作以缓解南海冲突，我们可称之为温和派。

---

① Michael Auslin, "*America vs. China: Showdown in the South China Sea?*", *National Interest*, November 12, 2015.

② Bonnie S., "*Glaser's Testimony before The U. S. -China Economic and Security Review Commission*", Hearing on China's Relations with Southeast Asia, http://www.uscc.gov/sites/default/files/Glaser_ Written%20Testimony_ 5. 13. 2015%20Hearing. pdf.

③ Andrew S. Erickson, "*America's Security Role in the South China Sea*", Testimony before the House Committee on Foreign Affairs Subcommittee on Asia and the Pacific, July 23, 2015.

1. 现实派"扶压并举"的政策观点和建议

主张"扶压并举"的智库学者以美国新安全中心的克罗宁为代表，他们一方面认为应该反制中国的南海政策，另一方面也强调与中国合作的利益。这种观点对奥巴马政府产生了较大的影响。

克罗宁等学者认为美国既要容纳中国的崛起，又不能迁就中国"不好"的行为。在目前亚太地缘政治格局中，中美关系无疑是亚太地区权力网络中影响最大，也是最受关注的双边关系。克罗宁指出，对于美国及其地区盟友、伙伴来说，需要明确认识到"必须采取更多的措施来维护、适应和建立一个包容的、基于规则的体制，必须有足够的空间来容纳一个日益崛起的中国"。[①] 同时他也指出中国在南海"不好的行为不应该被默许，否则会让中国得寸进尺"。[②] 他在给第二十五任国防部长的建议中指出："尽管美国在一系列问题上追求与中国合作的好处，但是仍然不能确定中国的长期战略意图。美国应该欢迎并适应一个正在崛起的中国，但是其在海上争端中更为自信的行为不在此列。"[③] 2015 年 5 月，克罗宁在中美经济和安全评估委员会就南海问题举行的听证会上为中美关系定下基调，那就是"虽然中国不是敌人，但它显然是一个强有力的竞争对手"。[④]

落实到具体的政策上，这些学者一方面建议对中国施加压力，阻止或者延缓中国强硬的南海政策，如通过"成本强加"（cost-imposing）综合性措施增加中国推进南海政策成本；另一方面又建议在提升国家实力，完善国内制度的基础上保持合作，以保证中美关系良性发展与地区和平稳定。

"成本强加"策略是指采取多种手段来增加中国强行推进其南海政策的成本，迫使中国知难而退。克罗宁、葛来仪等指出，"成本强加"策略应把重点放在增加目标行为体改变其政策所负担的成本上，具体说来，

① Patrick M. Cronin and Alexander Sullivan, "*Preserving the Rules: Countering Coercion in Maritime Asia, Maritime Strategy Series*", Center for a New American Security, March 2015.

② Ibid. .

③ Patrick Cronin, Van Jackson and Alexander Sullivan, "*Ideas to Action: Suggestions for the 25th Secretary of Defense*", Center for a New American Security, February 2015.

④ Patrick Cronin, "*Retaining America's Balance in the Asia-Pacific: Countering Chinese Coercion in Southeast Asia*", Testimony before the U. S. -China Economic and Security Review Commission, May 13, 2015.

是指在避免与中国发生直接的、大规模军事冲突的情况下，通过外交、经济、军事、法律及舆论等综合性手段，增加中国实施南海政策的成本，让中国在南海问题上有所得必有所失，使中国与周边国家关系紧张、国家声誉受损等。这些代价会抵消或者部分抵消中国在南海问题上的政策收益，从而阻止中国进一步推进其南海政策。① 目前，美国并没有足够的实力完全推回（roll back）中国在南海所取得的政策收益，但是美国又不愿在中国推进南海政策时无所作为，因为这种地缘政治和安全代价是其无法承受的。在这种情况下，"成本强加"策略不失为一种可取的方法。

"成本强加"策略包括许多手段，克罗宁等建议采用军事层面和非军事层面等多重手段来增加中国推进南海政策成本。军事层面包括：增加军事存在、展现军事实力、技术装备支持以及伙伴能力建设等；非军事层面包括：外交、经济、法律、信息舆论等方面的措施。这两个层面的建议具体包括：（1）提升自身国力，以健康的美国经济实力促进美国的对华大战略。如批准贸易促进授权并完成跨太平洋伙伴关系协定（TPP）的谈判及签订，以"确保中国经济发展的胡萝卜不被用于破坏美国与南海地区伙伴的关系"。②（2）舆论谴责，在中国采取强制行为时迅速无情地动员地区和国际舆论予以谴责。（3）鼓励基于规则的法律行为，如支持菲律宾就南海纠纷向国际海洋法庭提交仲裁；完善国内相关法律制度，如批准《联合国海洋法公约》，因为国会不批准它"只会破坏我们支持基于规则的动员努力，同时鼓励了那些旨在破坏我们信誉的虚假宣传"。③

---

① Patrick M. Cronin and Alexander Sullivan, "*Preserving the Rules: Countering Coercion in Maritime Asia*", Maritime Strategy Series, Center for a New American Security, March 2015; Patrick M. Cronin, "*The Challenge of Responding to Maritime Coercion*", Maritime Strategy Series, Center for a New American Security, September 2014; Bonnie S., "*Glaser's Testimony before The U. S. -China Economic and Security Review Commission*", Hearing on China's Relations with Southeast Asia, http: // www.uscc.gov/sites/default/files/Glaser_ Written% 20Testimony_ 5.13.2015% 20Hearing.pdf.

② Robert D. Blackwill and Ashley J. Tellis, "*Revising U. S. Grand Strategy Toward China*", Council on Foreign Relations, *Council Special Report* No. 72, March 2015; Patrick M. Cronin and Alexander Sullivan, "*Preserving the Rules: Countering Coercion in Maritime Asia*", Center for New American Security, March 2015.

③ Patrick Cronin, "*Retaining America's Balance in the Asia-Pacific: Countering Chinese Coercion in Southeast Asia*", Testimony before the U. S. -China Economic and Security Review Commission, China's Relations with Southeast Asia, May 13, 2015.

（4）组建一个关于南海的情报分享中心，制定具体的合作项目来强化声索国监管其专属经济区的各项能力①，如帮助盟友和伙伴提升其 C4ISR 能力（指挥、控制、通信、计算机、情报、监视和侦察）来抵消中国"定制的强制"政策的收益。②

"扶压并举"建议的另一个方面是促进中美高层互访、军事交流、促进中国与其他争端方达成具有约束力的新的南海行为准则等，包括（1）高层外交。美国应该加强与中国的高层外交，以缓解南海地区固有的紧张局势。美国在促进国际社会的稳定、繁荣与和平上负有主要责任，所以美国应该尽可能避免与北京的对抗。因为如果双方对彼此的关系管理不善，除了对国内产生负面结果外，还会对区域紧张（南海地区）、全球经济等方面产生严重的消极影响。③（2）军事交流。美国应该寻求与中国更加制度化的军事合作，主要目标应该是更加有效的合作，而不仅仅是接触。④ 地区军事力量必须提高透明度，以避免两国之间相互的担忧和恐惧。⑤（3）冻结所有争端国的岛礁建设行为，鼓励中国与其他争端方加快谈判进程，尽快达成具有约束力的新南海行为准则协议，确保对任何违反国际法改变现状的行为有一个协调一致的反应。⑥

2. 强硬派"加大压制"的政策观点及建议

主张对华加大压制的学者普遍认为美政府对于南海问题的压制力度不够或政策效果不佳，认为美国应该及时对中国的南海政策加大压制力度。持这类观点的智库学者不在少数，下表列举了一些持这种观点的学者及其代表性文献：

---

① Thanh Hai, "*A Joint Strategy for Pacifying the South China Sea*", PacNet (Pacific Forum CSIS), Number 48, August 11, 2015.

② Patrick M. Cronin and Alexander Sullivan, "*Preserving the Rules: Countering Coercion in Maritime Asia*", Center for New American Security, March 2015.

③ Robert D. Blackwill and Ashley J. Tellis, "*Revising U. S. Grand Strategy Toward China*", Council on Foreign Relations, Council Special Report No. 72, March 2015.

④ Patrick M. Cronin and Alexander Sullivan, "*Preserving the Rules: Countering Coercion in Maritime Asia*", Center for a New American Security, March 2015.

⑤ Evans J. R. Revere, "*Whither Northeast Asia? Managing Tensions and Avoiding Conflict in a Troubled Region Center for East Asia Policy Studies*", The Brookings Institution, December 2013.

⑥ Thanh Hai, "*A Joint Strategy for Pacifying the South China Sea*", PacNet (Pacific Forum CSIS), Number 48, August 11, 2015.

表3　　　　　　　　　　主张对华强硬的部分智库学者

智库名称	作者	相关文章
国家利益中心	哈里·卡西尼亚斯 （Harry Kazianis）	美国是时候采取新的南海政策了①
伍德罗·威尔逊中心	马文·奥特 （Marvin C. Ott）	美国是时候在南海采取军事策略来阻止中国了②
战略与国际研究中心	约瑟夫·博斯科 （Joseph A. Bosco）	美国是时候对华强硬了③
		威慑延迟：是时候对中国强硬了④
美国的德国马歇尔 基金会	丹尼尔·特文宁 （Daniel Twining）	美国是时候在南海上一个台阶了⑤
美国新安全中心	杰瑞·亨德里克斯 （Jerry Hendrix）	是时候就南海问题直面北京了⑥
美国企业研究所	迈克尔·马扎 （Michael Mazza）	是时候在南海与中国对抗了⑦

资料来源：笔者根据相关文献自制。

　　强硬派提出的具体的建议与现实派"扶压并举"政策压制方面的建议在内容上相似，但在程度上更深，具有更大的压制力度。这些建议包

① Harry Harry Kazianis, "Time for a New US South China Sea Strategy", *Asia Times*, March 31, 2016. http://atimes.com/2016/03/time-for-a-new-us-south-china-sea-strategy/.

② Marvin C. Ott, "Time for a U. S. Military Strategy to Stop China in the South China Sea", *National Interest*, August 24, 2015. http://nationalinterest.org/blog/the-buzz/time-us-military-strategy-stop-china-the-south-china-sea-13674.

③ Joseph A. Bosco, "Time for America to Get Tough with China", *National Interest*, May 25, 2015. http://nationalinterest.org/feature/time-america-get-tough-china – 12960.

④ Ibid..

⑤ Daniel Twining, "Time for America to Step Up in the South China Sea", *Foreign Policy*, November 22, 2015. http://foreignpolicy.com/2015/11/22/time-for-america-to-step-up-in-the-south-china-sea/.

⑥ Jerry Hendrix, "It's Time to Confront Beijing About the South China Sea", *Defense One*, August 21, 2015.

⑦ Michael Mazza, "Time to Stand Up to China in the South China Sea", *National Interest*, May17, 2015. http://nationalinterest.org/feature/time-stand-china-the-south-china-sea – 12902.

括军事和非军事两个方面，军事政策主要是在加强军事存在的基础上采取更加具有压制性的措施，而非军事政策则是在不同的领域里加大对华施压力度。

具体来说军事政策主要包括以下内容。美国应与盟友、伙伴开展国际协作，建立联合巡航南海的常态化机制，以确保不断派遣舰机进入中国岛礁 12 海里以内，同时不再强调"无害通过"的规则；① 将亚太的多个双边同盟整合为一个多边联盟，如将美国、日本、澳大利亚和韩国的多边合作机制正式化，更好地将其军事能力一体化以威慑中国；② 向盟友、伙伴提供进攻性武器，如帮助菲律宾、越南等国发展或订购先进反舰武器和对地攻击武器，使其能够迅速摧毁中国建立在人造岛屿上的设施和武器系统；限制对华军事交流，"抛弃为接触而接触"的政策，因为这样的政策不仅不能阻止中国的南海政策，而且使美国似乎成为一个祈求者，提供了一个本不该存在的杠杆优势，所以美国应该取消对中国参加 2016 年环太平洋军演的邀请。③

非军事政策包括政治、经济、外交、法律、舆论、环境等领域里的策略。具体说来有：在政治领域，美国可以更大程度上指责中国对人权的侵犯，定期邀请达赖喇嘛和中国人权活跃分子到访美国甚至是白宫，以传达美国的信息。④ 在经济领域，美国应该更多地制裁中国一系列黑客攻击与知识产权盗窃行为。⑤ 在外交领域，美国可以仿照在钓鱼岛争

---

① Peter Jennings, "South China Sea: Options and Risks", *Real Clear Defense*, July 21, 2015. http: //www. realcleardefense. com/articles/2015/07/21/south_ china_ sea_ options_ and_ risks_ 108262. html; Daniel Twining, "Time for America to Step Up in the South China Sea", *Foreign Policy*, November 22, 2015. http: //foreignpolicy. com/2015/11/22/time-for-america-to-step-up-in-the-south-china-sea.

② Marvin C. Ott, "Time for a U. S. Military Strategy to Stop China in the South China Sea", *National Interest*, August 24, 2015. http: //nationalinterest. org/blog/the-buzz/time-us-military-strategy-stop-china-the-south-china-sea – 13674.

③ Grant Newsham and Kerry Gershaneck, "How to Get Tough with China", *National Interest*, A-April 25, 2016. http: //nationalinterest. org/feature/how-get-tough-china – 15928.

④ Harry Harry Kazianis, "Time for a New US South China Sea Strategy", *Asia Times*, March 31, 2016.

⑤ Grant Newsham and Kerry Gershaneck, "How to Get Tough with China", *National Interest*, April 25, 2016. http: //nationalinterest. org/feature/how-get-tough-china – 15928

端上的做法（美日同盟条约适用于钓鱼岛），将黄岩岛、仁爱礁或南海的其他岛礁纳入《美菲互助条约》的保护范畴;[1] 加强与南海域外国家的合作，联合它们共同对华施压以促使中国放弃岛礁军事化行为。[2] 在法律领域，美国可以加强"法律战"（Lawfare），与亚洲的盟友建立一个统一的多边机制，促使争端各方更多地将纠纷提交给国际法庭仲裁，以对中国施压。[3] 在舆论方面开展对华"羞辱战"（shamefare），鼓励并支持国际新闻机构对中国在南海违反国际法的军事化行为进行报道，使之暴露在国际社会面前而受到国际舆论的批评或谴责。[4] 在环境领域实施"绿色和平"战略，中国在南海建设岛礁摧毁了南海大面积的原生珊瑚礁和岛屿，美国可以鼓动世界环保组织对这种破坏南海环境的行为施加压力。[5]

上述建议或是在现行政策上加大对华压制力度，或是建议美国对华实行全新的遏制政策。无论哪一种，它们都加大了对中国的压制，并可能导致中美之间激烈的对抗。

3. 温和派"共同努力，缓解冲突"的政策观点和建议

温和派智库学者认为中美关系对于地区和全球的和平繁荣来说至关重要，因此双方要共同努力来缓解冲突，维护南海和平。持这类观点的学者在美国智库界仅占少数，其所持的观点也非主流。

布鲁金斯学会的贝德（Jeffrey Bader）在 2014 年关于南海问题的研究报告中指出，美国不应该将南海纠纷作为中美冷战的初期信号，或作为中美关系的战略中心问题，如此很可能导致美国不仅不能实现其目标，而且会大大加剧中美紧张局势，加深对彼此战略意图的不信任，同时增加其他声索国采取鲁莽行为的概率。贝德建议在竞争中寻求利益平衡，

---

[1] Zack Cooper and Mira Rapp-Hooper, "Protecting the Rule of Law on the South China Sea", *Wall Street Journal*, March 31, 2016.

[2] Peter Jennings, "South China Sea: Options and Risks", *Real Clear Defense*, July 21, 2015. http: //www. realcleardefense. com/articles/2015/07/21/south_ china_ sea_ options_ and_ risks_ 108262. html.

[3] Harry Harry Kazianis, "Time for a New US South China Sea Strategy", *Asia Times*, March 31, 2016. http: //atimes. com/2016/03/time-for-a-new-us-south-china-sea-strategy/.

[4] Ibid. .

[5] Ibid. .

以遏制在美国、中国及其他相关国家之间紧张局势加剧的势头。①

新美国安全中心的卡普兰在思考中美在南海、网络等领域关系紧张的原因时，认为中美关系的问题可能出在美国而非中国身上。"我们可能太在意中国的政权性质才会在国际上寻求对它的限制，原因是我们不喜欢它的国内政策。事实上，美国在亚洲的目标应该是追求均势而非主导"。②

卡耐基国际和平基金会迈克尔·史文可以说是温和派的主要代表人。他指出，当前多数美国人认为中国试图控制整个南海区域是为了将美国赶出亚洲并取代美国成为该地区的主导力量。而多数中国人则认为美国在南海的行为是为了遏制中国在亚太地区的影响力。这种情况会威胁并促使中美关系向更加敌对和零和的方向发展，从而破坏地区稳定。他认为，中美关系对于地区和全球的和平繁荣至关重要，让南海的几块岩石和岛礁产生的纠纷破坏中美双边关系是非常愚蠢的。在他看来，美国政府对南海的反应已经严重混乱，似乎反对中国在该地区增强存在或能力的任何行为。他建议北京和华盛顿双方都需要更加清楚地表达各自的主张、不满和担忧，指明双方不可接受的行为后果，同时相互做出承诺以避免触发具体的引线（tripwires），共同致力于长期和平稳定。③

无论是"现实派""强硬派"，还是"温和派"，这些智库专家都是从美国自身的利益出发来看待南海局势的，其对南海问题的研究也都是为推行美国全球战略服务的。但是从中国的立场来看，这三派的观点和建议若被采纳则可能会导致完全不同的结果。中国作为一个崛起的发展中国家，外部环境的和平稳定至关重要，美国若在南海问题上寻求对中国的压制和对抗则会给中国周边安全环境带来不良影响。因此，客观上来说除"强硬派"之外，"温和派"和"现实派"的政策建议若被采纳

---

① Jeffrey Bader, Kenneth Lieberthal, and Michael McDevitt, "Keeping the South China Sea in Perspective", Brookings, *The Foreign Policy Brief*, August 2014.

② Robert D. Kaplan, "The South China Sea Is the Future of Conflict", *Foreign Policy*, August 15, 2011.

③ Michael D. Swaine, "*America's Security Role in the South China Sea*", Testimony before the House Foreign Affairs Subcommittee on Asia and the Pacific, Carnegie Endowment for International Peace, July 23, 2015.

都不会对南海局势造成巨大的冲击。其中,"温和派"智库学者的观点和政策建议与中国缓解南海紧张局势的主张最为相似。依靠相互合作、共同努力来缓解南海冲突,而不是压制和对抗,这不仅有利于中国南海战略的实施,而且可以有效减少南海的紧张局势,增强中美之间政治互信,从而促进两国关系的良性发展。"现实派"智库学者虽然强调对华施压,但也重视相互合作,属于折中建议。其政策建议若被采纳虽然会导致南海局势紧张,但因其强调合作,因而比一味强调加大压制的强硬派务实。"强硬派"加强压制的观点和建议显得极端。若被采纳则势必造成中美对抗的升级,甚至很可能引发两国之间的军事冲突,导致中美关系严重倒退。

四 美智库影响奥巴马政府南海政策的效果评估

从美国政府的南海政策来看,奥巴马政府基本认同现实派智库学者对中美南海博弈态势、中国南海战略等问题的认知,并一定程度上采取了该派学者"扶压并举"的政策建议。例如,美军太平洋司令部司令哈里斯在美国参议院军事委员会的听证会上谈及中国正在南海相关岛屿等地部署地对空导弹、建设雷达设施时,指责"中国明显在推动军事基地化,否认这一点就像是说地球是平的"。[①] 美国国务卿克里于2016年2月17日抨击中国在永兴岛上部署了红旗-9防空导弹,是在南海搞"军事化"。[②] 这些言论与美智库学者的认知基本一致。

美国政府实施的"扶压并举"政策大体为在对华实行"成本强加"政策对华施压的同时寻求对华合作以管控危机,稳定南海局势,具体表现如下。

压制方面,奥巴马政府采纳克罗宁、葛来仪等建议的"成本强加"策

---

① Statement of Admiral Harry B. Harris Jr., U. S. Navy Commander, U. S. Pacific Command Before The Senate Armed Services Committee On U. S. Pacific Command Posture, Feb. 23, 2016.

② "Kerry Slams China for South China Sea 'Militarization'", Voice of America, February 17, 2016. http://newsvader.com/kerry-slams-china-for-south-china-sea-and – 039 – militarizationand – 039 – id – 16127678609.

略，综合运用各种手段，增加中国实施南海政策的成本。① 例如，在军事方面，美国联合菲律宾、日本、澳大利亚等国家，多次在南海海域举行军事演习，显示其军事实力。派"拉森号""威尔伯号""劳伦斯号"等导弹驱逐舰和 B－52 战略轰炸机进入中国人造岛礁附近海域和空域，以增加美在南海的军事存在。此外，美国还加大了对菲律宾的军事援助，并解除对越南的军售禁令，以提升这些国家对抗中国的能力。外交上，除竭力联合日本、澳大利亚、印度介入南海外，还在 G7 峰会上联合欧盟批评中国的南海行为。在法律上，支持菲律宾将南海纠纷提交国际法庭仲裁，声援盟友的领土诉求。在国际舆论上鼓励媒体大肆报道中国的岛礁建设行为，甚至动用 P－8A "海神"侦察机带上 CNN 记者从空中拍摄并报道中国的岛礁建设情况，以此破坏中国国际形象，让中国承受国际舆论压力。在经济方面，奥巴马政府寻求国会批准贸易授权法案（TPA），并完成将中国排斥在外的《跨太平洋伙伴关系协议》（TPP）谈判。

安抚方面，奥巴马政府积极与中国进行高层外交和军事交流，通过对话与合作来缓和南海紧张局势和控制危机。如在高层外交上，从 2013 年 3 月安纳伯格庄园会晤到 2014 年 11 月的北京瀛台夜话，再到 2015 年 9 月的华盛顿秋叙，两国主要领导人通过多次会晤来了解彼此在南海问题上的关切与立场，避免战略误判。除了习奥峰会，两国高官也频繁互访，如贾克·卢、拜登访华、王毅访美等。频繁的高层互访缓解了两国推进南海政策带来的紧张压力。军事交流上，两国交流不仅趋于频繁，而且成效显著。2014 年 11 月，中美军事交流取得重大进展，两国签署了两项旨在减少战略误判和降低意外军事事故风险的谅解备忘录（MOU），即海上船只遭遇行为规则备忘录和空中遭遇行为规则备忘录。美国还邀请中国参加了 2016 年环太平洋军事演习。

奥巴马政府在南海问题上对中国"扶压并举"的政策明显体现在南海仲裁案结束前后，即一方面派两艘航母战斗群陈兵南海向中国施压，另一方面派海军作战部长约翰·理查森前往中国与中方沟通协调，避免误判、失控。

---

① 这表明克罗宁任职的美国新安全中心是影响奥巴马政府南海政策的最主要智库之一。关于影响奥巴马政府的主要智库参见魏红霞《美国的新思想库》，《美国研究》2010 年第 3 期。

美国之所以采取"扶压并举"政策是因为这种政策既能对华施压以安抚其在亚太的盟友,又能保持中国在经济及其他全球议题上与美合作,做到斗而不破,是一种一箭双雕的"聪明"战略。当然,由于美国在南海政策问题上缺乏国内共识,奥巴马政府对南海问题也有自己的理解等原因,克罗宁、葛来仪等人"成本强加"的建议并没有被全盘接受,例如奥巴马政府并没有听取建议督促国会尽早批准加入《联合国海洋法公约》。

强硬派和温和派的政策建议均没有被奥巴马政府所采纳,原因可能是强硬派的建议若被采纳,则很可能因对华施压过度而造成中美关系破裂,进而波及反恐、气候、伊核等议题上的中美合作,也会对美国及全球经济发展产生极大的负面影响;而温和派的建议本来就不是国内的主流观点,影响相当有限。在奥巴马政府看来,温和派的建议若被采纳则很难达到威慑、遏制中国的效果,不利于美国实现阻止中国推进南海政策、安抚盟友、维护美国亚太地区霸权的目的。

由于美国政府外交决策内容的保密性,我们难以获得奥巴马政府采纳了现实派"扶压并举"政策建议的直接证据,但是通过智库对政府政策影响的途径、智库建议与政府政策之间的契合程度以及智库在政府决策过程中的作用,我们可以大致判断奥巴马政府的南海政策在很大程度上受到了"现实派"智库学者的影响。除前文谈到的影响方式和契合程度外,智库学者的研究还对美国南海政策至少起着以下几个方面的作用。

第一,政策倡导,引导舆论。智库学者通过报刊、互联网、电视等媒体积极倡导自己的南海政策主张或建议,进行"舆论动员",以期塑造公众对南海政策问题的认知和讨论,进而提高自己的政策影响力,而公共舆论是美国政府政策制定的重要依据之一。

第二,充当政府南海现行政策的诠释者、风向标和试探器。智库学者召开南海问题研讨会、发表评论文章、接受媒体采访,等等,这实际上扮演了政府南海政策的诠释者和风向标的角色,因为政府可以借此观察国内外对其南海政策的反应,以判断其政策是否可行。

第三,通过政策研究为政府提供政策备选方案。涉及南海智库学者大多是南海问题领域的专家,其研究成果具有专业性。他们通过对政府关注的现实政策问题立项研究,为政府南海问题决策提供政策备选方案。

第四，政策评估，促进政策成熟。由于智库组织具有专业人才优势和良好的资信度，而且相对独立，所以智库所做的评估性研究具有很高的权威性和可信性。智库学者的评估可以揭示美政府南海政策的利弊及其政策效果的深层次原因，这可以为美政府后续的南海政策提供一定的参考，从而促进美南海政策的成熟和完善，以达到预期的政策效果。

结　语

近年来，美国不断加大在南海问题上的干预力度，谋求所谓的"武装和平"（armed peace），导致南海问题的性质慢慢地发生了变化。如果说以前的南海问题是"地区性的领土主权争端"，那么现在已经有了"大国地区主导权竞争"的色彩。在奥巴马总统执政时期，中美在南海的对抗呈现出时而缓和，时而升级的局面，目前处于胶着状态。中美在南海问题上相互难以妥协源于双方深刻的分歧。

表4　　　　　　　　　　中美在南海问题上的分歧

	中国	美国
主权声索的依据	历史先占权利与《联合国海洋法公约》	《联合国海洋法公约》
采取何种谈判途径解决南海争端	双轨制：具体争端由当事国通过双边谈判解决，南海行为准则由中国与东盟谈判达成	中国应与整个东盟谈判解决争端
在专属经济区内是否享有舰机航行自由的权利	没有	有
是谁将南海军事化	美国	中国
中国的行为是否改变南海现状	否	是

资料来源：作者自制。

美国在南海问题上对中国加大遏制力度既对中美构建"新型大国关系"带来严峻挑战，也使中国与东盟关系更加复杂化。自 2015 年以来，美国从幕后走到台前，介入南海的频次增加，力度显著加大，遏制、对抗中国的姿态愈益明显，这与众多智库学者呼吁加大对华压制力度不无关系。虽然目前南海局势似乎趋于缓和，但是鉴于中美在南海问题上的深刻分歧，在可预见的未来，两国围绕南海的激烈博弈仍将持续。

2016 年美国总统大选尘埃落定，特朗普当选为美国新一届总统。虽然特朗普没有将南海纠纷作为其竞选活动的主要议题，但是一些美国智库学者已经对特朗普新政府的南海政策提出建言。例如，美国国家利益国防研究中心的主任哈里·卡西亚尼斯（Harry J. Kazianis）认为南海问题是美国的一个巨大挑战，也是最能检验特朗普政府外交和战略的议题。特朗普政府必须阻止中国成为该地区主导这一目标的实现。为此，哈里提出了不害怕陈述事实、组建最好的团队、不轻易做出承诺、做好长期斗争的准备等新的政策建议。[①] 在胜选后，特朗普任用多名前军事将领为政府高官、在台湾问题上挑战"一个中国"的原则、在推特上发文指责中国在南海建设"大规模军事设施"、声言要增加军费开支扩充海军，等等。这些迹象似乎表明特朗普政府将在南海问题上对华强硬。然而随后美防长詹姆斯·马蒂斯在访日时表示，美国的军事立场应当是强化外交官的作用，目前没有必要有大的军事动作，美国应当竭尽外交努力来解决南海争端。[②] 美国国务卿蒂勒森也淡化了此前"封锁南海"的强硬言论，改称美国须在"事故发生时"有能力阻止中国在南海的行为。[③] 这些言论似乎表明特朗普将在南海问题上软化其姿态。这种改变在一定程度上反映了美国在南海问题上态度的不确定性，因此，特朗普未来将采取什么样的智库建议来处理南海问题也充满了不确定性。

需要指明的是，智库学者的呼吁与政策建议是影响美国南海政策的重要原因，却不是唯一原因。其他原因包括军方意见、国会施压、公众

---

① Harry J. Kazianis, "*Donald Trump's South China Sea Challenge：4 Ways America Can Push Back Against China*", *National Interest*, November 25, 2016.

② 《美防长访日淡化南海强硬立场称用外交解决争端》，网易新闻，2017 年 2 月 6 日，http：//news. 163. com/17/0206/10/CCJ83A9T00018AOQ. html。

③ 《美国务卿蒂勒森淡化"封锁南海论"》，搜狐新闻，2017 年 2 月 9 日，http：//news. sohu. com/20170209/n480241981. shtml? _ t = t。

舆论，以及白宫自己对局势的评估，等等。奥巴马总统已经离开白宫，特朗普政府将采纳智库学者什么样的政策建议，目前难以确定。但可以肯定的是，智库学者们的观点必定会在政治圈产生一种"回声室效应"（echo chamber effect），从而影响决策者的决策。而且这种"回声室效应"会在美国展开新一轮对华政策辩论的进程中扩大其影响，这是中方在中美南海博弈过程中不能忽视的因素。在未来我们仍然需关注美智库学者在南海问题上的研究动向及其对特朗普政府的影响，从中窥探美国南海政策的走势，探寻科学的应对之策。

（刘建华：中南财经政法大学国际问题研究所副教授；
朱光胜：中南财经政法大学国际关系专业研究生）

南海战略支点与美国的地区
安全合作困境

黄海涛

【内容提要】 拉拢并依托南海周边特定国家，将其打造为美国地区安全合作体系的战略支点，这是奥巴马政府实施亚太再平衡战略、积极介入南海问题过程中的关键策略。同战略支点国家之间更为灵活的临时性安全合作构成了美国实施其南海区域政策的重点手段。菲律宾、越南属于当前美国南海政策所依托的核心战略支点国家，东盟中的其他南海声索国和日本、印度、澳大利亚等国则属于其南海政策中可供选择的外围战略支点。美国通过外交与舆论配合以及安全支持等方式，借助战略支点国家发挥影响，塑造和引导地区议题，强化南海声索国的政策立场。相关国家能否按部就班地同美国的战略规划相配合决定了美国试图构建的地区安全合作能否落实到位。

【关键词】 美国外交 南海争端 战略支点 安全合作困境

在奥巴马总统任内，美国开始加速调整在南海问题上的政策立场，从长期坚持在海洋主权争议中不选边站的"观察者"急遽转变为积极介入的"干预者"。① 以 2010 年希拉里在东盟地区论坛上发表的声明为标志，美国通过南海问题制衡中国的意图日趋明确，原本属于中国

_____

① 周琪：《冷战后美国南海政策的演变及其根源》，《世界经济与政治》2014 年第 6 期。

与声索国之间的南海主权争议越发明显地折射出中美两国战略博弈的特征。

当前，学界对于美国介入南海问题的具体表现及其基本动因已经做了相当细致和深入的梳理和分析。① 透过美国在南海的行为方式可以发现，拉拢并依托本地区所谓的"战略支点国家"（pivotal state），以南海问题为核心议题构筑地区安全合作体系是美国实施其南海政策的关键着力点。美国如何选择其南海政策所依托的战略支点国家？美国同战略支点国家通过何种互动合作方式实现战略目标？依托战略支点国家推进地区安全合作对与美国南海政策的效用究竟如何？本文将尝试回答上述一系列问题，以便解释当前美国的南海政策所面临的一系列新问题，并对中国如何应对美国在南海问题上未来可能出现的策略变化提供思路。

一

所谓"战略支点"国家，是指"对实现一个国家重大目标具有关键意义的国家"。② 在奥巴马政府实施"亚太再平衡"战略的过程中，拉拢并依托关键国家——战略支点，是当前美国在本地区进行安全合作的主要特征和重要手段。

"9·11"事件后，小布什政府先后发动了两场反恐战争。然而，单边主义和先发制人战略非但没有从根本上消灭恐怖主义威胁，反而引发了更为严重的地区动荡，也给美国带来了沉重的军事和经济负担。而从2008 年开始，发端于美国次贷危机的金融风暴重创了美国和全球经济，美国的实力与霸权的正当性均遭到了严重削弱和质疑。有鉴于此，美国

---

① 蔡鹏鸿：《美国南海政策剖析》，《现代国际关系》2009 年第 9 期；何志工、安小平：《南海争端中的美国因素及其影响》，《当代亚太》2010 年第 1 期；周琪：《冷战后美国南海政策的演变及其根源》，《世界经济与政治》2014 年第 6 期；韦宗友：《解读奥巴马政府的南海政策》，《太平洋学报》2016 年第 2 期。赵明昊：《美国在南海问题上对华制衡的政策动向》，《现代国际关系》2016 年第 1 期。

② 徐进、高程、李巍：《打造中国周边安全的"战略支点"国家》，《世界知识》2014 年第 15 期。

战略界围绕美国接下来究竟应该选择"战略收缩"还是"深入介入"展开了激烈辩论。如果从政策实施的角度观察，自 2009 年奥巴马上台后，美国政府实施了一系列的"纠偏"措施，转向执行一套以战略收缩和战略克制为特征的外交和安全战略。① 在相继宣布从伊拉克和阿富汗撤军后，美国对于伊朗、叙利亚和打击"伊斯兰国"等问题也维持着一种战略审慎的态度。在乌克兰危机爆发前，奥巴马在处理同俄罗斯关系时同样显得小心谨慎，希冀美俄关系能够"重启"。即使在乌克兰危机爆发后，美俄对峙也更多表现为经济制裁和外交战，双方都竭力避免发生直接军事对抗。② 因此，有研究认为"审慎使用武力、善用美国影响、侧重管控而非解决危机、分清轻重缓急优化资源配置是奥巴马政府外交安全政策的四个基本特征"。③ 由于奥巴马政府在传统上被认为涉及美国核心关切的中东和欧洲地区保持了相当程度的自我克制，其外交战略一度被部分批评者们认为过于"懦弱"，损害了美国的战略利益和领导地位。④

然而，同在全球层面上的总体收缩态势相比，美国在亚太地区的行为逻辑和表现则更为复杂。面对中国实力的快速上升，美国战略界较为一致地认为中国在当前以及未来可能对美国构成的威胁和挑战。米尔斯海默始终坚持，中国经济持续快速发展的结果就是美国会再次面对一个安全上的竞争对手。⑤ 新保守主义的代表人物罗伯特·卡普兰（Robert Kaplan）认为，中国宣布南海为其核心利益是在挑战美国的地区主导地位。⑥ 在 2010 年版和 2014 年版的《四年防务评估报告》中，美国国防部均承认中国在亚太区域不断增长的参与度和影响力将塑造本地区和全球

---

① 达巍：《全球再平衡：奥巴马政府国家安全战略再思考》，《外交评论》2014 年第 2 期。

② 张文宗、薛伟、李学刚：《试析乌克兰危机的战略影响》，《现代国际关系》2014 年第 8 期。

③ 樊吉社：《奥巴马主义：美国外交的战略调适》，《外交评论》2015 年第 1 期。

④ "John McCain：Obama is 'Cowardly' for Refusing to Stop Russia"，*Conservative Tribune*，http：//conservativetribune. com/mccain-calls-obama-cowardly/，访问时间：2016 年 10 月 22 日。

⑤ See John Mearsheimer, John Mearsheimer, "Can China Rise Peacefully?"，*National Interest*，October 25, 2014，http：//nationalinterest. org/commentary/can-china-rise-peacefully - 10204，访问时间：2016 年 10 月 22 日。

⑥ Robert Kaplan, "China Challenges Unipolar Naval Power in Asia"，*New Perspective Quarterly*，winter 2011, p. 42.

的经济与安全事务，并且特别强调中国的军事现代化建设具有不确定性。[1] 因而在亚太地区，美国不但没有进行类似于其中东战略的战略收缩，反而采取了一系列措施强化在亚太的军事部署。实际上，美国全球战略收缩的核心意义在于区分重点、重新调配资源。"重返亚太"和"亚太再平衡"成为美国在其全球战略收缩背景下少有的秉持战略介入内涵的政策。[2]

但另一方面也要看到，正所谓"形势比人强"，尽管美国高度关切中国崛起对于美国在亚太地区战略利益的影响和挑战，但受制于前述各种主客观条件，"亚太再平衡"的战略目标很难仅仅通过美国自身的资源调配得以实现。因而有学者认为，"战略收缩已不可避免地成为其战略选项之一……未来美国必然收缩其在亚太的战线"。[3] 在收缩与扩张的折冲平衡中，拉拢并依托南海周边的战略支点就成为奥巴马政府完成其"亚太再平衡"战略和南海政策目标的逻辑结果。

二

减少投入和降低承诺是战略收缩最主要的表现形式。在奥巴马时期，美国对外战略的关键转变在于试图更为合理地配置硬实力与软实力，以"巧实力"而非独赖强制力完成对外目标，尽量避免直接暴露在地区争端与冲突的最前沿。这种政策倾向同样也贯穿在其推动的南海安全合作中。在战略收缩的总体背景下，如何在重点区域保证影响力和战略存在对美国而言是一个重大挑战。南海周边战略支点国家对于美国的地区安全战略的价值在于，在总体战略投入不充分的条件下，关键的战略支点国家可以帮助美国实现战略存在，主导地区议题，影响地区关系发展，以较小的代价保障战略利益的获取和维持。作为"亚太再平衡"战略的关键组成部分，美国在南海安全合作中所拉拢和依托的战略支点大致可以从

---

[1] US Department of Defense, *Quadrennial Defense Review Report*, February 2010, p. 60; US Department of Defense, *Quadrennial Defense Review* 2014, p. 6.

[2] 陶文钊：《试论奥巴马的外交遗产》，《和平与发展》2016 年第 2 期。

[3] 左希迎：《美国战略收缩与亚太秩序的未来》，《当代亚太》2014 年第 4 期。

以下几个维度加以理解。

第一，两国在重大战略问题上存在共同利益。美国在本地区的盟友或战略伙伴并不少见，但是真正能够对其南海安全战略起到战略支点作用的国家却为数不多。这是因为在具体议题中，战略支点国家需要实施对美国政策强有力的支持和配合，甚至在必要时刻代替美国在冲突第一线冲锋陷阵。因此，双方必须在战略利益上形成高度的一致性。希拉里的河内讲话明确提出："美国在航行自由问题上、在对亚洲海洋公域的准入、在南海地区尊重国际法等方法拥有国家利益"。[①] 换言之，美国南海安全战略的核心目标是在本地区维持所谓"基于规则"（rule-based）的稳定。[②] 显然，美国相关表述表明其在南海进行战略安全合作所针对的对象就是所谓"威胁地区安全和稳定"的国家，暗示当前中国在南海日益频繁和常态化的各类军事和非军事活动，尤其是所从事的岛礁建设违反了国际法规定，直接影响到美国在该水域的"航行自由"，损害了美国的核心利益。在美国的战略分析中，中国在南海的行为"是有意为之并呈现出系统性特征，中国实行胁迫外交（coercive diplomacy）不仅是针对菲律宾和越南，而且还具有更深远的地区和全球意义"。[③] 因此，美国认为与中国存在领土主权争议的各个声索国——尤其是在当前南海争端中直接遭受中国"损害"的菲律宾和越南等国——与美国在应对来自中国方面的挑战和威胁上具有相当一致的战略利益。

第二，战略支点对美国存在较高的安全依赖度。在共同战略利益的前提下，美国选择拉拢的战略支点国家还需在特定方面，尤其是军事安全方面对美国存在较高的战略需求和依赖度。例如，沙特作为美国中东政策的战略支点，在强敌环伺的环境中高度依赖美国提供的安全保障，并且通过与美国建立战略合作关系，强化军事力量、扩大了在中东地区

---

① Remarks by Secretary Clinton, Hanoi, Vietnam, July 23, 2010. http：//www. state. gov/secretary/20092013clinton/rm/2010/07/145095. htm. （访问时间：2016 年 10 月 30 日）

② Micael McDevitt, "The South China Sea and U. S. Policy Options", *American Foreign Policy Interests*, Vol. 35, 2013, p. 175.

③ Bonnie Glaser, "Beijing as an Emerging Power in the South China Sea", *Statement before the House Foreign Affairs Committee*, September 12, 2012. http：//csis. org/testimony/beijing-emerging-power-south-china-sea. （访问时间：2016 年 11 月 2 日）

的影响。① 同样，美国中东政策的另一个战略支点以色列也具有类似的特征。在美国的同盟管理中，依靠安全上的不对称性而产生的安全依赖是其长期以来维系紧密同盟关系的重要策略。这一策略在亚太地区的美日同盟和美韩同盟上也有突出表现。因此，安全依赖度也被应用于美国对战略支点国家的选择上。不对称的安全结构便于美国以安全议题为杠杆影响该国的政策选择和具体走向，从而服务于美国的战略目标。实际上，美国改变其南海政策立场，选择积极介入本地区事务的关键节点是在2010 年的河内东盟地区论坛上。在此之前，菲律宾和越南等国"迫切要求美国出面制止中国在南海的强势行为"。② 而在此之后，中国与菲律宾在黄岩岛以及中国同越南在油气田开采等问题上发生了更为激烈的对峙与冲突。随着南海局势日趋紧张，美国战略界认识到以越南和菲律宾为代表的南海声索国所面对的是中国更为现代化的军事力量，因而这些国家在安全上对美国的需求强烈。③

第三，理想的战略支点国家还应该具备一定的地区影响力。在美国主导的南海安全合作中，战略支点国家的作用在于可以参与地区议程设定、引导地区关系发展方向、影响地区局势发展，以使美国的再平衡战略落到实处。不论是美国在中东的重要盟友沙特、以色列，还是在南亚的战略伙伴印度，他们在各自地区事务中都可以施加相当程度的影响力。然而，在南海周边的声索国中，越南和菲律宾等同美国战略利益一致性较高、安全依赖性较强的国家则相对缺乏上述影响力。菲律宾国家实力相对较弱，而越南直到 1995 年才加入东盟，两国在本地区的话语权并不高。换言之，两国可以通过强硬和对抗性的主权主张与行动影响地区稳定，却很难真正主导和掌控地区安全议程。为了弥补这一缺憾，美国还物色和联合其他相关国家作为南海安全合作的补充力量。在南海声索国中，美国选择重点发展同东盟重要国家马来西亚的关系，两国定期在南海举行联合军事演习。在地区外围，美国进一步强化了与南亚大国印度

---

① 冯基华：《美国中东政策的战略支点——沙特》，《亚非纵横》2014 年第 3 期。

② 周琪：《冷战后美国南海政策的演变及其根源》，第 37 页。

③ Bonnie Glaser, "Conflict in the South China Sea: Contingency Planning Memorandum Update", *Council on Foreign Relations*, April, 2015, http://www.cfr.org/asia-and-pacific/conflict-south-china-sea/p36377. （访问时间：2016 年 10 月 26 日）

的战略伙伴关系，奥巴马成为在任期内第一位两次访问印度的美国总统。更重要的是，美国试图将日本拉入其在南海的地区安全战略之中，而日本安倍政府对于介入南海问题也表现得十分积极。2015 年 11 月，美日等国在南海实施的联合军演就具有极强的指标意义，显示日本已经开始实质性地介入南海争端中。

按照上述标准，美国在南海所拉拢的战略支点国家大致可以分为两类。一类是核心战略支点，包括菲律宾与越南。这一类国家是南海主权声索国，同中国在南海岛礁归属和海洋主权范围上存在明显争议，甚至爆发过直接的军事对峙或军事冲突，其政府对于中国在南海的维权行为采取了较为强硬的路线，并且希望通过引入外部势力抗衡中国。另外，由于菲律宾、越南等核心战略支点并不能充分满足美国的地区安全合作需要，因此还存在另一类可供选择的外围战略支点，包括马来西亚、印度、日本和澳大利亚等国。这些国家或者是南海声索国，或者具有通过介入南海问题实现各自战略利益的动机。这两类国家共同构成了美国南海政策的重点合作对象。

三

回溯历史可以发现，针对特定地区以及热点问题采用临时性的安全合作并不是一种新的战略思路。在冷战结束后，美国学界就已经开始讨论和构想通过第三世界的关键支点国家实现地区战略目标的问题。[①] 实际上，采用临时性的战略安排，依赖伙伴关系，为干涉行动寻找合法性以及减少美国的投入和损失，此类做法在美国的对外军事干涉与战后维稳行动中并不罕见，组建"联合阵线"（coalition）就是其中的典型方式。[②] 组建联合阵线同借助战略支点国家相类似，都属于针对特定议题的临时性战略合作，而非构建需要履行正式安全承诺的同盟关系。尽管相比之

---

① See Robert Chase, Emily Hill, and Paul Kennedy, eds., *The Pivotal States, A New Frame-work for U. S. Policy in the Developing World*, New York: W. W. Norton, 1998.

② 参见刘丰《国际政治中的联合阵线》，《外交评论》2012 年第 5 期；刘丰《联合阵线与美国军事干涉》，《国际安全研究》2013 年第 6 期。

下美国的主导性更加隐蔽、合作的灵活性更强，但我们仍然可以将美国
与战略支点国家的关系看作一种准"联合阵线"模式。与战略支点国家
相互配合以完成共同的战略目标是奥巴马政府"亚太再平衡"战略的重
要策略，也是其南海安全合作的主要形式。从总体上看，当前美国与战
略支点国家在南海问题上的合作主要体现为双方在外交和话语权上的相
互支持以及在安全领域的相互配合。

美国与战略支点国家在外交与舆论上的相互配合体现在以下方面。
首先，美国支持南海声索国在东盟的多边框架下展开与中国的谈判，反
对中国始终坚持的通过双边谈判协商和平解决南海问题的立场。在美国
战略界看来，越南和菲律宾等国与中国实力悬殊，是无法在双边谈判中
保证自身利益的。① 美国支持越南和菲律宾等国所主张的多边谈判，其实
质在于将南海问题国际化和复杂化，有利于美国在本地区的持续存在。
其次，美国还不断通过各种渠道，力促东盟国家步调一致地同中国加快
制定《南海行为准则》（Code of Conduct，COD）。希拉里·克林顿曾连续
发表谈话，敦促中国政府同意制定《南海行为准则》。② 约翰·克里
（John Kerry）在 2015 年东亚峰会举行前也"呼吁南海各声索方为制定一
个有意义的《南海行为准则》创造外交空间"。③ 美国力促东盟国家同中
国制定《南海行为准则》的目的，一方面是要从根本上抛弃目前缺少法
律拘束力的《南海各方行为宣言》，从制度层面强制性地规范和限制相关
国家，尤其是中国在南海的行为；另一方面仍然是向相关声索国参与谈
判提供支持，并向中国施加外部压力。再次，美国在南海仲裁案中对菲
律宾提供了大量支持。尤其在仲裁结果出炉后，美国政府官员在不同场
合"呼吁"中国"尊重和接受国际法"，相关媒体也大量集中报道南海仲
裁案及仲裁结果，附和仲裁法庭的裁决，并且否认中国不参与仲裁和不

① Mira Rapp-Hooper，"America's Security Role in the South China Sea"，*Statement before the House Committee on Foreign Affairs subcommittee on Asia and Pacific*，July 23，2015，*CSIS*，p. 9.

② Hillary Rodham Clinton，"Remarks with Foreign Minister Koichiro Gemba"，July 8，2012，http：//www. state. gov/secretary/20092013clinton/rm/2012/07/194673. htm. （访问时间：2016 年 10 月 24 日）

③ John Kerry，"Intervention at the East Asia Summit"，August 6，2015，http：//www. state. gov/secretary/remarks/2015/08/245758. htm. （访问时间：2016 年 10 月 24 日）

接受仲裁结果的合法权利。美方十分清楚，"法庭解决不了南海问题，但会极大地影响未来的谈判"。① 最后，在舆论引导方面，美国将中国在南海的维权行为与"中国威胁论"直接挂钩，将中国同南海声索国之间的主权争议转化为中国崛起后对周边中小国家的欺凌（bully），是中国"国强必霸"的体现。② 在中菲黄岩岛危机和中越围绕油气田开发爆发的冲突中，美国在舆论导向上也明显偏向菲律宾和越南。《华尔街日报》宣称"中国弱小的邻居正在遭受中国持续的侵略"。③ 通过不同舆论渠道，美国有意强化中国在南海的岛礁建设行为的所谓"战略意图"，试图将中国的正当维权行为解读为实施所谓的"亚洲门罗主义"，目标在于将美国"挤出西太平洋"。④

更重要的是，美国持续强化与战略支点国家的军事安全合作。美国通过"亚太再平衡"战略增强了在亚太的军事部署，这在总体上是与相关声索国最重要的安全背书。有评论认为，正是"亚太再平衡"战略刺激了有关国家激化与中国的领土争议和矛盾。在双边层面，美国不断强化和扩展同菲律宾在南海的联合军事演习，向菲律宾提供大量的军事和经济援助，帮助其实现其军队尤其是空军的现代化。美菲两国国防部长期保持着常规性磋商和防务政策评估。⑤ 美国还加强了同非盟国的军事关系。2016 年，美国与越南的军事合作得到进一步提升。当年 10 月，越南邀请美军潜艇补给舰"弗兰克·凯布尔"号（USS Frank Cable）和导弹

---

① E. g. Jane Perlez, "Tribunal Rejects Beijing's Claims in South China Sea", *New York Times*, July 12, 2016, http：//www. nytimes. com/2016/07/13/world/asia/south-china-sea-hague-ruling-philippines. html? _ r = 0, and Jeremy Page, "Tribunal Rejects Beijing's Claims to South China Sea", *The Wall Street Journal*, July 12, 2016, http：//www. wsj. com/articles/chinas-claim-to-most-of-south-china-sea-has-no-legal-basis-court-says – 1468315137, 访问时间：2016 年 10 月 25 日。

② "The Bully of the South China Sea", *Wall Street Journal*, August 10, 2012, http：//maritimesecurity. asia/free – 2/south-china-sea – 2/the-bully-of-the-south-china-sea-wall-street-journal/, 访问时间：2016 年 10 月 25 日。

③ 转引自葛红亮、庞伟《美国在南海问题上的话语主导战略》，《东南亚南亚研究》2015 年第 3 期，第 9 页。

④ James Holms, "China's Monroe Doctrine", *The Diplomat*, http：//thediplomat. com/2012/06/chinas-monroe-doctrine/. （访问时间：2016 年 10 月 30 日）

⑤ Renato Cruz de Castro, "The US-Philippine Alliance：An Evolving Hedge against and Emerging China", *Contemporary Southeast Asia：A Journal of International and Strategic Affairs*, Vol. 31, No. 3, 2009, p. 399.

驱逐舰"约翰·麦凯恩"号（USS John S. McCain）访问金兰湾。这是两国关系正常化后美国军舰首次停靠金兰湾基地，被外界视为越美军事关系的重大飞跃。①

综上，美国与战略支点国家合作的首要特征是灵活性更强。在冷战后，美国的对外军事干涉行动在很多时候都采用了组成联合阵线的方式开展。在联合阵线式的战略合作中，美国仍然居于主导地位，是行动策略和资源的主要提供者和具体行动的关键推动者。例如在科索沃、阿富汗和伊拉克等地进行的干涉，美国都扮演了上述角色。在第一次海湾战争中，美军出动了43万人，占联军总数的86%；在阿富汗和伊拉克进行的反恐战争中，美国完全掌控着联军军事行动的主导权。而在南海问题上，美国向战略支点国家提供外部支持，诱导战略支点国家的行动。由于没有在该问题上形成任何带有承诺性质的协议，不存在强有力的义务绑定，因此双方往往以"心照不宣"的方式进行配合，合作的形式更加灵活多变。美国在与战略支点国家进行合作时更多选择扮演幕后推动者的角色，避免长期直接暴露在冲突第一线。

美国与战略支点国家合作的第二个特征表现在更多采用了双边互动的形式，较少利用多边合作的模式，其合作是以美国为轴心展开的"轮毂—轮辐"模式，通过与少数几个战略支点形成的双边关系渗透地区安全问题。这种发源于美国亚太同盟体系的"多重双边"结构在具体的南海问题上表现得十分明显。② 在南海问题上，美国同菲律宾、越南等处于核心圈层的战略支点国家的互动更多是基于双向互动，各战略支点国家之间的横向联系与合作并不深入。"轮毂—轮辐"模式的优势在于排除了美国所担心的在东盟框架内"协商一致"的决策模式易受中国影响的危险，并且还有利于强化美国对于特定支点国家政策走向的影响。

最后，美国与战略支点国家之间的地区合作动力来源于基本战略利益需求，双方在此过程中各取所需。美国在南海问题上拉拢和依托的战

---

① Gideon Rachman, "America's grip on the Pacific Loosens", *Financial Times*, Oct. 26, 2016, http://www.ftchinese.com/story/001069865/ce. （访问时间：2016 年 10 月 28 日）。

② 熊李力、潘宇：《从多重双边到单一多边？——美国亚太同盟体系探析》，《教学与研究》2015 年第 7 期。

略支点大都是争议的直接参与方，其涉及的议题高度集中在领土争端问题上。因此，只要战略利益的总体格局不发生改变，美国同战略支点间的合作关系就有较为稳定的基础。相比之下，联合阵线的合作成员来源更为多样化，所覆盖的议题类型也更复杂，其"临时搭班子"的特征也更为明显。

四

在美国拉拢和依托战略支点国家实现其南海政策目标的同时，我们也必须注意到，奥巴马政府近年来对南海问题的介入并没有达到其预期。美国所设想的通过战略支点，以较低的成本投入，"四两拨千斤"式地影响南海局势走向的战略规划并不奏效。

一方面，美国在南海问题上的高调介入恶化了地区安全态势，却缺乏跟进的控制手段。美国在南海的政策目标是确保本地区的"稳定与繁荣"，但由于美国的介入则变相鼓励菲律宾和越南等国在一段时间内采取了十分强硬的立场处理南海争端。菲律宾和越南的强硬政策反过来又促使中国更加坚定了在南海维权的决心。由于双方矛盾激化，彼此妥协的空间被压缩，南海地区爆发冲突的可能性由于美国的介入不降反升。很显然，这种状态并不利于美国的全球战略调整，美国也没有有效的手段阻止和控制事态的发展。从2015年开始，美国在南海问题上越来越表现为一线介入，"抵近侦察"和实施"航行自由计划"已经成为美国强化南海存在的重要手段。美国的南海政策中依赖硬实力的一面正在凸显。

另一方面，美国同战略支点国家的配合障碍重重。首先，尽管存在主权争议，但同中国直接对抗不符合相关国家的国家利益。面对中国崛起的现实，南海周边国家存在一定程度的焦虑是十分正常的现象。然而，对于地缘临近的两个实力悬殊的国家，安全关系上的"硬制衡"并不是必然的政策选择。事实上，东南亚各国从中国过去30年的快速和稳定发展中收益巨大。对于中国周边国家而言，"两面下注"的"对冲"（hedging）策略才是带有普遍性的做法。显然，菲律宾阿基诺政府所采取的过分偏向美国所导致的失衡在总体战略上并不利于本国利益的实现。① 与此同时，中国在周边外交上也反复强调"亲、诚、惠、容"的方针，这意味着中国并没有放弃长期以来坚持的"搁置争议、共同开发"的思路。中国在南海问题上最根本的担忧在于美国等域外势力利用该问题破坏中国与周边国家关系，恶化中国发展的外部环境。因此，更为符合南海主权声索国利益的选择是在中国与美国之间进行"大国平衡"，避免过于明显的在大国之间选边站。美国负责亚太事务的前助理国务卿坎贝尔（Kurt Campbell）在接受访问时坦陈，东南亚小国希望同美国和中国同时保持紧密关系，这是地理因素而非地缘政治因素使然。②

其次，美国同战略支点国家的合作效果高度依赖于支点国家政策的稳定性。事实上相较于大国，中小国家国内政策的摇摆幅度可能更大，政策的连续性和稳定性都更有可能受政府换届、国内政治经济和安全形势变化等因素的影响。在过去一段时间，美国南海政策的实施围绕着核心的战略支点国家——菲律宾和越南等国展开。然而随着菲律宾新政府上台，杜特尔特（Rodrigo Duterte）总统进行了一系列缓和对华关系的尝试，纠正阿基诺政府时期过于激进和亲美的政策取向。其中，杜特尔特特别调整了菲律宾在南海仲裁案上的立场，表示愿意同中国对话协商，解决争议问题。③ 此外，他还多次使用反美语言描述其对于美国介入菲律宾内政的态度。杜特尔特"亲华疏美"的言行显示其无意继续充当美国在南海问题上挑衅中国的支点。虽然杜特尔特没有也不可能改变美菲同盟的实质，但菲律宾的政策调整已经为当前南海日趋严重的紧张状态带来了转机，美菲合作制衡中国的战略规划正在面临着不小的挑战。

最后，东盟对于美国与战略支点之间的合作发挥了制约作用。随着一体化进程的逐步深入，东盟主导地区安全局势的动机正在增强，东盟

---

① 邵先成：《阿基诺政府南海政策转变的国内推动与限制因素及未来趋势预判》，《太平洋学报》2016 年第 3 期。

② A Conversation with Kurt Campbell, "The Obama Administration's Pivot to Asia", the Foreign Policy Initiative, December 13, 2011.

③ Michael Joe, "PH to Set aside Tribunal Ruling for Now—Duterte", The Manila Times, August 30, 2016, http://www.manilatimes.net/ph-to-set-aside-tribunal-ruling-for-now-duterte/282912/. （访问时间：2016 年 11 月 8 日）

成员国并不希望过多的大国深度介入本地区事务。① 在多次东盟峰会上，最后公报都删减和调整了有关南海问题的表述，2016 年东盟峰会公报中甚至没有提及南海仲裁。② 这不仅是因为在东盟中对华友好国家的帮助，也是因为东盟明确地认识到同中国对抗加剧并不符合东盟的整体利益。

<h1 style="text-align:center">五</h1>

特朗普当选总统后的美国亚太政策走向备受关注。总结和评估奥巴马政府南海安全合作的目的在于为未来提供借鉴。通过总结与评估，我们大致可以做出以下的趋势判断。

一方面，美国的战略收缩态势仍将继续。美国的战略收缩是由客观条件所决定的。尽管美国经济回暖，2016 年第三季度 GDP 增长率为 2.9%，失业率为 4.9%，但同金融危机爆发前的数据相比，差距仍然存在。在奥巴马任内，"亚太再平衡"的实施效果不佳，奥巴马政府的主要精力仍是放在处理国内事务方面。在竞选期间，特朗普对奥巴马版的"亚太再平衡"战略表示不满，尽管目前尚无法对其未来的政策选择进行判断，但经济因素始终是一项重要的制约条件。正如前文所述，战略收缩的价值在于重新调配资源，美国可以保持战略灵活性，尤其是无须承担更多正式的安全承诺。因此，美国不会彻底放弃在地区安全合作中拉拢和依托战略支点国家的做法。

另一方面，由于美国在南海声索国中很难找到完全符合其战略规划的战略支点国家，因此美国在该地区的安全合作除了向依靠传统盟友关系转变之外，也有可能适度强化单边主义的行动。强化传统的亚太盟友关系是美国"亚太再平衡"战略的目标之一。然而就南海问题而言，日本、澳大利亚，乃至印度等地区盟友或战略伙伴在本地区的

① 笔者于 2015 年 10 月在赴泰国、马来西亚和印尼的访问过程中，与多位来自该国学界、智库和政府部门人员的交流中非常明确地感受到这样一种倾向。
② "Asean to Avoid Mentioning Ruling on South China Sea", *Bangkok Post*, Sep. 4, 2016, http://www.bangkokpost.com/archive/asean-to-avoid-mentioning-ruling-on-south-china-sea/1078229. （访问时间：2016 年 11 月 8 日）

影响力毕竟受地域距离、国家实力与议题相关性等因素的制约，很难充分发挥其作用。因此，在适当条件下强化较低冲突性的海上军事活动，保持对中国的外部压力极有可能是未来美国在南海安全问题上的选项之一。

综上，美国未来在南海的行动会在不放弃与战略支点国家加强合作的前提下，增加更多单边主义的倾向。对于中国而言，应对美国南海战略的关键要点仍然是需要改善和强化同各个南海主权声索国以及东盟之间的双边关系，降低冲突概率，从而减少美国强势介入地区事务的机会。

（黄海涛：南开大学周恩来政府管理学院讲师）

美俄在网络空间的博弈探析

李恒阳

【摘要】 作为网络空间的两个大国，美国和俄罗斯之间的明争暗斗一直存在。近年来，美俄两国在数字领域的博弈日趋激烈，令世人瞩目。随着源自俄罗斯的黑客攻击不断增多，美国情报部门把俄罗斯明确列为美国在网络空间的首要威胁。为了应对俄罗斯黑客的攻击，美国采取了防范遏制加接触的策略。美国政府在外交上对俄罗斯施加压力，提高防范俄罗斯黑客的技术手段并采取法律手段，这些措施在一定程度上遏制了源自俄罗斯的攻击。此外，美国还加强与俄罗斯的接触，力图构建双方在数字领域的互信。未来，美国会强化网络威慑能力建设，俄罗斯也将提升自己的网络攻击力。美俄在互联网治理方面的合作会有所进展。但从长期看，由于美国和俄罗斯在网络安全理念方面存在诸多不同，双方的斗争将持续下去。

【关键词】 美国外交与军事；俄罗斯；网络安全；网络威慑

随着互联网技术日新月异，美国在国家安全、经济发展和科技进步等方面对网络的依赖越发严重。目前，网络空间还处于无政府状态，缺乏中央权威。① 近几年来，美国政府和网络安全公司逐步发觉来自俄罗斯

---

① Ryan David Kiggins, US Leadership in Cyberspace: Transnational Cyber Security and Global Governance, in Jan-Frederik Kremer and Benedikt Muller Editors, Cyberspace and International Relations: Theory, Prospects and Challenges, Berlin: Springer, 2014, p163.

黑客的攻击明显增加。这些黑客的攻击目标包括政府、大型企业以及重要非政府组织的系统。如何应对俄罗斯黑客的挑战是美国政府必须面对的问题。美国联邦政府、国务院、国防部和国土安全部等机构采取了一系列措施来遏制俄罗斯黑客的攻击。这些措施有些已经取得成效，有些还待观察。鉴于多数高水平的网络攻击都可能与政府有关，美国和俄罗斯在网络空间的斗争将长期存在。

一　俄罗斯黑客成为美国的关注重点

根据美国国防部 2015 年发布的《网络战略》，美国面临的国家层面的网络安全威胁主要来自俄罗斯、中国、伊朗和朝鲜。基于对这些国家的网络行动能力和战略意图的判断，2015 年以前，美国认为中国是其在数字领域的最大威胁。但 2015 年以后，美国逐渐改变观点，认为俄罗斯是比中国更强大的对手。2015 年 2 月，美国国家情报总监詹姆斯·克拉帕（James R. Clapper）向参议院提交《美国情报界全球威胁评估报告》时说，"俄罗斯的网络威胁比我们之前评估的要严重"。该评估报告把高级网络攻击列为美国面临的最大国家安全威胁。报告称，对美国国家安全和经济安全的网络威胁在频率、规模、先进程度和后果严重性方面都在增强。[1] 美国政府官员称，俄罗斯黑客长期觊觎白宫、国务院、国防部非机密网络里的外交和政治资料，他们窃取了奥巴马的每日活动安排和通过国务院收发的非机密信函。俄罗斯黑客擅长研发网络间谍软件，某些与俄罗斯有关的恶意软件甚至能够渗透不经常联网的政府保密网络上的电脑。此外，美国在目前互联网治理机制中的优势地位也令俄罗斯心存不满。[2]

近年来，源自俄罗斯的黑客攻击愈发频繁，手段也不断更新。2015 年 6 月，时任美国国防部长阿什顿·卡特（Ashton Carter）说，

---

[1]　James R. Clapper, "Worldwide Threat Assessment of the US Intelligence Community," February 26, 2015, p. 1.

[2]　Julien Nocetti, "Contest and Conquest: Russia and Global internet Governance," *International Affairs*, Volume 91, No. 1 (January 2015), p. 117.

"今年早些时候俄罗斯黑客接近了非机密的国防部网络，近期对美国政府网络的大规模渗透要归罪于他们"。① 2015 年 7 月，由于遭到俄罗斯黑客精密的网络攻击，美国防部参谋长联席会议电子邮件系统被迫关闭近两周。大约有 4000 名为参联会服务的军人和文职人员的工作受到影响。② 美国怀疑是俄罗斯黑客通过钓鱼邮件获取了网络的进入许可。2016 年 2 月，美国参谋长联席会议（Joint Chiefs of Staff）主席约瑟夫·邓福德（Joseph F. Dunford, Jr.）在国会关于国防预算的听证会上提出，我们怀疑俄罗斯针对政府、学术机构和私人网络发动了一系列行动。俄罗斯有能力潜在地对美欧的关键网络设备和国家基础设施造成巨大的损害。③

俄罗斯是全球网络技术最先进的国家之一。俄国防部正在建立自己的网络司令部。该司令部将全面负责网络战事宜，包括攻击敌方司令部、控制系统和进行网络宣传活动。俄罗斯有较强的针对工业控制系统的渗透能力，可以对电网、交通管制系统和油气输送管网实施攻击。2015 年底的网络袭击造成乌克兰大面积停电。乌克兰官方公开指责俄罗斯发动攻击，也有美国官员认为俄罗斯参与了此事。④ 美国情报和国家安全官员非常重视乌克兰电网被攻击事件，他们认为这是全球首次对平民造成较大影响的网络战。网络安全公司泰亚环球公司（Taia Global）总裁、《网络战内幕》（Inside Cyber Warfare: Mapping the Cyber Underworld）一书作者杰弗里·卡尔（Jeffrey Carr）认为，中国在网络空间的威胁被放大了，

---

① Jamie Crawford, "Russians Hacked Pentagon Network, Carter Says," June 5, 2015, available at: http://edition. cnn. com/2015/04/23/politics/russian-hackers-pentagon-network/.

② Courtney Kube & Jim Miklaszewski, "Russian Cyber Attack Targets Pentagon Email Systems: Officials," August 7, 2015, available at: http://www. nbcnews. com/tech/security/cyberattack-pentagons-joint-staff-emails-take-system-offline-n405321.

③ Joseph Dunford, "Posture Statement of General Joseph Dunford Jr. Before the 114th Congress House Appropriations Committee Defense Subcommittee Budget Hearing," February 25, 2016, available at: http://docs. house. gov/meetings/AP/AP02/20160225/104483/HHRG - 114 - AP02 - Wstate-DunfordJ - 20160225. pdf, p. 6.

④ Evan Perez, "U. S. Official Blames Russia for Power Grid Attack in Ukraine," February 11, 2016, available at: http://www. cnn. com/2016/02/11/politics/ukraine-power-grid-attack-russia-us/.

而俄罗斯的威胁被低估了。① 从政治、情报、军事和制度威胁等方面看，源自中国的网络威胁被夸大了，而中国面临的威胁没有得到准确评估。② 俄罗斯黑客采用更加先进和更加秘密的攻击手段，在一定程度上破坏了美国的网络防御。

美国的政府机关一直是俄罗斯黑客关注重点。除了已渗入白宫和国务院的计算机系统外，俄罗斯黑客还进入了国家税务局的网络系统。2016 年 5 月，美国国税局指出，俄罗斯犯罪分子利用一个重要的网络漏洞，窃取了超过 10 万人的纳税申报资料。与俄罗斯有关的有组织犯罪集团利用获得的个人数据访问相关的纳税信息，企图申请 5000 万美元的欺诈性退税。在 2016 年 2 月至 5 月期间，俄罗斯黑客试图访问 20 万人的税收账户，其中大约一半的尝试取得成功。通过入侵，这些黑客获取了相关纳税人的社会安全号码和其他个人信息。由于国家税务局的网络安全防护能力有限，国土安全部和美国联邦调查局有可能参与相关调查取证工作。

俄罗斯黑客与 2016 年的美国大选产生了复杂的关系。2016 年 6 月，黑客攻入了美国民主党全国委员会的服务器，获取了唐纳德·特朗普的研究资料和一些通讯记录（包括电子邮件）。负责调查此事的网络安全公司克劳德司特莱克公司（CrowdStrike）认为，两家独立的俄罗斯黑客组织发动了这些攻击。其中，获取特朗普研究资料的被称为"奇特熊"，监视通信系统的则被称为"安逸熊"。安逸熊也是 2015 年攻入白宫、国务院、参谋长联席会议未加密服务器的那个黑客组织。民主党全国委员会主席舒尔茨（Debbie Wasserman Schultz）在一份声明中表示，"网络系统的安全对于我们的运营至关重要，也会直接影响竞选者和各州合作伙伴的信心。"克劳德司特莱克公司是美国著名的互联网安全公司，其擅长追踪先进的及持续的网络威胁。

2016 年 9 月，《纽约时报》等媒体报道了疑似俄罗斯黑客组织攻破世

---

① Doug Bernard, "Russia Plays Big Role in Cyber Spying, Hacking," November 17, 2014, available at: http://www.voanews.com/content/russia-plays-big-role-in-cyber-spying-hacking/2522915.html.

② Jon R. Lindsay, "The Impact of China on Cybersecurity: Fiction and Friction," *International Security*, Vol. 39, No. 3 (Winter 2014/15), p. 44.

界反兴奋剂机构（WADA）的数据库，大量运动员服用禁药的信息被泄露。尽管这次袭击不是针对美国政府、企业或组织，但由于其首先公布的是美国奥运代表队的服药情况，并且随后的曝光涉及很多美国运动员，客观上对美国的国际形象造成了负面影响。涉及服用禁药的运动员包括美国网球名将威廉姆斯姐妹、里约奥运会体操冠军西蒙·拜尔斯等。该黑客组织在发表的声明中称："在仔细研究侵入的世界反兴奋剂机构数据库后，我们查明，大量美国运动员的药检结果为阳性。里约奥运会的一些优胜者在获得以治疗目的用药的允许后定期服用禁药。换句话说，他们有服用禁药的许可。这再次证明了世界反兴奋剂机构与国际奥委会科学部的腐败和虚伪。"①

2016年的里约奥运会，由于兴奋剂事件俄罗斯代表团的田径队和举重队等被禁赛，运动员人数由原定的387人减至278人。随后的里约残奥会更是全面禁止俄罗斯运动员参加。俄罗斯认为，针对俄罗斯兴奋剂事件的调查带有强烈的政治色彩，是美国等西方国家在破坏俄的国际形象。随着代号为"梦幻熊"的黑客组织分批揭露服用禁药的运动员名单，世界反兴奋剂机构、国际奥委会、美国奥委会等都承受了很大的压力。国际奥委会主席巴赫曾请求俄罗斯政府解决此事，但未收到成效。俄罗斯政府发言人否认这次黑客攻击行为和俄政府有关。黑客组织泄露医疗档案资料事件不仅是体育竞技问题，而且是政治问题。它反映了俄罗斯对美国等西方国家的不满和反制。无论在体育赛场还是国际社会，公平、公正是所有国家的愿望。

二 美国的应对策略

针对源自俄罗斯的黑客攻击，美国政府采取了防范遏制加接触的策略。为了防范遏制俄罗斯黑客的网络攻击，美国采取了一系列措施。

首先，美国政府综合运用舆论和外交手段对源自俄罗斯的黑客攻击做出反应。在刚出现黑客干扰选举事件时，美国主要通过新闻媒体或网

---

① 郭剑：《"梦幻熊"黑客组织掀开世界反兴奋剂机构"隐私"盖子》，《中国青年报》2016年9月21日，第4版。

络科技公司的报告，披露有关俄罗斯黑客的攻击事件，给俄罗斯政府施加压力。当时白宫的表态还是相当谨慎。例如，2016 年 6 月，负责调查该起事件的网络安全公司克劳德司特莱克公司披露报告称，来自俄军事情报机构以及疑似俄罗斯联邦安全局的两组黑客分别参与了攻击。① 此后，俄罗斯总统新闻秘书德米特里·佩斯科夫否认俄罗斯与美国民主党全国委员会数据库被侵入有关。佩斯科夫表示："我完全排除俄罗斯政府或政府机构卷入该事件的可能性。"② 随着美国情报机构调查的深入，奥巴马政府对俄罗斯态度趋向强硬。2016 年底，奥巴马下令驱逐 35 名俄罗斯外交官，使两国关系趋冷。

除了舆论和外交手段，美国网络司令部的网军还对俄罗斯的网络实施了攻击。根据美国全国广播公司 2016 年 11 月初的报道，美国军方黑客已成功入侵俄罗斯的关键基础设施。报道指出，"如果美国认为有必要，将可使俄罗斯的基础设施网络系统无法招架美国秘密网络武器的攻击"。此后，俄罗斯外交部发言人扎哈罗娃在外交部官方网站上发表声明，要求美国政府对媒体曝光的五角大楼黑客入侵俄罗斯电网、通信网以及指挥系统一事做出解释。俄罗斯的官方表态侧面证明了美国网军的攻击。扎哈罗娃在针对这一攻击事件进行评论时说，"如果美国政府不发表官方回应，这意味着美国存在国家网络恐怖主义"。

其次，美国加强技术手段防范俄罗斯黑客的攻击。2015 年 4 月，国防部长卡特提到，2015 年初，国防部的网络保护传感器检测到俄罗斯黑客利用漏洞进入了美军的一个网络，网军的应变团队迅速将他们赶了出去。③ 相比之下，2014 年 10 月，据信是俄罗斯黑客入侵了白宫和国务院

---

① Ellen Nakashima, "Russian Government Hackers Penetrated DNC, Stole Opposition Research on Trump," *The Washingtong Post*, June 14, 2016, available at: https://www.washingtonpost.com/world/national-security/russian-government-hackers-penetrated-dnc-stole-opposition-research-on-trump/2016/06/14/cf006cb4 – 316e – 11e6 – 8ff7 – 7b6c1998b7a0_ story. html.

② Andrew Roth, "Russia Denies DNC Hack and Says Maybe Someone 'Forgot the Password'," *The Washingtong Post*, June 15, 2016, available at: https://www.washingtonpost.com/news/world-views/wp/2016/06/15/russias-unusual-response-to-charges-it-hacked-research-on-trump/.

③ David E. Sanger, "Pentagon Announces New Strategy for Cyberwarfare," *The New York Times*, April 23, 2015, available at: http://www.nytimes.com/2015/04/24/us/politics/pentagon-announces-new-cyberwarfare-strategy. html?_ r = 0.

网站，当时美国政府的反应要慢很多。由此可见，美国政府提高了针对俄罗斯黑客的入侵检测技术和入侵响应技术，相应的漏洞扫描技术也在改善。此外，美国还通过吸引俄罗斯的人才来促进美国网络安全技术的发展。美国政府在全世界招募黑客来对付网络袭击，帮助研发保护政府机构的安全系统。俄罗斯黑客是招募的重点对象。

2015 年 2 月，据路透社报道，美国国家安全局开发了可以隐藏在硬盘驱动器中的间谍软件，西部数据（Western Digital）、希捷（Seagate）和东芝等公司的产品都被涉及。该间谍软件感染的电脑主要位于伊朗和俄罗斯等国，监控目标包括政府、军事机构和电信公司等。① 俄罗斯的卡巴斯基实验室表示，美国国安局利用这种技术可以窃听世界大多数的电脑。据路透社报道，一位前美国国家安全局员工认为卡巴斯基实验室的分析是正确的。另一位前情报人员证实，美国国家安全局开发了隐藏在硬盘驱动器的间谍技术，但他表示不知道基于这种软件美国安局进行了哪些间谍活动。卡巴斯基实验室还发布了该技术的细节，该间谍软件将恶意代码存储在硬盘固件中，每次启动计算机时该代码都会自动执行。卡巴斯基的深入分析表明这种恶意软件可以工作在十几家公司的硬盘上，基本上覆盖了整个硬盘市场。其中包括西部数据公司、希捷科技、东芝公司、IBM、美光科技公司和三星电子有限公司等。

美国还通过和盟国的技术合作，提升破解俄罗斯等国安全软件的能力。2015 年 6 月，由爱德华·斯诺登披露的最新文件显示，目前美国国家安全局（NSA）和英国政府通信总部（GCHQ）已经对多款主流的安全防护软件展开了全面的破解，用以追踪用户和渗透网络。其中，包括知名的卡巴斯基实验室（Kaspersky Lab）、芬安全公司（F-Secure）等企业的安全软件。根据文件显示，这些网络安全公司都已成为美英两大情报机构获取情报的攻击目标。他们通过所谓的"软件反向工程"技术破解了这些安全软件，从而对其加以分析和利用。英国政府通信总部的绝密文件披露了这一措施背后的动机："俄罗斯杀毒软件卡巴斯基等个人安全产品，仍然对英国政府通信总部的网络破解能力构成了挑战。如果要破

---

① Joseph Menn, "Russian Researchers Expose Breakthrough U. S. Spying Program," February 16, 2015, available at: http://www.reuters.com/article/us-usa-cyberspying-idUSKBN0LK1QV20150216.

解这些软件，并避免我们的活动被人发现，软件反向工程就是至关重要的。"而据 2010 年披露的一份名为《拱形数据项目》的文件，这两家情报机构可能正在收集网络安全公司的员工发送的电子邮件，希望以此更好地应对威胁。文件还显示，美国国家安全局截取了从用户电脑发送到卡巴斯基服务器的数据，通过分析一些敏感用户信息来评估和追踪用户的活动。

最后，通过法律手段对黑客施加压力。2015 年 2 月，美国联邦调查局对俄罗斯黑客叶夫根尼·伯根切夫（Evgeniy Bogachev）发布通缉令。通缉令指出叶夫根尼犯盗窃身份信息、计算机欺诈、电信诈骗及洗钱等多项罪名。① 2017 年 3 月，美国司法部下达起诉书，指控四名俄罗斯黑客入侵雅虎公司内部网络并破坏雅虎用户账户。该次入侵事件共涉及约 10 亿个账户，由于当时正值威瑞森公司（Verizon）对雅虎进行收购，最终导致雅虎的收购价格低至 2.5 亿美元。鉴于某些美国的通缉对象或起诉者在俄罗斯，美国的司法手段一定程度上是希望促使俄罗斯政府约束俄国境内的黑客活动。联邦调查局网络犯罪部门主管约瑟夫·德马雷斯特（Joseph Demarest）称，该机构认为 60% 的网络黑客组织都与政府有关。② 美国希望俄罗斯黑客们意识到，无论其是否与俄罗斯政府有关，其在数字空间的行为是被美国严密监控的。俄国黑客自认为高超的技术手段并不能逃脱美国的控制。此次发布的通缉令也是威慑手段，意图迫使俄罗斯黑客在未来的行动中有所收敛。

除了防范遏制，美国还对俄罗斯采取接触合作的策略。2015 年 7 月，联合国国际信息安全政府专家小组就信息空间的行动准则达成协议。该专家小组包括俄罗斯、美国和中国等 20 个国家的代表。美国代表米歇尔·马尔科夫（Michele G. Markoff）表现出很强的灵活性，充分考虑了俄罗斯的关切，为协议顺利出台奠定了基础。2016 年 4 月，美国和俄罗斯的官员在日内瓦举行网络安全会议。双方希望通过交流避免因误判而导

---

① Federal Bureau of Investigation, "Wanted by FBI: Evgeniy Mikhaylovich Bogachev," available at: https://www.fbi.gov/wanted/cyber/evgeniy-mikhailovich-bogachev.

② Mark Hosenball, "U.S. Offers Highest-ever Reward for Russian Hacker," February 24, 2015, available at: http://www.reuters.com/article/us-usa-cyberattack-russian-idUSKBN0LS2CY20150224.

致网络战爆发。与会的美方官员来自白宫、国务院、联邦调查局等部门。
美俄在日内瓦会议上重新审查了 2013 年两国签订的网络安全协议。① 鉴
于黑客攻击有时会通过僵尸网络发起,从而难以判断真正的攻击来源。
美俄双方希望保持网络安全应急热线畅通,以便在网络危机发生时能够
及时沟通。尽管日内瓦磋商并不意味着美俄网络安全工作组的恢复,但
它对两国在网络空间建立互信有积极意义。

三 未来美俄在网络空间的政策走向

在数字时代,政府部门和私营企业的网络系统都存在脆弱性。美国
对网络空间的高度依赖与网络安全保障能力的不足形成鲜明对比。由于
意识形态、价值观等方面差异较大,美国和俄罗斯对网络安全的理念有
不同的理解。在虚拟世界里,未来美俄两国的政策重点会有所不同,双
方既斗争又合作的态势会维持下去。

(一) 美国继续强化网络威慑能力

对俄罗斯黑客进行网络威慑一直是美国相关部门的工作重点。近年
来,美国对网络威慑的认识有了一些新变化。此前,美国学界、企业界
的认识有些悲观,认为网络威慑难以实现,其主要障碍是归因问题。有
网络专家团队曾认为试图归因网络攻击的源头是徒劳的。② 如果进行网络
报复攻击,"必须要确认是谁发起了攻击"。③ 如果连谁发动了攻击都无法
确定,那还何谈进行报复或威慑。但近两年来,美国各界逐渐认为随着
归因问题变得相对容易,网络威慑的可操作性在不断提高。作为归因的

---

① Evan Perez, "First on CNN: U. S. and Russia Meet on Cybersecurity," April 18, 2016, a-
vailable at: http: //edition. cnn. com/2016/04/17/politics/us-russia-meet-on-cybersecurity/index. ht-
ml.

② Richard A. Clarke and Robert K. Knake, *Cyber War: The Next Threat to National Security and
What to Do About It* (New York: HarperCollins, 2010), p. 132.

③ David D. Clark & Susan Landau, "Untangling Attribution," in Committee on Deterring Cyberat-
tacks & National Research Council, ed., *Proceedings of a Workshop on Deterring Cyber-Attacks: Infor-
ming Strategies and Developing Options for U. S. Policy* (Washington D. C.: National Academies Press,
2010), p. 25.

基础，挖掘技术证据至关重要。鉴于网络攻击指标来源于广泛的自动扫描和计算机反常行为的报告，近年来对该指标的研究进步有助于调查恶意网络行为的源头。此外，确认目标可以揭示网络入侵类型。入侵者的生活方式、恶意软件中的语言、反取证手段等都能为归因提供线索。某些情况下，只要网络入侵者犯了一个错误，网络安全工程师就可能利用这个线索分析取证并找到始作俑者。更好的入侵侦查系统会实时识别出网络攻击，适应性更强的网络会提升攻击行为的成本并确认影响较大的攻击来源，更多的执法合作增加了国家间的间谍活动的政治成本并使这些活动难于隐藏。[①] 通过把这些技术、非技术及地缘政治方面的信息相综合，恶意网络行为的溯源有了一定进步。此外，斯诺登泄露的文件侧面展示了美国强大的网络渗透和攻击能力。这会让潜在对手意识到美国拥有毁灭性的报复能力。

美国国防部是落实威慑行动的主要机构。为了应对数字空间的新挑战，2015 年 4 月，美国国防部颁布了新的《网络战略》。[②] 新战略提出要强化网络威慑力量建设，强调归因对威慑的重要性，称有必要保持与情报机构及私营公司的合作来追溯网络攻击源头。新战略强调利用国际盟友和伙伴来防御和威慑网络攻击，特别提到中东、亚太和关键北约盟国是合作的重点。为了支持国防部的网络空间攻防能力和网络战略，2017 财年美国国防部的预算是 67 亿美元，比 2016 财年增长了 9 亿美元。[③] 2016 年 3 月，美国媒体报道国防部计划在 2017 年至 2021 年的五年内斥资 347 亿美元，以加强网络安全。该五年预算计划显示，其在进攻性网络能力、战略威慑以及防御性网络安全方面的投资将日益增加。这份预算计划将向国防部下属的美国网络司令部、网络任务部队提供资金支持，

---

① Thomas Rid and Ben Buchanan, "Attributing Cyber Attacks," *The Journal of Strategic Studies*, Vol. 38, Nos. 1 ~ 2, 2015, p. 32.

② The Department of Defense, "Cyber Strategy," April 2015, available at: http: //www. defense. gov/Portals/1/features/2015/0415_ cyber-strategy/Final_ 2015_ DoD_ CYBER_ STRATEGY_ for_ web. pdf.

③ Department of Defense, "Overview: FY 2017 Defense Budget," Feburary 9, 2016, available at: http: //comptroller. defense. gov/Portals/45/Documents/defbudget/fy2017/FY2017_ Budget_ Request_ Overview_ Book. pdf.

在必要时协助战区指挥官开展攻防行动。① 作为长期计划，美军力图开发进攻性网络能力来支持军事行动并为领导层提供反应和威慑的更多选项。除了军事部门，美国也利用经济、外交和司法等部门开展网络威慑活动，维护自己的国家利益。

针对俄罗斯，美国在未来将通过不同方式来实现在网络空间的威慑。首先，美国会通过拒止威慑迫使俄罗斯黑客减少采取恶意网络行为的动机。美国相信其目前的网络取证能力可以成功识别攻击者并对他们进行惩罚，美国也认为拒止威慑是可以实现的。② 为了实现拒止威慑，美国需要提高网络空间防御能力。美国要建立可以从网络攻击、网络破坏等活动中迅速恢复的弹性（resilient）系统，这会使威慑更加可信。其次，美国希望通过增加攻击成本的方式进行威慑。对那些发动网络攻击或采取恶意网络行为的俄罗斯黑客，美国将采取一些行动来使对手受到惩罚并增加其攻击的成本。这些措施包括，执法措施、制裁恶意网络行为者、进攻或防御性的网络行为及使用武力等。美国政府既有能力也有意愿采取各种手段应对网络攻击，这些方式将给对手造成经济、物理或者名誉上的损害。通过有针对性地运用这些手段增加对手获得预期收益的不确定性，使其为避免增加成本和招致不良后果而放弃恶意网络行为。

（二）俄罗斯提升在网络空间的攻击力

近年来，俄罗斯不断强化网络安全建设，不仅是为了应对数字空间潜在的威胁，而且要抢占数字领域这一战略高地。2013 年 7 月，普京强调，"信息攻击已经被用来完成军事和政治任务，它的杀伤力可能超过常规武器。"在普京的关注下，俄罗斯的网络部队建设进展较快。2012 年 11 月，谢尔盖·绍伊古就任俄罗斯国防部长后，积极推动俄罗斯网络部队的建设。俄军方希望自己的网军能在未来的网络战中冲锋陷阵。2013

---

① Anthony Capaccio, "Pentagon Seeks $35 Billion to Beef Up Cybersecurity Over 5 Years," March 1, 2016, available at: http://www.bloomberg.com/news/articles/2016 – 02 – 29/pentagon-seeks – 35 – billion-to-beef-up-cybersecurity-over – 5 – years.

② Henry Farrell, "What's New in the U. S. Cyber Strategy," *The Washington Post*, April 24, 2015, available at: https://www.washingtonpost.com/blogs/monkey-cage/wp/2015/04/24/whats-new-in-the-u-s-cyber-strategy/.

年初，绍伊古要求总参谋部在年底前完成建立陆军网络司令部的计划。绍伊古还宣布招聘年轻的程序员加入国防部新成立的科研中队，该中队属于俄军部队。他在与工程类大学和信息安全部门领导人座谈时说，"成立科研中队的前提条件是由军队今后 5 年所需的软件规模决定的。"① 除了企业、高校和研究机构，俄罗斯国防部还从黑客犯罪分子中招募成员。一般来说，在数字空间活跃的黑客有着较强的网络攻防能力，他们的经验是俄网军需要的。

俄罗斯军队在军用加密互联网的建设方面取得较大进步。2016 年底，俄罗斯已经为本国军队打造了一个独立的加密互联网。俄军称之为"封闭数据传输区域"，该网络已经在 2016 年的叙利亚战场中投入实战。俄军的"封闭数据传输区域"类似于美军的加密互联网。在加密互联网中，所有流量都经过加密，可以传输绝密内容。美国国家安全局前承包商雇员爱德华·斯诺登拥有进入美军加密互联网的权限，因此他能够获取大量美军的高密级资料。俄罗斯军方利用从斯诺登那里获取的关于加密互联网的漏洞，为自己的"封闭数据传输区域"设置了大量的额外安全措施。俄罗斯部队的"封闭数据传输区域"在叙利亚战区使用的一年多时间里保持了一定的稳定性。作为美国网络部队的主要关注对象，俄罗斯的加密网络还是经受住了考验。

在现代军事战略中，使关键目标处于危险之中很重要。这些关键目标不仅包括军事设施，也包括重要的民用基础设施，如电站、机场和电视台等。在敌对状态或其他意外情况发生时，一方有能力摧毁或破坏关键目标。这种打击可以通过破坏对方的行动能力来实现，也可以通过增加对手的成本来实现。在传统的军事冲突中，使目标处于危险中的打击计划并不需要对每一个目标都进行长时间的准备。因为巡航导弹和空中打击能够快速地锁定目标并发动攻击。然而，在网络行动中，情况就大相径庭。对网络目标系统的数字进入需要时间，为了掩人耳目，不同目标系统需要量身定制不同的程序。希望定制攻击能力的国家经常需要提早发动入侵活动。

---

① 美媒：《俄罗斯高官招募黑客成立"网络军"?》，2016 年 11 月 10 日，参见：http：//www. chinaru. info/News/shizhengyaowen/44832. shtml。

通过多年的努力，俄罗斯网军不断提升自己控制对手关键目标的能力。2015 年 9 月，美国国安局局长罗杰斯在说，"一般地，包括俄罗斯在内的高水平的对手会花费很多时间和精力来进入从美国的电力系统到其他关键基础设施的网络……目的就是使自己有更多的选项，如果他们想暗中做什么事的话。"① 在 2015 年 4 月 8 日，黑客攻入了法国电视国际五台网络中不公开的关键部分。攻击目标包括电子邮件、行政系统以及关键硬件。该台的技术人员花费了超过一天时间才恢复所有的服务。攻击者自称是效忠"伊斯兰国"的黑客组织。② 然而，调查结果最后认定攻击源自俄罗斯黑客组织 APT 28。攻击使用了高度针对性的恶意程序设计去摧毁电视台的系统。③ 做出这样的误导，潜在的动机可能是检测我们的网络能力或评估西方情报机构的能力。④ 此外，根据媒体的报道，俄网军为了测试自己的网络行动能力还在东欧发动了一系列攻击。这些黑客行动为将来与美国网军展开网络战积累了经验。

（三）美俄在互联网治理方面的互动

是否承认网络主权在全球互联网治理中意义重大。俄罗斯坚持捍卫网络主权，使得美国等西方国家从否认网络主权到逐步承认该项权利。网络主权指主权国家独立、自主进行互联网内部治理和对外合作的资格、能力和权力。它是传统的、现实意义上的主权在网络空间的自然延伸与投射。俄罗斯一直倡导网络主权的存在，而美国在 2013 年以前并不赞同这一概念。在奥巴马第一任期，美国认为访问自由而开放的互联网本质上是一项人权，维护互联网的基本自由就是要保持其不分国界的搜索、接受以及传递信息和思想的能力。互联网传播的信息要符合西方的意识形态和价值观。2010 年，时任国务卿的希拉里曾说，美国支持全人类都

---

① Damian Paletta, "NSA Chief Says Cyberattack at Pentagon Was Sophisticated, Persistent," Wall Street Journal, September 8, 2015.

② 齐鲁晚报，法国国际电视五台遭 IS 黑客入侵，2015 年 4 月 11 日，参见：http://sjb. qlwb. com. cn/qlwb/content/20150411/ArticelA16007FM. htm。

③ 法国电视台差点遭俄罗斯黑客毁灭，2016 年 10 月 10 日，参见：http://m. cnbeta. com/view/546751. htm。

④ Gordon Corera, "How France's TV5 Was Almost Destroyed by 'Russian Hackers'", October 10, 2016, available at: http://www. bbc. com/news/technology – 37590375。

拥有获取知识和思想的平等权利的单一互联网。① 美国把网络活动纳入了言论自由的范畴，并要保护这些所谓"处于 21 世纪数字前沿的自由"。据布鲁金斯学会估计，美国国务院在 2008 到 2012 年间为促进所谓的"互联网自由"花费近 1 亿美元。②

　　俄罗斯认为，网络空间不是无限开放的，各国在自己的疆域内拥有主权。各国拥有平等的网络空间治理权利，政府可以制定自己的网络使用标准，并阻止境外信息的自由流入。中国、哈萨克斯坦等国也认同俄罗斯的主张。在国际社会的压力下，美国的态度发生转变。奥巴马政府在 2013 和 2015 年先后两次承认，主权概念适用于网络空间治理。承认网络主权概念可以将全球网络安全的议题纳入到现有的多边框架体系内。如果继续否认这一概念，就无法促使各国对自身的行为负责。只有负责任的国家行为才是网络安全的最佳保障。美国对网络主权的认同为美俄两国在网络空间治理方面的合作打下一定的基础。

　　鉴于美国在推动全球互联网治理方面行动谨慎，美俄合作仍存在变数。作为全球性基础设施，互联网的发展促进了数码产品和服务的增长，数字化经济的崛起成为大势所趋。在国际互联网治理领域存在所谓的两大阵营，一个是美欧阵营，包括美欧等西方国家；另一个是新兴国家阵营，包括俄罗斯、中国、巴西等新兴国家。新兴国家阵营一直要求互联网治理的公平和公正，反对美国或美欧阵营的单边控制。面对俄罗斯、中国等国的压力，美国在互联网治理方面有所让步，表现出一定灵活性。

　　2014 年 3 月 14 日，美国商务部下属的国家电信和信息管理局（NTIA）宣布将在 2015 年停止管理互联网名称和数字地址分配机构（ICANN）。③ 然而，直到 2016 年 10 月，美国政府才真正完成交接。放权

---

　　①　Hillary Rodham Clinton, Remarks on Internet Freedom, Washington, DC, January 21, 2010, available at: http: //www. state. gov/secretary/20092013clinton/rm/2010/01/135519. htm.

　　②　Fergus Hanson, Internet Freedom: The Role of the U. S. State Department, October 25, 2012, available at: http: //www. brookings. edu/research/reports/2012/10/25 - ediplomacy-hanson-internet-freedom.

　　③　National Telecommunications and Information Administration, NTIA Announces Intent to Transition Key Internet Domain Name Functions, Washington, March 14, 2014, available at: http: //www. ntia. doc. gov/press-release/2014/ntia-announces-intent-transition-key-internet-domain-name-functions.

后，美国对域名管理的行政干预能力受到削弱，"多利益攸关模式"将发挥主要作用。综合来看，美国不愿在互联网治理方面过多放权，只有在受到较大压力时它才会有所动作。美国认为，由于各国在公民隐私、知识产权和数据保护等方面的政策和法规差距较大，会损害网络空间的互通性，不利于数字经济的发展。如果不同国家能以公正和互惠的方式行使网络主权，协调各自的网络行动原则和标准，才能充分发挥互联网的创新潜力和商业价值。

未来，如何规范网络空间行动是美俄两国协调互联网治理的重点。从各自的国家利益出发，美国和俄罗斯制定的网络治理规则差距较大，且常常相互冲突。这种规则上的不一致会影响数据的跨界流动，降低创新的效率，对商业活动造成负面影响。斯诺登事件后，俄罗斯加强了对本国及外国互联网企业的监管。俄政府要求外国互联网企业的服务器要设置在俄境内，相关的数据也要保存在俄境内。这些措施有利于俄罗斯保护国家安全和公民隐私，也有利于提高执法效力。但从美国的视角看，自由联通的全球网络空间能带来大量商业机会，大幅度提高商业效率，俄罗斯严格的互联网治理措施不利于经济发展。近年来，受乌克兰危机、叙利亚内战及美国大选中的黑客袭击等问题的影响，美俄两国关系持续紧张。两国内部都有冷战思维的残余，导致战略互信减弱。目前看，美国和俄罗斯在机制、战略互信和价值观等方面存在差距，未来双方在网络空间的标准和规则上达成妥协难度较大。两国只有在物理世界做到增信释疑，才能在虚拟世界更好的协调合作。

结　语

在网络空间，美国和俄罗斯都是有影响力的大国。近年来，源自俄罗斯的黑客袭击给美国造成了较大的压力。事实说明，"美国是最容易受到网络攻击的国家"。[①] 2016 年的美国大选由于黑客攻击和不断泄露的民主党丑闻而与众不同。美国政府通过在外交上给俄罗斯施加压力、加强数字技术攻防能力及提起法律诉讼等手段对源自俄罗斯的黑客攻击进行

---

① James Adams, "Virtual Defense," *Foreign Affairs*, Vol. 80, No. 3（May/June 2001）, p. 98.

了反击。俄罗斯始终驳斥美方的指责并表示要对美国的制裁实施报复。俄认为奥巴马政府的举措是为了打击未来美国政府的外交计划，使新总统在上任之初就陷于不利的国际关系中。除了遏制俄罗斯的数字攻击，美国也与俄政府进行接触，避免双方在发生网络危机时产生误判。美国的应对策略收到一些成效。可以说，美俄两国在网络空间的摩擦是双方在现实世界双边关系的写照。同时，双方在网络空间的互动也会对两国关系产生积极或消极的影响。

　　未来，美国和俄罗斯在网络空间政策都会有调整，双方的战略重点会有所不同。凭借在数字领域的基础设施、技术和人才等优势，美国将继续强化网络威慑能力。凭借在网络领域的雄厚技术基础和丰富实战经验，俄罗斯将强化自己的网络攻击力。随着美国对互联网名称和数字地址分配机构的放权，美国在互联网的全球治理方面展示了一定的灵活性。2017 年 1 月，共和党总统唐纳德·特朗普上任后，对奥巴马的外交政策进行了大幅度的调整。特朗普有意缓解近年来处于低谷的美俄关系。同时，俄罗斯也对与美国新政府的合作态度反应积极。美俄外交关系的好转将缓和两国在网络空间的敌对状态，减少黑客攻击事件的发生。然而，鉴于美国和俄罗斯在价值观、国家安全利益以及网络行为规范等方面的差距较大，双方在数字空间的博弈会长期持续下去。

（李恒阳：中国社会科学院美国研究所助理研究员）

美国与"全球公域"资源开发

沈　鹏

【内容提要】"全球公域"中所蕴藏的资源丰富，经济价值可观。第二次世界大战后世界各国对各类"全球公域"资源的利益博弈未曾间断。美国依靠其先进的科技水平和强大的经济实力，比其他国家更有可能深入探索"全球公域"，发现其中的资源。资源开发问题与主权问题、安全问题、环境保护问题常常纠缠在一起。在这种情况下，美国政府需要平衡多种国家利益。在国际社会为任何一种"全球公域"资源开发问题进行制度设计的时候，美国都在发挥其影响力，力图使国际制度向自己期望的方向发展。

【关键词】美国外交　全球公域　资源开发　国际制度

"全球公域"资源开发问题虽然自古就存在，但它主要是在第二次世界大战之后的几十年间逐渐引起国际社会的高度关注。而二战后的时代正是美国作为世界头号强国，发挥其政治、经济、军事和文化影响力和领导力的时代，也是人类知识、技术、国际制度和国际法大发展的时代。美国所面临的国际环境和竞争对手在不断变化，但美国作为国际政治和国际制度主导力量的状态却持续至今。它自始至终地积极参与了涉及"全球公域"资源开发事务的国际政治过程。美国的外交政策强烈地影响了"全球公域"资源开发事务的国际政治图景，美国的行为经常对某一区域问题的争端与政治走向起着至关重要的作用。"全球公域"事务不限于资源开发问题，但如何处理"全球公域"所涉及的主权争端和资源开发问题却是国际社会面临的最基础的问题之一。本文将探讨美国对"全球公域"资源开发的兴趣和技术背景，然后分析影响美国"全球公域"资源开发政策的基本政策考量，并考察美国对"全球公域"资源开发制度的影响。

一 "全球公域"资源开发问题

"全球公域"（global commons），又被译为"全球公地"。联合国机构把"全球公域"界定为"处于国家管辖之外的资源或区域"。[①] 英国学者约翰·沃格勒（John Vogler）认为"全球公域"指"没有或因其本性不能处于主权管辖之下的区域或资源。"[②]

但"全球公域"究竟应包括哪些组成部分还存在不小争议。例如，有的学者认为，互联网应被纳入"全球公域"，而另一些学者则认为，互联网中的信息资源虽然全球共享，但从技术上讲，网络实际是由主权国家或某些利益集团运营管理，并非没有主权管辖。中国、俄罗斯与西方国家之间也尚未达成共识。[③] 有的时候把什么纳入"全球公域"的范畴涉及国家利益之争。对于主权国家管辖范围内的环境资源能否被看作"全球公域"也存在较大分歧。有些国际环境法研究者们认为位于主权国家之内，对全球环境至关重要的那部分自然环境，如热带雨林、濒危物种等关乎全人类的利益，应当视为"全球公域"。但有的学者就认为，"全球公域"是指国家管辖范围之外的环境资源，那些影响世界环境的国内资源不应被认为是"全球公域"的一部分。[④]

总的来看，对于主权国家管辖以外的海洋、极地、空域、太空属于

---

① 参见联合国环境规划署网站：http://www.unep.org/delc/GlobalCommons/tabid/54404/；联合国统计司（UNSD）网站：http://unstats.un.org/unsd/environmentgl/gesform.asp? getitem = 573。

② John Vogler, *The Global Commons: A Regime Analysis* (Chichester: John Wiley and Sons, 1995), p. 1.

③ 杨剑：《美国"网络空间全球公域说"的语境矛盾及其本质》，《国际观察》2013 年第 1 期。

④ 唐双娥：《保护"全球公域"的法律问题》，《生态经济》2002 年第 8 期，第 71—72 页。

"全球公域"基本上是没有争议的。虽然国际社会关于太空起始界限的划分标准尚无定论，而沿海国家 200 海里以外大陆架划界工作仍在进行之中，海洋公域的确切界限也没有最终确定。但这并不影响对"全球公域"范围的基本认定。

"全球公域"中所蕴藏的资源丰富，与全人类的生存发展与根本福祉紧密相连，能够为人类带来巨大的社会经济利益，并具有重要的战略意义。本文初步将"全球公域"资源归纳为以下几类：南极的煤、铁和石油等矿产资源、淡水资源、生物资源；北极部分地区[①]的石油、天然气、矿物资源；公海的生物资源；国际海底区域[②]的结核矿资源；外层空间的矿藏、氦－3 物质、地球卫星轨道和无线频率资源等。

有些目前看来非常丰富不会引起激烈国际争夺的资源暂时不是主要关注的对象，例如阳光、大气、海水、风等自然资源。这些自然资源的流动目前并不受国家主权控制，也未引起国家间的激烈争夺。但应该指出的是，目前没有引起激烈争夺的"全球公域"资源不代表着未来一定不会成为稀缺资源，而且"全球公域"的边界一直在扩大中，有可能随着人类的科技进步还会出现新的稀缺资源，这些都是值得关注的。

虽然目前国际社会对"全球公域"资源问题和环保问题都达成了一些共识，但实际上第二次世界大战后世界各国对各类"全球公域"资源的利益博弈未曾间断，有时还异常激烈。现在已经被列为"全球公域"的某些区域在几十年前并不是不可以被国家占有的。对"全球公域"中的区域和资源进行占有和分割，曾一直是一种主要的对资源分配和管理的方式，例如《联合国海洋法公约》对沿海国专属经济区规则的制定。[③] 在这个占有和分割的过程中，不可避免地会伴随着国际的利益争夺。"全球公域"资源问题的突出特点是在相当多的情况

---

① 　与南极不同，北极包括整个北冰洋以及加拿大、俄罗斯、美国、格陵兰岛（丹麦领土）、挪威、瑞典、芬兰和冰岛八个国家的部分地区。除了上述这些国家的领土外，北极地区剩余的部分属于"全球公域"。

② 　国际海底区域指国家管辖范围以外的海床和洋底及其底土，是 1982 年《联合国海洋法公约》设立的一个概念。

③ 　Per Magnus Wijkman, "Managing the Global Commons," p. 512.

下体现出 "对抗性"，即指一个单位的某种物品只能被一个个体来享用或消费，当出现两个或两个以上的个体要求共同享用或消费这类物品的时候，有关这种物品的使用和消费就会发生 "零和" 的竞争和对抗状态。①

具体而言，大陆架自从 1945 年美国总统杜鲁门发布《杜鲁门宣言》之后已被世界各国圈占完毕；南极和北极地区已有多个国家提出主权要求；国际海底区域和外层空间虽然没有任何国家提出主权要求，并且有关国际公约已禁止国家提出主权要求，但国际海底区域和外层空间蕴藏的资源仍有可能被一些主体以排他性的方式占有，这些主体可能不是国家而已。国际电信联盟在分配无线电频率和卫星轨道方面曾长期奉行先到先得传统，这导致发达国家获得了大部分优质无线电频率和卫星轨道资源。而公海渔业资源则具有非常典型的 "共有资源"（common resources）特征。在延续几百年的公海捕鱼自由原则的庇护下，各国都极力索取公海资源。由于这种恶性竞争，世界各国不得不寻求有效的管理规则，避免资源利用冲突和防止或解决上述的资源过度利用问题。此外，伴随着科技的发展，在 "全球公域" 也许还会出现新的或以往人们不曾关注过的资源问题，一旦这类资源并非取之不尽、用之不竭，则有可能引起新的纷争。

从国际法和国际政治互动的角度来看，"全球公域" 是一种特殊的国际法领域，相关法律制定几乎都是在第二次世界大战后才得到极大发展。这意味着，国际法与国际政治的互相影响还十分剧烈。其中 "全球公域" 本身所具有的价值以及其所蕴藏的资源是导致国际政治因素仍然十分强大的原因。而政治的核心问题就是利益分配问题。②当然，与 "全球公域" 相关的事务不仅是资源利益的博弈，还涉及许多其他事务。环境保护问题也随着时代的变化而成为资源开发问题中

---

① 关于国际物品的分类主要根据巴里·休斯的划分方法。与 "对抗性" 相对的是 "非对抗性"。此外还有 "排他性" 和 "非排他性" 的划分。参见 Barry B. Hughes, *Continuity and Change in World Politics: The Clash of Perspectives* (New York: Prentice-Hall, 1991), pp. 251 – 255。

② 关于政治的一种解释是 "政治就是谁得到什么，何时和如何得到"。参见 Harold D. Lasswell and Abraham Kaplan, *Power and Society* (New Haven, Conn.: Yale University Press, 1986)。

难以回避的问题。但世界各国能否在"全球公域"主权归属、资源开发等问题上达成一致将在很大程度上决定围绕着这些区域的利益博弈是否会导致国际冲突。

二 美国对"全球公域"资源的探索：兴趣与技术

"全球公域"资源开发问题主要是在二战后才开始进入国际政治的视野。而美国的实力地位恰好是在二战后达到顶峰。对于美国而言，"全球公域"那种人迹罕至的原始状态，有着一种类似"边疆"的特征，对美国人有着独特的吸引力。美国人有着浓厚的"边疆"情结。"边疆"概念可追溯到1893年弗雷德里克·特纳（Frederick J. Turner）提出的边疆假说。[①] 在美国就是指存在着广大的"自由土地"的西部。人们逐渐把"移动的边疆"视为美国历史。随着美国陆地边疆开发完毕，美国人开始关注越来越多的"新边疆"。美国的历史就是不断拓展边疆的历史。从大西洋西岸向太平洋东岸的移动，从北美大陆向海外，进而向地球各个角落的延伸，再从地球表面向外层空间延伸。在2013年5月发布的《美国北极地区战略》中，美国总统贝拉克·奥巴马开篇即说道："北极是我们这个星球仅存的最后的伟大边疆之一。由于意识到北极蕴藏着众多经济机会，并且这片独特、宝贵并不断变化的区域亟须保护，我们的开拓精神自然而然地被其吸引。"[②]

然而，要前往探索"全球公域"这种自然环境极为严酷的区域，必须具备相当强大的经济实力和科技水平。因此，美国与"全球公域"资源开发问题的关联首先体现在：通过自己世界领先的科技水平和经济实力，比其他国家更有可能深入探索"全球公域"，发现其中的资源。美国在探索"全球公域"方面也走在世界前列。

---

① Frederick Jackson Turner, *The Frontier in American History* (New York: Henry Holt And Company, 1921), pp. 1 – 38.

② *National Strategy for the Arctic Region*, May 2013, Preface, available at: https://www.whitehouse. gov/sites/default/files/docs/nat_ arctic_ strategy. pdf.

在海洋公域方面，美国一直以来都是一个非常重视海权的国家。① 美国对海洋生物资源的需求方面很旺盛，渔业技术也一直相当先进。美国很早就意识到海洋生物资源枯竭的威胁和养护的重要意义。第二次世界大战以后，大型捕捞加工船、新型网具材料、探测鱼群技术和渔获制冷技术的应用和发展，使渔船可以到外海甚至远洋生产。逐渐地，一些主要的传统经济鱼类资源出现了明显的衰退。美国又加大了渔业资源保护的投入。美国的海洋科研力量雄厚，科研设备先进。科研领域极为广阔，具有很强的针对性和超前性。主要研究水质、鱼类资源种群结构、渔业环境生态学等。

在大陆架资源开发方面，20 世纪美国石油工业的发展使开发大陆架石油资源变得非常迫切。1937 年，美国公司就在墨西哥湾内发现了石油。在 20 世纪 40 年代，美国的技术能力已经提高到开采离岸 3 海里以外，水深超过 4.5 米的石油资源了。正是这种需求的刺激促使美国在 1945 年首先对大陆架资源提出诉求。当今，美国海洋石油技术装备水平世界领先，占世界海洋石油钻采设备比例 70%。其海洋石油工业的关键技术装备，以及石油勘探、环保、水文监测等装备均能全部制造并在技术上领先于世界各国。

在国际海底区域②方面，到 20 世纪 50 年代以前，世界各国只是初步调查过国际海底结核矿资源，但在 50 年代后期，美国的学术界就开始了更细致的调查。美国学者出版了重要的研究论文，引起了美国采矿业、法律界和联合国的注意。60 年代末，美国国内围绕着深海采矿和国际海底制度问题还爆发了一场公开大辩论。这也体现出美国对开采深海矿藏的兴趣高于其他任何国家。60—70 年代，世界上出现了一些由多国资本组成的勘探国际海底资源的国际财团。其中几家最重要的公司，都以美

---

① 1890 年，当时担任美国海军学院院长的马汉，出版了海权理论体系三部曲中的第一部：《海权对 1660—1783 年历史的影响》。随后，他又于 1892 年和 1897 年出版了另外两部海权理论著作。这三部著作奠定了马汉甚至是美国海权理论的基础，对美国的海上崛起、对第一、第二次世界大战后世界海洋格局和《联合国海洋法公约》产生前各国对海洋的权利要求，都产生了极为深刻的影响。参见 Alfred Thayer Mahan, *The Influence of Sea Power Upon History*, 1660 ~ 1783 (Boston, MA: Little, Brown and Company, 1891)。

② 国际海底区域指国家管辖范围以外的海床和洋底及其底土，是 1982 年《联合国海洋法公约》设立的一个概念。

国资本为主，并以美国为大本营。当前，深海采矿装备以美国、日本、英国、德国等国为主。美国的几大公司开发了拖曳式水力和机械式动力采矿机、气力和水力提升管道，以及 2 万—4.5 万吨级宽体双底采矿船。① 由于美国在开发国际海底资源方面技术的强大，也导致了美国不满意 1982 年《联合国海洋法公约》对开发国际海底资源的分配方案。

在南极方面，美国进行的探索活动是南极探险史上最具影响力的。第二次世界大战后，国际社会掀起了新一轮南极考察热潮。南极地区潜在的矿产资源和生物资源也引起了各国的兴趣。美国政府全面介入南极考察。这期间美国派出的官方考察队比其他任何国家都多，特别是美国军方的考察活动规模是空前的。不仅快速掌握南极的地理、生物、环境信息，还大规模地锻炼了美军在极寒地区行动的能力。拥有强大南极科研能力仍是美国南极政策形成与发展的最主要的推动力量。例如，美国的麦克默多站（McMurdo Station）是所有南极考察站中规模最大的一个。② 而阿蒙森—斯科特南极站（Amundsen-Scott South Pole Station）是美国于 1957 年在南极点设立的科学考察站，也是世界纬度最高的考察站。③

与南极相类似，美国在早期北极探险史上也扮演着重要角色。美国探险家弗雷德里克·库克（Frederick Cook）和罗伯特·佩里（Robert E. Peary）曾分别于 1908 年和 1909 年到达极点。第二次世界大战后，美国一直重视其在北极的边界及主权、科学研究、环境保护、海上贸易等利益。1947 年，在阿拉斯加的巴罗城成立美国海军北极研究所。1949 年，建立了北极卫生研究中心。1958 年，美国科学院成立极地研究委员会。冷战期间，美国在北冰洋沿岸还建立高灵敏雷达网和战斗机群，以监视苏联的行动。美国进行北极考察的主要任务，就是要获取多

---

① 深海采矿对技术要求很高，是一个多环节串联的系统工程，主要包括一套相对固定的装置：如水力机械复合式自行集矿机、海底处中间站（设有矿仓、破碎筛分装置）、泵管道提升装置、海面采矿船等设备。采矿船在海面按设计的线路运行，同时集矿机在海底运行并采集半埋入海底表面的多金属结核。采集的结核在集矿机内清洗、脱泥和破碎后，经软管输送到连接于扬矿管下端的中间仓，然后结核经扬矿管扬送到海面的采矿船上。接于扬矿管道中间的扬矿泵作为动力装置，将中间矿仓内的结核矿浆吸入管道并泵送到采矿船上。参见刘少军、刘畅、戴瑜《深海采矿装备研发的现状与进展》，《机械工程学报》2014 年第 2 期，第 8—18 页。

② 参见美国国家科学基金会网站：https://www.nsf.gov/geo/plr/support/mcmurdo.jsp。

③ 参见美国国家科学基金会网站：https://www.nsf.gov/geo/plr/support/southp.jsp。

学科的资料。美国也拥有在北极开采石油、天然气资源的领先技术。目前，位于北美的 17 个大型油气田，只有位于美国阿拉斯加州的 3 个投入生产。随着环保问题的日益突出，美国也努力利用其先进的技术和知识保护北极野生生物及其栖息地。为此，美国也与其他北极国家合作保护北极环境和生物资源。①

外层空间技术是一个国家现代技术综合发展水平的重要标志。可以分为民用和军用二类。② 早在 1946 年，美国空军就授命刚刚组建的兰德公司就卫星运载工具的可行性进行研究。1958 年美国发射了人造地球卫星。1969 年 7 月，美国成功把宇航员送上月球。至今发射的 4000 多个航天器中，美国、俄罗斯占绝大多数。在卫星技术方面，美国也领先世界。在 2004 年 1 月，美国发布"新太空探索计划"，内容包括研制下一代航天器、重返月球乃至登陆火星等。③ 而外空资源探索也是美国外空活动的一部分。例如，美国国家航空航天局正在开发一种新型月球车用来寻找月球上的"水资源"，科学家已经发现月球两极地区存在大量的冰水物质，如果将这些"水资源"开采，或可满足未来登月以及地月轨道补给站的需求。④ 美国科学家们还在努力测出月球表面富含二氧化钛的钛铁矿储量，如果月球表面土壤二氧化钛中的氧被分离出来，就会成为可以呼吸的氧气甚至火箭燃料。2015 年 10 月，美国国家航空航天局公布的人类登陆火星的详细计划中，也包括从火星获得制造燃料、氧气和建筑材料等资源的内容。⑤

---

① *National Strategy for the Arctic Region*, May 2 013, pp. 7 - 10, available at: https://www. whitehouse. gov/sites/default/files/docs/nat_ arctic_ strategy. pdf.

② 军事航天技术，是把航天技术应用于军事领域，为军事目的进入太空和开发利用太空的一门综合性工程技术。民用航天技术多出于商业目的，如气象卫星用于气象预报、防灾防洪。航天技术又向其他领域衍生技术，如速冻食品、软袋包装、真空包装、隔热板、卫星电视传播系统、全球定位系统、饮水循环回收系统、高效率太阳能帆板等。

③ Public Papers of the Presidents of the United States, George W. Bush, January 14, 2004, "Remarks at the National Aeronautics and Space Administration," available at: http://www. presidency. ucsb. edu/ws/index. php? pid = 72531&st = &st1 = .

④ "NASA Unveils New Lunar Rover," available at: http://sservi. nasa. gov/articles/nasa-unveils-new-lunar-rover/.

⑤ "Journey to Mars: Pioneering Next Steps in Space Exploration," p. 23, available at: http://www. nasa. gov/sites/default/files/atoms/files/journey-to-mars-next-steps - 20151008_ 508. pdf.

三 美国对"全球公域"资源开发的政策考量

虽然美国在科学技术上处于相当领先的状态，但第二次世界大战后逐渐变得引人注目的"全球公域"毕竟不是处于美国国家主权管辖之内的区域，美国也不能像开发美国西部那样随意去占有和开发"全球公域"。各国无序的竞争将导致严重的国际冲突和环境破坏。美国与苏联的冷战对抗，更使得任何国家都不愿因占有"全球公域"的主权或资源而引发冲突。

当某种"全球公域"问题摆在世界各国面前时，国际组织、相关国家甚至非政府组织都可能卷入国际磋商。在磋商中，资源开发问题与主权问题、安全问题、环境保护问题常常纠缠在一起。在这种情况下，美国政府需要平衡多种国家利益，既包括战略和军事利益，也包括经济利益。总的来看，影响美国"全球公域"资源开发政策的基本政策考量主要有以下几个方面。

（一）进行"全球公域"资源开发的前提条件是确保美国的安全利益，并避免国家间因争夺"全球公域"的主权或资源而爆发军事竞赛或武装冲突。第二次世界大战后，不少国家都试图占有某些"全球公域"，使之成为国家主权管辖的部分。但这有引发国家间的激烈军事对抗的危险。此外，开发"全球公域"资源也会诱发国家间对安全和军事的担心。因此，在关于"全球公域"的国际磋商中，首先谈判的往往是主权和军事问题。美国为维护其在世界军事上的优势地位，尤其注重维护其安全和军事利益。往往把安全利益放在资源开发问题之前。

例如，在海洋公域方面，在联合国第一次和第二次海洋法会议谈判中，美国政府制定领海宽度和毗连渔区政策主要考量的是国家安全利益。以保护国家安全利益为先，因此领海宽度政策坚持狭窄领海，而渔业毗连区的政策则以保证领海宽度政策获得支持为先。在第三次海洋法会议谈判中美国比任何其他国家都重视航行自由，而很多国家只关注如何最大限度地获取渔业和海底等资源。美国为了其安全利益，在多年的谈判中坚持12海里领海与自由通过和飞越国际海峡的政策目标。在这两个问题上，美国的政策仅仅做出了细微调整和让步。其他国家只得在专属经济区等方面获取补偿。而美国为了促进其安全目标的实现，则适当地在其他方面做出让步。而 1977—1982 年这一阶段的海洋法谈判以深海底采矿谈判为主，在此之前领海、国际海峡等涉及安全问题的谈判已经基本完成。①

在南极主权和安全问题的处理上也体现了上述特点。第二次世界大战结束后，南极的领土主权之争已十分激烈。尤其是英国、智利和阿根廷三国提出的领土要求互有交叉，美国夹在三国的争吵之间。当时，除了 7 个南极主权要求国之外，越来越多的国家正拟对南极提出主权要求。苏联在南极也投入了很大的力量。② 如果美国提出主权要求，很难想象南极局势将发生什么变化。20 世纪 40—50 年代，美国政府讨论并提出了多种南极问题解决方案，都未成功。1958 年 3 月，美国国家安全委员会制定了 NSC－5804 号文件，对美国面临的困境做出决策。在讨论这一新方案时，国务院和军方的观点发生了激烈碰撞。国务院建议放弃立即宣布美国的主权要求，组织包括苏联在内的国家进行国际谈判。军方则要求对大片美国考察过或没考察过的地区提出主权要求。国务卿杜勒斯告诫称，除非通过武力，立即宣布主权要求只能引起各国冲突。③ 最终通过的NSC－5804/1 号文件决定提出一项多边条约冻结南极地区的法律地位。在南极有直接或潜在利益的国家（包括苏联）将签署一个多边条约，将南极的行政管辖权交给一个新设立的不属于联合国的国际组织，但各国可以保留各自对南极的主权要求。④ 1959 年 12 月 1 日，在美国的组织下，各国签署了《南极条约》。条约奠定了管理南极事务的基础，禁止在南极地区进行一切具有军事性质的活动及核爆炸和处理放射性废物，冻结对南极的主权要求。⑤《南极条约》首先在主权和军事安全问题上做出了规定，而绕过了南极矿产资源开发问题。南极资源开发问题到 20 世纪 70—80 年代才有了进一步的国际磋商。

---

① 吴少杰：《联合国三次海洋法会议与美国关于海洋法问题的政策（1958—1982）》，东北师范大学博士学位论文，2013 年，第 230—234 页。

② 关于南极主权争夺史可参见 Lan Cameron, *Antarctica: The Last Continent* (Boston: Little, Brown and Company, 1974)。

③ FRUS (Foreign Relations of the United States, 1958~1960), Vol. Ⅱ, pp. 473－475.

④ FRUS (1958~1960), Vol. Ⅱ, p. 484.

⑤ 参见《南极条约》, http://www.scar.org/treaty/at_text.html。

　　同样，在近年北极主权争端日益升温的背景下，奥巴马政府于 2013 年 5 月发布的《北极地区国家战略》中，明确指出美国在北极地区的核心利益包括五个方面：保障美国安全、资源与商业的自由流通、保护环境、解决原住民需求以及增强科学研究。① 其中，安全利益排在首位。

　　在外层空间方面，美国和苏联的空间发展战略从一开始就表现出极强的军事色彩。争夺外层空间军事优势成为美国和苏联这两个主要外空战略竞争对手首先考虑的问题。1967 年，《外层空间条约》确认的基本原则主要是关于外层空间主权和安全方面的：外空探测和利用为全人类之事务，外空不因主权行为的行使而为国家占有，宇航员被认为是人类的使者，外空探测和利用应为所有国家的利益而为之，不管各国的经济与科技发展水平如何，各国在空间活动中加强合作，以维护国际和平与安全。② 而 1979 年的《指导各国在月球和其他天体上活动的协定》（以下简称《月球协定》）作为第二阶段国际空间立法的首要成果，它试图规定的才是外层空间资源开发问题。

　　（二）自由和开放原则。这一原则既体现在近年来美国的"全球公域"安全战略中，也是美国"全球公域"资源开发政策的核心原则。

　　《美国国家军事战略》报告称，"确保美军在'全球公域'的自由进入和行动"是"国家安全的核心要素"和"美军的永久使命"。③ 美国试图以此原则主导"全球公域"安全治理来维持其主导权。而从资源开发角度，美国认为对于"全球公域"资源，只要它还未被国家占有，就应在平等基础上开放给任何国家进行和平探索、研究和开发。因此，如果一个国家有能力和技术并从中获利，就有权去获利。与美国的这种诉求相反，发展中国家认为"全球公域"资源不能只强调自由利用。而应注重公平利用原则、主权原则，并扩大联合国的作用。美国人对政府干预经济总是抱有警惕心理，这在"全球公域"资源开发问题上体现为反对

---

① The White House, "National Strategy for the Arctic Region," May 10, 2013, p. 2, available at: http://www.whitehouse.gov/sites/default/files/docs/nat_ arctic_ strategy. pdf.

② 参见《外层空间条约》, http://www.unoosa.org/oosa/zh/SpaceLaw/gares/html/gares_ 21_ 2222. html.

③ U. S. Joint Chiefs of Staff, The National Military Strategy of the United States of America: Redefining America's Military Leadership, February 8, 2011, p. 9.

国际体制过度干预这些资源的分配。国际体制干预应该最小化，以防止其破坏企业的自由和产权。[①] 美国法律制度非常强调私人产权。在开发"全球公域"资源问题上，美国认为如果私人产权不能得到有效保护，企业就不敢大胆投资于这些充满风险的领域。[②]

自由和开放原则在"全球公域"资源开发问题上以各种不同的话语形式表现出来，尤其体现在美国对国际海底和外空资源的立场方面。[③]

例如，在国际海底资源开发问题上美国反对"人类共同继承财产"原则，主张"公海自由"原则。在第三次联合国海洋法会议期间，美国认为《联合国海洋法公约》的规定限制了自由经济的发展。因此，美国一直强烈反对在海底采矿中规定生产限额。美国企业界也一直强烈要求政府保护私人投资的安全。而"人类共同继承原则"所提倡所有权性质为共同的，这种共同所有应由代表全人类的国际海底管理局加以管理和控制。美国认为国际海底管理局在财政、税收等方面都处于优势地位，是对私人产权的威胁。

与国际海底资源问题一样，美国在外空资源开发中的利益诉求与"人类共同继承财产"原则之间也形成巨大冲突。美国认为《月球协定》有关"人类共同继承财产"原则的规定将限制自由经济的发展。考虑到投资外层空间产业的巨大风险，只有充分保护私人投资的安全，企业才愿意进行投资。

除了上述比较常见的矿产等资源，"全球公域"中的新兴资源，如深海底等区域的生物资源，由于其独特的价值属性，也逐渐被人类所认识。[④] 但对于这类生物资源应如何确定其归属并合理利用，目前存在争

[①] 参见 Rathman, Kim Alaine, "The 'Common Heritage' Principle and the U. S. Commercialization of Outer Space", Ph. D. Dissertation, Graduate Theological Union, USA, 1996, pp. 178 – 183。

[②] 参见 Jack N. Barkenbus, *Deep Seabed Resources* (New York: The Free Press, 1979), pp. 39 – 40。

[③] 参见 Nathan Goldman, "Transition of Confusion in the Law of Outer Space," in Daniel S. Papp and John McIntyre (eds.), *International Space Policy: Legal, Economic and Strategic Options for the Twentieth Century and Beyond* (New York: Quorum Books, 1987), p. 167。

[④] 深海底生物处于独特的物理、化学和生态环境中，尤其是在海底热液喷口区的生物在高压、剧变的温度梯度和高浓度的有毒物质包围下，形成了极为独特的生物结构、代谢机制，体内产生了特殊的生物活性物质，例如嗜碱、耐压、嗜热、嗜冷、抗毒的各种极端酶。这些特殊的生物活性物质功能各异，是深海底生物资源中最具应用价值的部分，对研究生物对特殊环境的适应能力等方面有着极为重要的意义。深海底生物资源在工业、医药、环保等领域都将有广泛的应用。

议。美国认为，深海底生物资源应排除在"人类共同继承财产"概念的范围之外，而适用公海自由原则。由于新技术的利用，与海洋遗传资源有关的海洋科学研究活动一般情况下对公海生物多样性带来的影响微乎其微。过多的提及保护反而会阻碍科学技术的发展。

（三）环境保护。自 20 世纪六七十年代以来，如何保护"全球公域"的环境与生态受到了越来越多的关注和重视。目前，海洋污染使海洋生物处境急剧恶化，海洋的酸度比工业革命前的 18 世纪上升了 30% 以上。温室效应等带来了严重的后果。21 世纪最初 10 年是自 1850 年有现代测量以来最热的 10 年，也是自 1901 年以来降水最多的 10 年。而太空正遭受太空碎片的困扰。目前，"全球公域"环境与生态治理的主要任务包括气候变化、大气污染、海洋生态保护、海洋污染、太空碎片等。[1] 为了应对环境挑战，国际社会在几十年间通过一系列国际条约及国际法律文件确立了一系列针对"全球公域"中人类活动的规制与约束，例如：可持续发展原则、代际公平原则、代内公平原则、共同但有区别的责任原则、风险与损害预防原则等。

近几十年来，环境保护的意识和各种活动越来越多地影响美国政府决策。即使美国政府在环境和资源开发的矛盾中采取保护环境的同时支持自由开发的立场，也需要克服强大的国内反对力量。环境保护原则逐渐上升为资源开发的必要条件。

例如，在南极资源开发问题上，环境保护组织成为 20 世纪 80 年代反对美国政府签署《南极矿产资源活动管理公约》的重要力量；在北极资源开发问题上，美国政府也面临同样的环保压力，美国对如何避免石油泄漏等技术问题进行了详细的研究。[2] 2009 年的美国北极政策指令就声称，"对北极地区资源丰富与环境脆弱这一事实的认识日益加深。"[3] 可见，在不能确保环境的情况下，开发资源也是不可能的。另外，对环境保护的深入理解也有助于决定可否进行资源开发。例如，2009 年的美国

---

① 张茗：《全球公域：从"部分"治理到"全球"治理》，《世界经济与政治》2013 年第 11 期，第 64 页。

② Strategic Importance of the Arctic in U. S. Policy: Hearing before Subcommittee on Homeland Security, U. S. Senate, 111th Congress, 1st Session, August 20, 2009, pp. 44 – 45.

③ *Arctic Region Policy*, NSPD – 66/HSPD – 25, January 9, 2009, Part II, Background.

北极政策指令还声称，"全球气候波动及变化对北极生态系统可能带来什么样的影响，对这一问题的深入理解，将有助于对北极自然资源进行长期有效的管理，并利于判断自然资源使用方式的变化对社会经济的影响。鉴于现有数据的局限，美国对北极环境及其自然资源的保护必须谨慎行事，并在已有的最有效的信息基础上开展。"①

综上所述，美国政府思考"全球公域"资源开发时需要顾及的问题是多方面的，这既与美国的全球领导地位有关，也与美国的政治体制、意识形态和社会组织有关。

四　美国对"全球公域"资源开发制度的塑造

在第二次世界大战后，针对"全球公域"资源开发领域的国际制度发展方面，美国扮演了非常重要的角色。在国际社会开始为任何一种新的"全球公域"资源开发问题进行制度设计的时候，美国都在发挥其影响力和重要作用，力图塑造国际制度向自己期望的方向发展。如果美国认为其国家利益无法在国际制度中得到维护，则可能暂时冻结或搁置争议，或者在一定程度上摆脱国际制度的约束，争取一些与其有共同利益的国家打造新的国际制度。

（一）海洋公域资源开发制度

为了取得美国沿海大陆架的石油和渔业资源，美国政府在 1945 年与英国等 12 个国家私下进行磋商。在无法得到其他国家支持的情况下，美国决定单方面采取行动。1945 年 9 月，杜鲁门总统发表《杜鲁门公告》，主张美国对邻接其海岸公海下大陆架地底和海床的天然资源拥有管辖权和控制权。② 出乎意料的是，美国政府以发表声明这种单边方式提出权利主张却并没遭到任何国家的公开反对，反而成为一种先例，触发了对海

---

① *Arctic Region Policy*, NSPD - 66/HSPD - 25, January 9, 2009, Part Ⅲ, Section H.

② Public Papers of the Presidents of the United States, Harry S. Truman, 1945 - 1953 (Washington, D. C.: United States Government Printing Office, 1966), pp. 352 - 354.

底资源单方面提出权利主张的热潮。① 许多沿海国，纷纷提出对大陆架的主张，导致了第一次联合国海洋法会议和 1958 年《大陆架公约》的产生。而后 1982 年《联合国海洋法公约》完全确立了关于大陆架的制度。可以说，是美国的行为引发了相关国际制度的建立。

在公海渔业方面，1966 年美国设立 12 海里的渔区。1976 年又通过《渔业养护和管理法》。该法是美国通过国内法塑造国际规则的典型案例。20 世纪 60 年代，由于受到苏联等国拖网渔船等因素的影响，美国渔业捕捞量下降。美国直接通过国内立法，将美国的渔业管辖范围从 12 海里扩展到 200 海里，禁止外国渔船在美国专属经济区作业。此时《联合国海洋法公约》尚在商定之中。虽然众多国家已经单方面宣布了其渔业保护区，但此时专属经济区概念并未被国际社会正式认可。此时美国发布的单方面国内立法，其实是有违国际法关于海洋划界的规定的。但是，此部法律的确促进了美国领海外部 200 海里内渔业资源的保护。正是在美国《渔业养护与管理法》及一些相关法规的影响下，最终使得联合国海洋法会议承认这一现实，将其放进《联合国海洋法公约》中。② 此外，美国在国际组织中推动限制公海捕鱼、捕鲸等方面都发挥了重要的影响力。

在国际海底区域资源方面，美国是《联合国海洋法公约》相关条款谈判的重要参与国。但美国的理念与"人类共同继承财产"原则③之间形成冲突。美国政府曾力图通过对"人类共同继承财产"概念的内涵进行片面解释和通过在联合国主动提案解决国内外尖锐矛盾，但未能成功。考虑到国际海底区域资源开发问题与其他海洋问题的综合磋商进程，美国政府不敢轻易采取激烈措施。经过多年努力仍难以扭转国际制度向不

---

① 巴里·布赞：《海底政治》，时富鑫译，三联书店 1981 年版，第 16—17 页。

② 夏立平、苏平：《美国海洋管理制度研究：兼析奥巴马政府的海洋政策》，载《美国研究》2011 年第 4 期，第 86 页。

③ "人类共同继承财产"概念的财产所有权方式是"共同"的。而这种"共同"，是指国际海底区域及其资源的所有者是单一的，属于整体的全人类，不是为各国共有或者按份额共有，这种单一性或整体性要求由国际管理机构实施统一管理，包括分配从国际海底区域获得的收益。"人类共同继承财产"原则的详细内容及分析，可参见赵理海《海洋法问题研究》，北京大学出版社 1996 年版，第 103—119 页；欧斌、余丽萍、毛晓磊《论人类共同继承财产原则》，《外交学院学报》2003 年第 4 期；Kemal Baslar, *The Concept of the Common Heritage of Mankind in International Law* (The Hague, The Netherlands: Kluwer Law International, 1998)。

利于自己的方向发展。为了加强影响国际制度的发展方向，1980 年 6 月 28 日，卡特总统签署了《美国深海底硬矿物资源法》。[①] 在联合国第三次海洋法会议期间美国单方面通过上述国内法律的行为，引起其他西方国家的纷纷效仿，例如，联邦德国于 1980 年制定了《深海采矿临时管理法》；英国于 1981 年颁布了《深海采矿（暂行规定）法》；日本于 1982 年颁布了《深海海底采矿暂行措施法》；等等。[②] 1982 年 9 月 2 日，美国、英国、法国和联邦德国还进一步签订了《关于深海海底多金属结核的临时措施的协议》（简称四国协议）。目的是成为独立于《联合国海洋法公约》的一个体系。[③] 美国政府认为，即使美国因此失去加入条约的机会，它也可以依靠与盟国的"小条约"系统独立于《联合国海洋法公约》之外。[④] 在这种背景下，美国于 1982 年以拒绝签署公约为代价来强调美国在国际海底区域的资源利益。在美国等发达国家的推动下，联合国于 1994 年 7 月达成《关于执行 1982 年 12 月 10 日〈联合国海洋法公约〉第十一部分的协定》，对深海采矿相关规定做出修改，包括取消生产限额以及向最不发达国家进行技术转让的规定。美国获得在国际海底管理局中的常任席位，对预算和财政等议题拥有否决权等。由于《执行协定》解决了美国的关切，克林顿政府于 1994 年 9 月签署了《联合国海洋法公约》。但美国国会至今因其他多种原因仍未批准《联合国海洋法公约》。

（二）极地资源开发制度

在 1959 年《南极条约》诞生前，南极的主权归属问题曾引发了多个国家之间的激烈争夺。美国也曾试图提出自己的南极主权要求。但考虑到这种行为的后果将破坏美国的安全利益，美国政府不得不大力斡旋国际社会通过签署《南极条约》，暂时冻结了南极主权和资源开发问题。但

---

① 该法全称为《为在国际制度通过前妥善开发深海海底硬矿物资源和为其他目的而规定暂行办法的法令》（Public Law 96–283），简称《美国深海底硬矿物资源法》。参见美国政府出版署（GPO）网站：http：//frwebgate. access. gpo. gov/cgi-bin/usc. cgi？ACTION = BROWSE&TITLE = 30USCC26。

② 李红云：《国际海底与国际法》，现代出版社 1997 年版，第 18 页。

③ 同上书，第 21—22 页。

④ Leigh S. Ratiner, "The Law of the Sea: A Crossroads for American Foreign Policy," *Foreign Affairs*, Vol. 60, No. 5 (Summer, 1982), pp. 1010–1011.

到 20 世纪 70 年代，南极的经济和资源潜力又开始引起国际社会的关注，日益增加的南极资源活动使得国际社会不得不考虑制定相应的法律制度加以应对。70 年代初到 80 年代初，国际社会为建立南极矿物资源制度进行了多年的筹备。美国政府积极筹划应对政策。从 1982 年起，经过多年谈判，国际社会最终于 1988 年达成《南极矿产资源活动管理公约》。[①] 在谈判期间，美国国内围绕着开发南极资源还是保护南极环境发生激烈争论。美国政府虽然于 1988 年 12 月 2 日签署了《南极矿产资源活动管理公约》。然而，《南极矿产资源活动管理公约》却未能最终生效。美国国会则立即提出了 SJ Res. 206 号决议案，指出《南极矿产资源活动管理公约》不能确保南极环境不受破坏，并可能刺激商业开发，因此敦促行政部门支持南极条约协商国进行新一轮谈判，以制定新的条约将南极划定为一个"全球生态公域"，永久禁止矿物开发活动。[②] 该决议案后来由布什总统签署成为美国公法。同样得到总统签署的还有众议院的 HR3977 号议案。该议案除了与 SJ Res. 206 号决议案相似的内容外，还规定无限期禁止美国国民从事南极矿物资源开发活动。[③] 此后，1991 年国际社会通过《关于环境保护的南极条约议定书》，规定 50 年内禁止任何形式的南极矿产资源开发，这使得南极资源开发问题暂时告一段落。[④]

北极的主权权利争夺在二战后一直没有停止过，当今则正处于十分激烈的阶段。美国在北极的主权和资源开发问题上进行了长期的政策准备。2015 年 4 月，美国继任北极理事会轮值主席国。由于目前北极的主权之争和安全局势堪忧，美国力图利用担任北极理事会轮值主席国的机会，着重提升美国的安全利益，寻求负责任的北极区域管理和环境保护，而不急于推动资源开发。但不放松争取美国在北极地区的大陆架主权权利。美国政府要求相关政府部门和机构负责人采取一切必要行动，确定

---

① 《南极矿产资源活动管理公约》文本可参见：http://www.state.gov/documents/organization/15282.pdf。

② 决议案全称是"呼吁美国立即积极与南极条约协商国谈判新协定以使南极作为一个全球生态公域得到全面保护"，参见 SJ Res. 206, 101th Congress, September 26, 1989。

③ HR 3977, 101th Congress, February 7, 1990.

④ 沈鹏：《美国的极地资源开发政策观察》，《国际政治研究》2012 年第 1 期，第 105—108 页。

美国位于北极地区及其他地区大陆架外部界限，在国际法律许可范围内，应尽可能将其外延。美国的政府认为取得大陆架延伸的国际认可与法律确认的最有效的途径是通过《联合国海洋法公约》缔约国所适用的程序。① 在北极治理机制方面，美国倾向于与北极诸国协调解决它们之间的问题。2008 年 5 月，美国与加拿大、俄罗斯、丹麦、挪威五国在格陵兰岛的伊鲁利萨特（Ilulissat）召开了首次北极问题部长级会议。会议通过了《伊鲁利萨特宣言》，声明"认为没有必要再建立一个新的广泛性的国际法律制度来管理北冰洋"，强调"海洋法赋予了北冰洋沿岸各国重要的权利和义务，涉及大陆架边界划分，海洋包括冰封海域环境保护、航海自由、海洋科学研究及其他的相关事务"。以海洋法为主体的法律框架"为五国和其他使用北冰洋的国家提供了有效管理的坚实基础"。五国表示，各方之间的北极领土纷争和大陆架主权权力交叠问题将在这些法律框架下得到有序解决。② 2009 年的美国北极政策指令也声称"北极地区的地缘政治完全不同于南极地区，因此不适合也不需要仿效《南极条约》制定涉及诸多方面的《北极条约》"。③

（三）外层空间资源开发制度

与国际海底资源类似，20 世纪 70 年代联合国关于《月球协定》的制定体现了世界各国对外空资源开发的博弈。美国同样面临发展中国家支持"人类共同继承财产"原则适用于外层空间资源开发的问题。美国虽然积极参加了该协定的制定工作，并且《月球协定》关于月球资源开发制度的总体原则，远不如《联合国海洋法公约》第十一部分对国际海底开发制度的规定具体，④ 但 70 年代末，美国国内势力强烈反对美国批准《月球协定》，认为《月球协定》对"人类共同继承财产"原则的规定将

---

① *Arctic Region Policy*，NSPD‐66/HSPD‐25，January 9，2009，Section Ⅲ，Part D.

② *The Ilulissat Declaration*，Arctic Ocean Conference，Ilulissat，Greenland，May 27‐29，2008，available at：http：//www. oceanlaw. org/downloads/arctic/Ilulissat＿Declaration. pdf，2011‐11‐17.

③ *Arctic Region Policy*，NSPD‐66/HSPD‐25，January 9，2009，Part Ⅲ，Section C.

④ Glenn H. Reynolds and Robert P. Merges（eds.），*Outer Space：Problems of Law and Policy*，2nd ed.，（Boulder，CO.：Publisher：Westview Press，1997），p. 113.

对外层空间资源开发造成阻碍。最后，里根政府放弃签署该条约。目前，《月球协定》也没有得到大多数空间探索大国的签署和批准。美国等太空强国没有在《月球协定》上签字，这就意味着有关外空资源拥有权的法律存在监管漏洞。

在拒绝批准《月球协定》后，美国（以及其他一些国家）开始通过单边立法积极推进私人参加外层空间的开发活动。1984 年通过了《商业空间发射法》，鼓励私营商业空间发射活动；1998 年又通过了《商业空间法》。2004 年 6 月，美国总统设立的美国探索政策委员会号召更多地依赖私人企业进行空间活动，建议鼓励企业对外层空间投资。一些私营公司对外层空间活动跃跃欲试。[1] 在美国确实已经有了准备做太空采矿业务的私人企业。2012 年 4 月 24 日，在美国西雅图成立了一家行星资源公司（Planetary Resources），公司业务涵盖太空探索和自然资源开采，目标是出售从小行星上开采回来的资源。当然，完成这样的工作所需的成本是很大的障碍。2015 年 11 月 25 日，奥巴马总统签署了《美国商业太空发射竞争法案》，取消了此前美国法律对航天领域私人企业的种种法律限制，赋予私人太空采矿权。根据这项法案，美国任何参与小行星或太空资源商业复苏计划的公民都有权获得小行星或太空上的任何资源，包括根据适用法律获得拥有、运输、使用或销售小行星或太空上任何资源的权利。因此，如果哪家企业在上面开采出有价值的矿物质，则这些财产就归属于该企业。[2]

五　结语

近年来，美国战略界和决策层不断提及"全球公域"对美国安全和防务的重要性，并且多次强调美国在"全球公域"中面临的挑战。这引发了一股"全球公域"研究热潮。但在"全球公域"安全研究之外，也

---

① 凌岩：《再论对月球和天体的财产权问题》，《哈尔滨工业大学学报》（社会科学版）2007 年第 1 期，第 57 页。

② The U. S. Commercial Space Launch Competitiveness Act（H. R. 2262），Title IV，available at: https://www.gpo.gov/fdsys/pkg/BILLS－114hr2262enr/pdf/BILLS－114hr2262enr.pdf.

应关注"全球公域"资源开发问题的重要性和复杂性。

"全球公域"资源种类多样,"全球公域"资源的开发都伴随着国际博弈。美国作为世界科技强国,其所作所为往往能够影响国际社会对"全球公域"资源开发问题的兴趣和制度设计。总的来看,美国关于"全球公域"资源开发问题的决策会围绕着确保美国国家安全、防止国际冲突、维护美国的资源利益和保护生态环境这几个方面展开平衡。美国的传统价值观反对国际体制过度干预这些资源的分配。但众多发展中国家希望"全球公域"资源开发需要更有代表性和公平性,实现公平使用、平等分配。例如在利用太空资源方面,全球只有 12 个国家可以自主发射卫星,仅有 3 个国家拥有载人航空能力。如果不顾及这种"全球公域"资源开发能力的不均衡,可能会妨碍全球治理的绩效提高,损害治理的合法性根基。

目前看似已经有了不少"全球公域"资源开发的国际制度和国际法,但实际上这些规制不但没能涵盖很多"全球公域"资源开发的模糊领域,而且这些规制本身也在不断进行着调整。美国往往处于塑造和影响"全球公域"资源开发制度的前沿和风口浪尖。在未来,美国的"边疆"情结必将推动其向更多的"全球公域"进发,或发现新的"全球公域",或发现新型资源,这都使得关注美国"全球公域"资源开发政策及政策制定具有现实意义。

(沈鹏:中国社会科学院美国研究所副研究员)

奥巴马第二任期以来美国北极政策
的调整及其影响

杨松霖

【内容提要】奥巴马总统开启第二任期后，面对复杂的国内外环境，着手调整美国的北极政策。2013 年颁布《北极地区国家战略》后，整合和优化北极事务机构和决策体制，推动北极气候治理。奥巴马政府的此番调整有其深刻的原因：北极地缘形势的持续紧张，美国担任北极理事会轮值主席国后引领北极议事日程的国际责任和构建北极地区秩序的压力等。奥巴马政府尤其重视提升应对北极事务的效率，加强对北极战略的落实以及在北极的安全利益。伴随奥巴马总统任期结束，未来美国北极政策的走向值得关注。下一届美国政府是否会继续重视北极事务存在不确定性，美国主导的北极理事会优先议程也面临芬兰的挑战，并面临来自国内各方面的掣肘。

【关键词】美国外交　北极政策　海洋战略　奥巴马第二任期

随着北极地缘态势的变迁，北极事务在美国外交事务和海洋战略中的地位逐渐得到提高。2013 年 1 月 21 日，奥巴马宣誓就任美国总统，开启了第二任期的政治生涯。当年 5 月，美国第一份正式的北极战略文件——《北极地区国家战略》（以下简称《北极战略》）即得以发布。随后，美国海军、海岸警卫队、国防部等多部门陆续发布本部门落实《北极战略》的政策文件。奥巴马在第二任期，重点对美国涉北极事务机构进行整合以提升其决策效率和优化北极事务决策体制。同时，利用北极理事会的平台和美国担任新一任轮值主席国的有利时机，积极推动北极气候治理进程。奥巴马第二任期内对北极政策的调整具有鲜明的特点，必将对未来美国北极战略的走向产生重要的影响。本文试图对奥巴马第二任期的北极政策进行梳理和总结，并分析其调整变化的原因，在此基础上，评估后奥巴马政府时期美国北极政策的走向。

一　奥巴马政府的北极政策回顾

（一）出台《北极地区国家战略》

2009 年，小布什离任前几天发布的第 66 号国家安全总统指令、第 25 号国土安全总统指令是奥巴马北极政策的起点。其主要宗旨是：确保国土安全，保护北极环境和生物资源，促进资源开发和经济发展的可持续性，促进北极八国合作，吸收北极原住民参与北极议题的决定，提高对环境问题的科学检测和研究。在重视北极生态环境保护的同时不放松对确保国土安全的强调。但对如何落实美国的北极政策，实现上述宗旨涉及的美国北极利益并没有提及。这为奥巴马政府的北极政策制定预留了空间。总体来看，奥巴马上任前的美国北极政策官方政策文件①比较零散、不成体系，对美国的北极战略指导力度不够，尚不能称为正式的美国北极战略。

随着气候变化的进一步加剧，美国国内对北极事务重视程度的提高。奥巴马政府的多个涉北极部门陆续出台本部门的北极政策文件。2009 年11 月，美国海军公布《北极路线图》，② 用来指导海军在北极地区的政策制定、资源投入和行动。2011 年，美国国防部出台《北极地区行动报告》，提出为建立北冰洋舰队做好准备。2011 年 2 月，国家大气与海洋管理局发布了《NOAA 北极远景与战略》③ 报告。报告指出了 NOAA 在未来

---

① 包括 1971 年第 144 号国家安全决策备忘录、1983 年第 90 号国家安全决策指令、1994 年第 26 号总统决策指令和 2009 年第 66 号国家安全总统指令/第 25 号国土安全总统指令。

② Navy Arctic Roadmap, http://www.navy.mil/navydata/documents/USN_artic_roadmap.pdf.（访问时间：2016 年 3 月 12 日）

③ NOAA's Arctic VisiON&strAtegy, http://www.arctic.noaa.gov/docs/NOAAArctic_V_S_2011.pdf.（访问时间：2016 年 3 月 14 日）

5 年中在北极方面的行动计划，其中主要包括为其他部门提供关键研究结果，支持美国国家海洋政策。2013 年 2 月，"跨部门北极政策小组"起草并负责的北极五年研究计划《北极研究计划：2013—2017》。① 该计划设定了包括海冰和海洋生态系统、陆地冰和陆地生态系统、地区气候模型以及人类健康在内的七大研究领域。

在多份政策文件的出台作为铺垫，国内涉北极不同利益团体对北极利益诉求的不断明确以及北极地区日益严峻的战略压力等因素的共同作用下，奥巴马政府的北极政策框架逐渐清晰。2013 年 5 月，《北极战略》发布，标志着奥巴马政府北极战略的正式形成。《北极战略》具体地阐述了奥巴马政府北极政策的三项优先议程和四项指导原则，用以指导如何实现美国北极利益。其设定的北极事务优先议程分别为：维护国土安全利益、负责任的北极管理、加强北极事务的国际合作。指导原则是：确保北极地区的和平与稳定、完善丰富信息基础之上的北极决策、寻求达成创新性的协议、加强与阿拉斯加原住民的合作。② 阐述了实现美国北极利益的政策途径和优先次序。该战略的出台成为指导奥巴马第二任期北极行动的纲领性文件，奠定了奥巴马第二任期北极政策的基调。

（二） 优化北极事务决策体制

目前，美国参与北极决策的行为体大致分为三类：参与北极政策、法律制定的国会；具体进行北极事务管理的行政部门；北极科学研究的相关机构。层次分明的北极决策行为体形成了鲜明的北极决策体制特点：行为体复杂繁多、决策体制协调性差、北极事务决策低效与滞后、优先议程难以达成共识、执行缺乏保障。③ 如何协调和优化现有北极决策体系内各决策行为体之间的关系，形成合力，有效落实北极战略成为摆在奥

---

① The White House, Arctic Research Plan, FY2013 – 2017, http：//www. whitehouse. gov/ sites/default/files/micr os it es/ostp/2013_ arctic_ research_ plan. pdf. （访问时间：2016 年 3 月 12 日）

② National Strategy for the Arctic Region. http：//www. whitehouse. gov/sites/default/files/docs/ nat_ arctic_ strat egy. pdf. （访问时间：2016 年 3 月 12 日）

③ 孙凯、潘敏：《美国政府的北极观与北极事务决策体制研究》，《美国研究》2015 年第 5 期，第 19—22 页。

巴马政府面前的一道难题。奥巴马上台后，通过国内和国际两个层面对北极政策进行优化和协调。

在国内层面，升级现有北极事务协调部门或者新设高级别的协调机构来统筹北极利益攸关方和决策行为体。2012 年，奥巴马政府通过决议，把 2010 年成立的阿拉斯加北方水域工作组正式升级为阿拉斯加北极政策委员会。该委员会由来自美国多个政府部门、原住民团体、科研机构等北极利益相关方的 26 名委员组成，这对于回应来自利益攸关方的政策诉求，协调美国北极决策部门起到积极作用。① 2014 年 8 月，共和党议员邓恩·杨（Dong Young）和民主党议员瑞克·拉森（Rick Larson）发起并成立了国会北极工作组。其成员来源涉及原住民群体、环保人士、国家安全领域等，负责向国会议员提供涉及北极事务方面的政策咨询。② 2015 年 1 月，奥巴马还签署第 13689 号总统令，又新成立北极事务行政指导委员会（Arctic Executive Steering Committee），加强北极决策部门的协调。

在国际层面，借力美国担任 2015—2017 年北极理事会轮值主席国的时机，设置专司北极事务的高级别官员，有效地协调美国与相关国家和国际组织的北极合作，避免因 "政出多门" 而导致涉外北极决策低效与混乱。2014 年 7 月，国务卿克里宣布任命前海岸警卫队司令罗伯特·帕普（Robert J. Papp Jr.）海军上将担任美国北极特别代表。③ 同日，克里还宣布任命美国北极研究委员会主席弗兰·乌尔姆（Fran Ulmer）担任国务院北极科学与政策特别顾问，为奥巴马政府提供决策咨询。④ 奥巴马政

① Members of Alaska Arctic Policy Commission, http://www.akarctic.com/members/. （访问时间：2016 年 3 月 16 日）

② "The United States needs to turn its attention to the Arctic Ocean", Washington Post, August 1, 2014, https://www.washingtonpost.com/opinions/the-united-states-needs-to-turn-its-attention-to-the-arctic-ocean/2014/07/30/1255c866 - 1753 - 11e4 - 9e3b - 7f2f110c6265_ story.html. （访问时间：2016 年 3 月 16 日）

③ Retired Admiral Robert Papp to Serve as U.S. Special Representative for the Arctic, July16, 2014, http://www.state.gov/secretary/remarks/2014/07/229317.htm. （访问时间：2016 年 3 月 16 日）

④ Retired Admiral Robert Papp to Serve as U.S. Special Representative for the Arctic, July16, 2014, http://www.state.gov/secretary/remarks/2014/07/229317.htm. （访问时间：2016 年 3 月 16 日）

府还积极推动设立北极大使。民主党参议员马克·贝吉奇（Mark Begich）曾多次提出议案，要求在国务院设立北极大使，以处理与北极相关的国际事务。

（三）积极推动北极气候治理国际合作

奥巴马胜选连任后，气候变化问题成为其第二任期的政策重点。[①] 在《北极战略》和美国继任北极理事会轮值主席国后所设置的优先议程中，应对北极地区气候变化均是其议事的重点领域。气候变化作为非传统安全议题，对美国而言具有开放性，美国积极倡导多边治理与国际合作，[②] 以促进北极气候治理。

2015 年 8 月，美国主办的"北极事务全球领导力大会：合作、创新、参与和韧性"[③] 北极问题国际会议在阿拉斯加安克雷奇举行，北极理事会成员国、欧盟、中国、印度、日本等多个国家参与其中，多数议题围绕北极地区气候变化而展开，会后有关国家发表联合声明以加强北极气候治理。奥巴马也因此成为第一位登上阿拉斯加北极地区的现任美国总统，成功地提升了国内外对北极气候变化问题的关注。2015 年 10 月，美国首次以北极理事会主席的名义召集 8 个北极国家、原住民组织以及相关观察员在安克雷奇召开会议。对即将到来的巴黎气候大会、生物多样性问题、石油泄漏预防、黑炭和甲烷问题以及其他气候变化议题进行了讨论，以促进该领域的国际合作。[④] 2015 年 12 月，在包括美国在内的国际社会的共同努力下，《巴黎协议》顺利通过。各方商定将把全球平均气温较工业化前水平升高控制在 2 摄氏度之内，并为把升温控制在 1.5 摄氏度之内而努力。[⑤] 巴黎气候变化大会达成协议也成为奥巴马政治遗产中亮丽

---

① 周琪：《奥巴马连任后的美国内外政策评估》，《外交评论》2013 年第 1 期，第 54 页。

② 杨剑等：《北极治理新论》，时事出版社 2014 年版，第 204 页。

③ 《北极问题国际会议重视北极升温对全球影响》，新华网，http：//news. xinhuanet. com/tech/2015 – 09/01/c_ 1116442445. htm。（访问时间：2016 年 3 月 23 日）

④ "In Anchorage, U. S. holds first meeting as chair of Arctic Council"，http：//www. adn. com/article/20151023/anchorage-us-holds-first-meeting-chair-arctic-council。（访问时间：2016 年 3 月 25 日）

⑤ 《巴黎气候变化大会通过全球气候新协议》，新华网，http：//news. xinhuanet. com/2015 – 12/13/c_ 128524107. htm。（访问时间：2016 年 3 月 23 日）

的一笔。① 美国作为碳排放大国，在即将开启的全球减排过程中将扮演极为重要的角色。同时，北极地区作为全球气候变化的"风向标"，也将在此次减排行动中受益。

奥巴马政府不仅重视有关气候变化问题的多边合作，还积极推动该领域的双边合作。2016 年 3 月，奥巴马与到访的加拿大总理特鲁多共同发表《美加两国关于北极、气候及能源问题的联合声明》。② 为应对日益严峻的北极气候挑战，双方商定为之共同努力的四大目标为：科学决策以保护北极生物多样性；将原住民的科学和传统知识纳入决策；促进北极经济可持续发展；支持北极社区发展。无论是发展经济还是加强北极社区的建设，声明中都强调可持续发展和负责任管理，保护北极地区独特而脆弱的环境。同时还强调，将在气候和能源方面加强与墨西哥的密切合作，提升北美地区应对气候变化的整体协调能力。

（四）整合涉北极事务机构，提高效率

美国涉北极事务机构繁杂，效率低下这一问题一直困扰着美国政府。在北极政策制定与落实方面，问题最为突出。特别是行政部门，众多机构在北极事务中发挥作用，如此多的涉事部门，其利益往往是不一致的。部门利益的多元化将不可避免地导致"政出多门""彼此倾轧"现象的发生，降低决策效率。2011 年 7 月 12 日，奥巴马签署了第 13580 号总统令，宣布成立协调阿拉斯加州国内能源开发和许可的部门间工作小组，由内政部统领，主要职责是监管和协调与阿拉斯加陆上和近海能源开发和基础设施建设相关的联邦政府各部门的活动。③ 除在阿拉斯加能源开发方面对联邦涉北极机构进行整合外，奥巴马政府还为落实《北极战略》以及实施美国所推动的北极理事会优先议程进行了类似工作。2015 年 1

---

① 吴心伯：《奥巴马：全力打造政治遗产》，载《旧秩序与新常态：复旦国际战略报告 2015》，复旦大学国际问题研究院，第 16 页。

② U. S.-Canada Joint Statement on Climate, Energy, and Arctic Leadership, The White House, https://www.whitehouse.gov/the-press-office/2016/03/10/us-canada-joint-statement-climate-energy-and-arctic-leadership.（访问时间：2016 年 3 月 23 日）

③ Executive Order 13580 – Interagency Working Group on Coordination of Domestic Energy Development and Permitting in Alaska https://www.whitehouse.gov/the-press-office/2011/07/12/executive-order-13580-inter agency-working-group-coordination-domestic-en.（访问时间：2016 年 3 月 15 日）

月 21 日，奥巴马签署主题为《提升联邦政府在北极事务中的协作》的第 13689 号总统令。[①] 要求成立"北极事务行政指导委员会"，以推进联邦政府各部门在北极事务中的协作。[②] 由白宫科学和技术政策办公室主任（或其指定人员）担任主席，总统国家安全事务助理（或其指定人员）担任副主席，成员几乎包括了涉北极事务的各部门。并规定北极事务行政指导委员会的职责为：为实施美国北极战略文件中所提及的优先议程和政策目标而协调各部门的活动并提供指导；在美国担任北极理事会轮值主席国期间，为各行政部门的优先事项与活动提供指导，并对可用资源提供建议。[③]

二 奥巴马政府重视北极事务的原因

（一）北极地缘态势的变迁

随着全球变暖的进一步加剧，北极地区所受到的影响日益凸显。2015 年 12 月，美国国家海洋与大气管理局发表报告称，北极当年的年度平均气温上升了 1.3 摄氏度，是自 1900 年以来的最高纪录，北极海冰和格陵兰岛冰架正在加速融化。[④] 美国作为环北极国家之一，深切地感受到北极气候变化所带来的负面影响。以阿拉斯加州为例，北极气候异常变化导致阿拉斯加州北极地区生态环境恶化，进而引发原住民群体生活质量下降。贩毒、自杀、赌博等问题近年来出现的频率呈现上升趋势，给阿拉斯加州政府和联邦政府带来巨大的压力。应对因全球变暖加剧而带

① Executive Order—Enhancing Coordination of National Efforts in the Arctic https：// www. whitehouse. gov/the-press-office/2015/01/21/executive-order-enhancing-coordination-national-efforts-arctic. （访问时间：2016 年 3 月 15 日）

② Section 2 of Executive Order, Enhancing Coordination of National Efforts in the Arctic，https：//www. whitehouse. gov/the-press-office/2015/01/21/executive-order-enhancing-coordination-national-efforts-arctic. （访问时间：2016 年 3 月 15 日）

③ Executive Order—Enhancing Coordination of National Efforts in the Arctic https：// www. whitehouse. gov/the-press-office/2015/01/21/executive-order-enhancing-coordination-national-efforts-arctic. （访问时间：2016 年 3 月 15 日）

④ "Arctic temperatures reached 115 – year high"，http：//www. arctic-info. com/news/16 – 12 – 2015/v-arktike-zafik si rovana-samaa-visokaa-temperatyra-za – 115 – let. （访问时间：2016 年 3 月 25 日）

来的北极环境退化问题自然被提上了奥巴马第二任期的议事日程。

近年来，北极地区地缘形势的不断恶化成为奥巴马第二任期关注北极事务的重要原因。特别是乌克兰危机的持续与升级使俄罗斯与美欧的紧张局势向北极外溢。[①] 2015 年 7 月，普京批准了俄罗斯新版海洋学说，将北极方向作为俄海军发展的两大重点之一，以应对来自国际局势的变化。2015 年 8 月，美国战略与国际问题研究中心出台研究报告《新铁幕的降临：俄罗斯的北极战略分析》[②] 将俄罗斯与美国及西方的北极对抗称之为"新铁幕"。为应对来自西方的威胁，确保俄罗斯国家安全，2015 年 12 月，普京签署了《2020 年前俄罗斯国家安全战略》，首次将美国及其盟友称为俄罗斯的"政治对手"。[③] 2016 年 2 月中旬，北约部分成员国以及瑞典在挪威举行"寒冷反应－2016"北极联合军演。[④] 此次军演，美国亦派出了核潜艇、B52 轰炸机以及海军陆战队参与其中。尽管军演声称不针对任何国家，但其战略指向性不言而喻。此轮俄方与西方国家不断升级的战略博弈使美国深切地感受到北极方向来自俄罗斯的战略压力。

北极地区丰富的能源资源对美国极具吸引力。美国唯一的濒北极州——阿拉斯加是北极的一个"聚宝盆"：约 221 万亿立方英尺的天然气和 229 亿桶石油聚集在这里，锌、铅、铜、金、铀、铁矿石等矿物资源储量也十分丰富。[⑤] 奥巴马上台后，确保美国能源安全是其执政的重要目标。《北极战略》指出，北极地区丰富的能源资源储备可以满足美国不断增长的能源需求。奥巴马政府进一步将北极地区的能

---

① 邓贝西、张侠：《俄美北极关系视角下的北极地缘政治发展分析》，《太平洋学报》2015 年第 11 期，第 42 页。

② The New Ice Curtain: Rus-sia's Strategic Reach to the Arctic, Center for Strategic and International Studies, http://csis.org/files/publication/150826_ Conley_ NewIceCurtain_ Web.pdf.（访问时间：2016 年 3 月 11 日）

③ 《俄新版国家安全战略：挑明美国是威胁，俄罗斯不想忍了》，环球网，http://world.huanqiu.com/hot/2016－01/8311516.html.（访问时间：2016 年 3 月 25 日）

④ 《挪威：北约举行"寒冷反应－2016"军演》，中国社会科学网，http://www.cssn.cn/jsx/jsyx_ jsx/201603/t20160310_ 2915857.shtml.（访问时间：2016 年 3 月 25 日）

⑤ 阿拉斯加的锌、铅、铜、煤产量丰富，在美国资源总量中占有相当比重。参见 Heather A. Conley, "Arctic Economics in the 21st Century: The Benefits and Costs of Cold", CISI European Programe, Jul. 2013, p. 61, http://csis.org/files/publication/130710_ Conley_ ArcticEconomics_ WEB.pdf.（访问时间：2016 年 3 月 23 日）

源开发提到国家战略高度和北极政策日程，将其作为实现美国国家利益的有效途径。

（二）提升北极事务决策效率的需要

权力分立和制约是美国政治的传统原则之一。在此背景下，导致美国北极政策的制定和执行不具有权威性的单一组织结构，致使各部门缺少协作、权限重叠、各自为政。① 一方面，国内参与北极事务决策的部门过多，国务院、国防部、国土安全部、内务部、商务部、交通运输部等部门均参与其中，部门的增多必然影响到北极事务决策效率的提高，给美国北极战略的落实带来负面影响。另一方面，美国北极事务决策受到多种因素的牵制及干扰。国会、环保组织，油气公司、利益集团等出于自身利益的考量，都试图对联邦政府的北极决策施加影响。联邦政府不得不尽力协调上述各方的利益诉求，但仍常常顾此失彼，疲于应对。

在这样的政策环境下出台的美国北极政策，其执行与落实都将面临巨大的困难，无法保障政策的有效执行。② 以破冰船的建造为例，尽管联邦有关机构和国会议员多次呼吁增加破冰船数量以提高美国北极地区行动能力，却因诸多原因一直得不到国会的批准。"群龙治水"③ 的管理体制必然无法有效应对来自北极地区的战略挑战，必须对涉北极事务各级机构进行科学的整合和优化，以提高美国北极事务决策效率。奥巴马在其第二任期从北极决策部门的整合和北极决策机制的优化两大方面采取措施以提高北极事务决策效率。

（三）引领北极议程，构建地区秩序的责任和压力

美国作为全球超级大国，战略利益遍布全球。北极事务在其战略议

---

① 丁煌主编《极地国家政策研究报告（2014—2015）》，科学出版社 2016 年版，第 12—13 页。

② 孙凯、潘敏：《美国政府的北极观与北极事务决策体制研究》，《美国研究》2015 年第 5 期，第 20 页。

③ 李益波：《美国北极战略的新动向及其影响》，《太平洋学报》2014 年第 4 期，第 75 页。

程中占有独特地位。历任美国政府均十分关注气候变化、北极安全、航行自由等领域的北极事务。如何实现上述利益，引领北极议程，回应来自北极地区的挑战，构建和主导有利于巩固美国霸权地位的北极秩序是奥巴马第二任期的重要任务。奥巴马政府在其《北极战略》中，将国家安全、北极资源开发与环境保护、国际合作定位美国北极政策的优先议程领域①，2015 年 4 月美国接任北极理事会主席国，将应对气候变化等问题作为主席国期间的最优先议程。将北极事务议事日程与实现美国北极利益紧密结合在一起。

美国接任北极理事会轮值主席国恰逢乌克兰危机爆发后，俄罗斯与西方国家展开了冷战结束以来最为激烈的战略博弈。一个由美国主导的北极秩序显然不符合俄罗斯的国家利益，俄罗斯不会坐视美国独自主导北极事务和北极秩序的建立。② 2015 年 10 月，俄罗斯国防部长谢尔盖·绍伊古表示，俄罗斯即将要在临近西伯利亚海岸的科捷利内岛上建成其最大的北极军事基地，以加强俄罗斯的北极行动能力。③ 2016 年 3 月，据俄新网报道，俄罗斯计划在北极地区进行 25 年来最大规模的发射核导弹试验，以此检验俄罗斯潜艇的战斗力和回应美国不久前试射"民兵"战略核导弹。④ 未来美俄在北极地区的争夺将会更加激烈。

三 奥巴马政府北极政策的特点

（一）提升应对北极事务的效率

奥巴马政府为有效应对来自国际国内各个层面的压力，十分注重提升应对北极事务的效率，从北极决策的始点到政策实践的终点，都要求提高效率。奥巴马政府整合了国内涉及北极事务的机构和部门，升级或新设了部分负责北极事务协调的高级别机构，优化和提升联邦政府的决

---

① 孙凯：《奥巴马政府的北极政策及其走向》，《国际论坛》2013 年第 5 期，第 59 页。

② 郭培清、董利民：《美国的北极战略》，《美国研究》2015 年第 6 期，第 64 页。

③ "Russia nearly done building its biggest Arctic military base", Russia Today TV, https://www.rt.com/news/319394-arctic-military-base-islands/. （访问时间：2016 年 3 月 24 日）

④ 《俄北极导弹齐射计划惊动西方同时发射 16 枚十分罕见》，环球网，http://world.huanqiu.com/exclusive/2016－03/8674263.html。（访问时间：2016 年 3 月 25 日）

策机制。特别是在 2011 年 7 月和 2015 年 1 月分别签署第 13580 号和第 13689 号总统令。宣布成立协调阿拉斯加州国内能源开发和许可的部门间工作小组和成立推进联邦政府各部门在北极事务中协作的"北极事务行政指导委员会"。AESC 成立了 6 个跨部门工作组，加强对北极事务处理的协调，提高了联邦政府在北极地区的领导力。2016 年 3 月，白宫发布《2015 年北极地区国家战略实施报告》，① 其中将 AESC 施行第 13689 号总统令的内容单列为一部分，给予特别关注。从文件中可以看出，AESC 成立后十分活跃，注重提升办事效率。作为协调联邦政府各部门的协调高级别协调机构，其活动主要集中在以下几个方面：举办"北极事务全球领导力大会：合作、创新、参与和韧性"国际会议，提升阿拉斯加原住民参与决策，促进原住民社区能源的可持续利用，加强对北极油污的预防及反应，建立北极海岸侵蚀应对工作组。奥巴马对 AESC 给予厚望，希望其能加强北极事务各机构的协调和办事效率。在文件的结尾部分，还强调 AESC 将继续同阿拉斯加以及原住民一起共同努力为北极地区提供安全和可持续的发展。

（二）　加强对北极战略的规划和落实

《北极战略》作为美国正式的北极战略文件，明确阐述了美国北极政策的目标、指导原则及优先议程。落实《北极战略》以及规划下一步的政策成为奥巴马政府极为重视的工作。《北极战略》发布后，联邦有关机构及时跟进。美国海岸警卫队和国防部快速反应，分别于当年 5 月 21 日和 11 月 22 日发布《海岸警卫队北极战略》② 和《国防部北极战略》。③ 从自身部门的角度出发，落实《北极战略》。2014 年初，《北极地区国家

---

① 2015 YEAR IN REVIEW—Progress Report on the Implementation of the National Strategy for the Arctic Region, https：//www. whitehouse. gov/sites/whitehouse. gov/files/documents/Progress% 20Report % 20on% 20the% 20Implementation% 20of% 20the% 20National% 20Strategy% 20for% 20the% 20Arctic% 20Region. pdf. （访问时间：2016 年 3 月 29 日）

② united states coast guard arctic strategy, http：//www. uscg. mil/seniorleadership/DOCS/CG_ Arctic_ Strategy. pdf. （访问时间：2016 年 3 月 17 日）

③ Department of Defense Arctic Strategy, http：//www. defense. gov/Portals/1/Documents/pubs/ 2013_ Arctic_ St rategy. pdf. （访问时间：2016 年 3 月 17 日）

战略实施方案》① 发布，着重对《北极战略》所设定的目标予以分工，明确工作完成时限。不仅如此，对北极政策执行情况的梳理与总结也是奥巴马政府北极政策的重要一环。2016 年 3 月，白宫公布《2015 年北极地区国家战略实施报告》，对 2015 年《北极战略》的实施状况进行回顾，文件首先对 AESC 落实 13689 号总统令的情况进行总结，再次凸显出奥巴马政府重视北极政策落实的执政风格。对奥巴马 2015 年历史性访问阿拉斯加以及在北极的政策举措详细地梳理和分析，再次强调美国北极政策落实要继续增进美国在北极地区的安全利益、促进对北极负责任的管理、加强北极事务的国际合作，并对未来北极政策和落实给予美好展望。

同时发布的还有其附件 A《2016 年北极战略实施框架》，② 该文件着重对 2016 如何有效落实《北极战略》进行科学规划。为 2016 年美国北极政策落实指出了继续努力的三个方向：增进美国在北极地区的安全利益、追求北极地区负责任的管理、加强国际合作。在每一方向内具体分为 7—13 条不等的具体框架。该附件成为美国政府 2016 年北极政策施行的重要指南。从中反映出奥巴马第二任期对《北极战略》实施的高度重视以及为加强《北极战略》实施的科学规划而付出的努力。

（三）高度重视北极地区的安全利益

乌克兰危机爆发，俄罗斯与西方国家尖锐的矛盾冲突不可避免地蔓延到北极地区。面对北极丰富的自然资源、重要的战略位置以及日益畅通的北极航道，北极国家纷纷加强了其在北极的存在。③ 俄罗斯作为北极大国，在北极拥有强大的战略行动能力，对美国形成战略威慑。当然，

---

① Implementation Plan for The National Strategy for the Arctic Region，https：//www. whitehouse. gov/sites/def au lt/files/docs/implementation_ plan_ for_ the_ national_ strategy_ for_ the_ arctic_ region_ –_ fi. . . . pdf.（访问时间：2016 年 3 月 17 日）

② 该附件由根据 13689 号总统令成立的"北极事务行政指导委员会"发布，其原文可参见：Appendix A-Implementation Framework for the National Strategy for the Arctic Region，https：//www. whitehous e. g ov/sit e s /whitehouse. gov/files/docume n t s/N ational% 20 Strateg y% 20for% 2 0the% 2 0Arcti c% 20Re gion% 20Imple me ntation% 20 Framework% 2 0% 28 App endix% 20A% 29% 20Final. pdf.（访问时间：2016 年 3 月 29 日）

③ 孙凯、王晨光：《国家利益视角下的中俄北极合作》，《东北亚论坛》2014 年第 6 期，第 26 页。

北极地区对美国形成战略压力的，并非只有俄罗斯一家。加拿大、北欧诸国等北极国家与美国在渔业划界、航道利用、海洋自由等方面均不同程度地存在分歧。面对诸多挑战，奥巴马政府在其《北极战略》中强调，将维护北极地区的美国国家安全作为美国北极政策的最优先议程之一。同时，还对美国在北极的安全利益进行拓展，强调要利用北极地区丰富的能源资源，通过负责任的开发管理以维护美国未来的能源安全。

在上文所提到的《2015 年北极地区国家战略实施报告》及其附件 A《2016 年北极战略实施框架》当中，再次将维护美国在北极地区的安全利益纳入其中。在附件 A 中，维护安全利益作为 2016 年努力方向之一，共分为四项：发展北极基础设施和战略能力、提高北极海域感知能力、维持北极地区海洋自由、为未来美国能源安全提供保障。每项下设 1—3 条不等，共计 8 条，分别为：为增加沿海地区活动做准备、航空基础设施、发展北极地区的通信基础设施、增强北极海域感知能力、改善联邦政府在北极冰封地区的海上活动能力、提升国际法和海洋自由、发展可持续的能源资源、加强安全和负责任的非可持续能源利用。附件 A 作为 2016 年的实施框架，反映了奥巴马政府对北极安全利益的关注是长期和一贯的。

综上，奥巴马政府对北极安全利益的界定无论在内涵还是外延上均得到发展。特别是将能源的可持续保障纳入其中并加强落实，体现出其对北极安全利益的重视是美国的长期目标。2016 年 3 月，美国联合三个国家（英国、挪威、加拿大）在北极开展 2016 极地演习（ICEX - 2016），为期 5 周，旨在测试和评估在北极地区的作战能力[①]，向国际社会传达其捍卫北极安全利益的坚强决心。

四　后奥巴马时代美国北极政策的走向

（一）下一届美国政府对北极事务的重视程度存在不确定性

奥巴马政府对美国北极政策所做的调整以及对北极事务的关注程度

---

① "Navy Sets Course for the Arctic Circle, Kicks Off ICEX 2016", http://www.milit arys-pot.com/news/navy-sets-co urse-for-the-arctic-circle-kicks-off-icex - 2016. （访问时间：2016 年 3 月 24 日）

是否能够得到下一届政府的继承和发展，是未来美国北极政策走向的看点之一。无论谁当选总统，都将会主导其任期内的美国外交战略和北极事务。面对众多需要美国主导和解决的全球事务，遥远冰冷的北极未必会得到华盛顿决策圈的青睐。2006 年，美国从冰岛的凯夫拉维克空军基地撤出，这一行动发出一个信号，即美国已将北极地区视为其外围利益区域。① 相比亚太、中东而言，北极在美国的战略棋盘中属于"非核心地区"。在现实中，北极地区只是美国全球战略网络上的一个连接点，② 其战略地位和作用有限。美国未必会为北极地区的战略利益付出过多的代价。而且，受到党派、宗教、利益集团等诸多因素的干扰，不同的领导者看待北极问题的态度也不一样。就在奥巴马急于推动壳牌石油公司在北极地区的资源勘探时，同属民主党派的前国务卿、2016 年美国总统大选热门人选之一的希拉里却明确表示反对在北冰洋进行石油钻探。美国新一届联邦政府产在政治、经济、宗教、党派等诸多复杂因素的干扰下，对奥巴马在任期间的北极政策做何种调整，值得关注。

（二）美国主导的北极理事会优先议程将面临挑战

美国十分重视气候变化和北极有效管理等议题，积极推动将气候变化问题纳入北极理事会优先议程。2015 年 11 月 12 日，在美国的推动下，北极理事会发布 2015—2017 年工作计划。③ 旨在促进北冰洋安全和管理、改善北极地区的经济和生活条件、应对气候变化的影响。这些计划将由北极理事会六个工作组，三个临时任务组和一个专家组承担完成。④

---

① ValurIngimundarson， "Iceland's Security Identity Dilemma： The End of a U. S. MilitaryPresence，" Fletcher Forum of World Affairs 31， No. 1 （2007）.

② 郭培清、孙兴伟：《论小布什和奥巴马政府的北极"保守政策"》，《国际观察》2014 年第 2 期，第 89 页。

③ Chairmanship Projects， U. S. Department of State， http：//www. state. gov/e/oes/ocns/opa/arc/uschair/248957. htm. （访问时间：2016 年 3 月 31 日）

④ 六个工作组分别是：北极污染行动工作组（ACAP），北极监测与评估工作组（AMAP），北极动植物群落保护工作组（CAFF），突发事件预防准备和响应工作组（EPPR），北极海洋环境保护工作组（PAME），可持续发展工作组（SDWG）；三个任务组分别是：北极海洋合作任务组（TFAMC），北极电信基础设施任务组（TFTIA），科学合作任务组（SCTF）；还有一个黑炭和甲烷专家组（BCMEG）。

2017 年，芬兰接任 2017—2019 年北极理事会轮值主席国，进而主导其在任两年的北极理事会相关事务。芬兰是否会继承美国推动的北极理事会优先议程，推进北极气候治理进程，存在不确定性。芬兰地处北欧，作为欧盟成员之一，其北极利益诉求与美国并不一致。芬兰十分重视北极地区的经济开发，积极引进外资参与北极开发，推动与欧盟国家以及北极国家的国际合作。2010 年 7 月 6 日，芬兰发布《芬兰的北极战略》及其草案，初步形成其北极战略目标：加强北极地区的国际合作、推动欧盟北极政策的演进以提高芬兰在北极事务中的地位、发挥芬兰专业技能进而实现其北极利益。[①] 在"欧债危机"爆发，欧洲各国经济普遍低迷的背景下，2013 年 8 月，芬兰推出《2013 芬兰北极战略》。该《战略》更加重视芬兰在北极的商业机遇，同时，继续对欧盟的北极政策给予特别关注，显示出芬兰意图在北极问题上与欧盟相互倚重，以平衡美俄等北极大国的北极战略布局。[②]

在此背景下，芬兰积极围绕北极经济开发问题开展国际合作。2016 年 3 月，分别与日本及俄罗斯领导人就加强北极圈资源开发、改善双边关系、解决乌克兰危机等相关议题展开会谈。特别是在与日本首相安倍晋三的会谈中，双方就推进北极圈资源开发、合作利用北冰洋航路等北极议题达成了一致，并发表联合声明。[③] 芬兰主张以北极理事会为中心论坛开展北极合作，同时希望加强与欧盟的北极合作，[④] 其北极战略的侧重点和关注点与美国存在差异。2017 年芬兰接任主席国以后，是否会继续推动美国制定的优先议程，尚难预料。但可以肯定的是，芬兰推动的下一届北极理事会议事日程将不可避免地对美国的北极政策带来外部压力，并产生影响。

---

① Finland's Strategy for the Arctic Region, http://arcticportal.org/images/stories/pdf/J0810_Finlands.pdf. （访问时间：2016 年 3 月 15 日）

② 程保志：《芬兰的北极战略》，载刘惠荣主编《北极地区发展报告》（2014），社会科学文献出版社 2015 年版，第 154 页。

③ 《安倍会晤芬兰总统就合作开发北极圈资源达共识》，中国网，http://www.lianghui.org.cn/news/world/2016-03/11/content_37997809.htm. （访问时间：2016 年 3 月 25 日）

④ 陆俊元：《北极地缘政治与中国的应对》，时事出版社 2010 年版，第 204—2229 页。

(三) 面临国内利益团体博弈和落后的北极行动能力的制约

美国北极政策面临来自国内各利益团体的压力，增加了其演进过程中的不确定性。美国将应对气候变化等问题作为担任北极理事会主席国期间的最优先议程就引起了阿拉斯加州的抗议。2014 年 10 月 6 日，阿拉斯加北极政策委员会的参议员赖斯·麦克古尔（Lesil McGuire）和众议员鲍勃·贺润（Bob Herron）在致罗伯特·帕普和大卫·鲍顿（David Balton）的公开信中表示，确保北极地区居民的工作机会和经济发展、应对北极地区的自杀问题、为北极偏远地区居民建造安全可持续的卫生设施、确保北极地区航运安全等应作为美国的最优先议程。① 阿拉斯加州则希望美国担任轮值主席国期间的北极政策能够充分考虑阿拉斯加的需求，并发挥一定作用。阿拉斯加原住民群体则认为，北极理事会优先议程应考虑该地区原住民的需求，将粮食安全以及原住民自决权等置于更为优先的位置。② 美国政府不仅仅在优先议程问题上面临诸多不同意见，还在北极石油开采问题上面临各方的"围攻"。围绕壳牌石油公司开采阿拉斯加西北海岸石油可能导致严重环境污染的问题，联邦政府、阿拉斯加州政府、原住民群体、国会议员、环保组织、石油利益集团等各方势力基于自身利益考量提出互不相同甚至是彼此矛盾的意见。最终以壳牌石油公司退出这一地区，终结北极石油开采计划而告终。可以预见，未来各方政治势力、利益集团、非政府组织围绕北极开发问题上的摩擦将持续下去。

美国北极政策的实施还面临北极事务能力的制约。与俄罗斯、加拿大等北极国家相比，美国对北极事务的重视程度和资源投入都"保持一种低姿态"。以破冰船为例，美国海岸警卫队仅有两艘破冰船在役，分别

---

① Lesil McGuire and Bob Herron, "Letter to Papp and Balton from AAPC Co-chairs", December 2014, http://www.akarctic.com/wp-content/uploads/2014/10/10.6.14 - LTR-to-Papp-and-Balton-from-AAPC-co-chairs-FINAL.pdf. （访问日期：2016 年 1 月 16 日）

② Matthew Smith, "As U.S. Outlines Arctic Council Goals, Native Groups and State Lawmakers Left Wanting", http://www.alaskapublic.org/2014/11/03/as-us-outlines-arctic-council-goals-native-groups-and-state-lawmakers-left-wanting/; "Arctic Council: United States Chairmanship 2015 - 201 7", http://www.knom.org/wp-audio/2014/11/2014 - 11 - 03 - US-Chair-Arctic-Council.pdf. （访问日期：2016 年 1 月 28 日）

为 1999 年开始服役的中型破冰船 "希利号" 和 1976 年开始服役并经多次大修的重型破冰船 "极地星号"。① 无论其数量还是质量均与俄罗斯、加拿大难以相提并论。在北极恶劣的自然环境下，缺乏破冰船的支持，北极开发活动将困难重重。无论是建造破冰船，还是改造升级北极地区的基础设施（如卫星监控系统、深水港、油料补给）都离不开经费的支持。尽管在 2017 财政年度美国联邦预算法案中，奥巴马已经向国会申请 1.5 亿美元用于修建新的极地破冰船。但是，在美国经济持续低迷的情况下，美国政府难以将有限的财政资源持续投入北极行动能力建设中，这也是未来美国北极政策的一大 "短板"。

结　语

"如果某位总统有幸进入其第二任期，那么，随着该总统外交政策经验的丰富及其对选举政治怪圈的摆脱，第二任期往往成为该总统在外交政策领域最有作为的时期。"② 奥巴马开启第二任期后，出台了美国首份正式的北极战略——《北极地区国家战略》。同时，不断调整其北极战略，初步形成了奥巴马政府北极战略的诸多特点。尤其表现在整合和优化北极事务决策机构和机制，加强《北极战略》的落实和监督，保持对美国在北极地区安全利益的继续关注等方面。奥巴马第二任期在北极事务上的政治努力将为美国北极战略的演进和实施做出贡献。

"由于国际形势的错综复杂和国际格局的深刻变化，奥巴马在其新任期内的外交目标很难完全实现，外交政策的执行注定不会一帆风顺。"③ 奥巴马政府的北极政策面临诸多政治、经济等方面的战略风险，下一届美国政府在多大程度上延续其北极政策以及芬兰继任北极理事会主席国

---

① Hector Martin, "Polar Sea Revisited", The Arctic Journal, October 16, 2014, http: //arc-ticjournal. com/politics/10 82/polar-sea-revisited. （访问时间：2015 年 1 月 26 日）

② 林宏宇：《试论美国总统选举政治对美国外交政策的影响（1952—2004）》，《国际论坛》2006 年第 3 期，第 28—32 页。

③ 李恒阳：《奥巴马第二任期美国外交政策走向析论》，《国际安全研究》2013 年第 3 期，第 51 页。

后将会如何协调美国与北极理事会关系、美芬关系，都存在不确定性。另外，美国北极政策还面临来自美国国内利益博弈、北极事务能力建设等多方面的掣肘。后奥巴马时代的美国北极政策将不得不在诸多挑战中踟蹰前行。

（杨松霖：中国海洋大学法政学院国际关系专业硕士研究生）

中美关系

中国崛起与中美经济实力差距变化

——以国内生产总值为基础的新常态浅析

王孜弘

【内容提要】 数十年来高增长率与位居第二的国内生产总值表明中国的"崛起"与规模的庞大。但同样的数据还表明，至 2015 年，中国对美国的国内生产总值差距远远大于中国改革开放前夕。总体而言，中国跃居国内生产总值世界第二的过程，是中美间国内生产总值差距拉大的过程。除改革开放本身是个渐进漫长的过程等原因外，人口结构与生产及消费模式使国内生产总值难以充分体现中国建设成就也是中美间国内生产总值差距拉大的重要原因。这意味着在以国内生产总值为指标进行中美经济实力对比时，对中国经济实力仍有所低估。中国经济新常态下进行的结构调整过程中体现的国内生产总值增长率下降并不意味着经济实力增长的放缓。在改变中美经济力量对比过程中，对中国而言，更重要的是通过结构调整提高本国在国际分工产业链中的地位而非国内生产总值的排位与赶超。

【关键词】 美国经济　中国经济　中美经济比较　国内生产总值

尽管国内生产总值未必能精确全面地反映一国经济综合实力，但毕竟是经济实力的重要参考系。对中美国内生产总值差的分析有助于更全面地了解中国与美国的差距及中国自身经济状况等。

一　国内生产总值增长与值差变化

在国内生产总值方面，中国的崛起举世公认。中美间国内生产总值差距也在缩小，但常常被忽视的是，与改革开放之初比，中美间国内生产总值差距不仅未缩小，且有所扩大。

尽管对中美经济实力对比的看法各有不同，但若以国内生产总值判定，以下几点不可否认。

（1）20 世纪 80 年代来中国国内生产总值的增长率明显高于美国。从 1980 年至 2015 年，中国国内生产总值年增长率除 1981 年的5.2%、1989 年的 4.2% 及 1990 年的 3.9% 外，均未低于 2015 年的6.9%。[①] 同一时期，美国国内生产总值增长率在 1984 年达到 7.3%的最高值，在 1980 年、1982 年、1991 年、2008 年和 2009 年则分别出现了 -0.2%、-1.9%、-0.1%、-0.3% 和 -2.8% 的负增长。自 20 世纪 90 年代以来，美国国内生产总值增长率从未超过 1999 年的 4.7%。2015 年，美国国内生产总值增长率仅为 2.4%，[②] 而中国国内生产总值增长率则为 6.9%。[③]

（2）中美两国间的国内生产总值百分点差距逐步缩小。按现价美元计算，1980 年中国国内生产总值对美国国内生产总值之比约为6.6%。到 2015 年，中国国内生产总值对美国国内生产总值之比上升到约 60.5%。[④]

（3）从国内生产总值排位来看，中国已经成为世界第二大经济体。从 2009 年中国国内生产总值超过日本至今，中国一直稳居国内生产总值世界第二的地位。2015 年中国国内生产总值为 10.87 万亿美元，超过位

---

① 参见世界银行网站，网址：http://data.worldbank.org.cn/indicator/NY.GDP.MK-TP.KD.ZG? locations = CN&name_ desc = true，2016 年 7 月 7 日。

② 参见世界银行网站，网址：http://data.worldbank.org.cn/indicator/NY.GDP.MK-TP.KD.ZG? locations = US，2016 年 7 月 7 日。

③ 参见世界银行网站，网址：http://data.worldbank.org.cn/indicator/NY.GDP.MK-TP.KD.ZG? locations = CN&name_ desc = true，2016 年 7 月 7 日。

④ 参见世界银行网站，网址：http://databank.shihang.org/data/reports.aspx? source = 2&series = NY.GDP.MKTP.CD&country = #，2016 年 7 月 12 日。

居第三的日本一倍多。[①]

（4）按购买力平价计算，中国国内生产总值位居世界第一。国际货币基金组织与世界银行公布的数据表明，按购买力平价计算，2014 年中国国内生产总值超过美国，成为世界第一大经济体。2015 年中国国内生产总值为 19.39 万亿国际元，美国为 17.947 万亿国际元。[②] 世界银行的数据略有不同，但同样表明中国的国内生产总值位居世界第一。按购买力平价计算，2015 年美国国内生产总值为 17.94 万亿国际元，中国国内生产总值为 19.52 万亿国际元。[③]

上述四点以国内生产总值为基础得出，且并非中国单方面计算的结果，得到世界公认。但其说明的却未必是中美间经济差距的缩小。

通常被表述为中国经济的高速增长，实际上指的是变化量与原基数之比的变化率即增长率，而非变量的实际增量即增长速。但决定两个变量间值差变化的是增长速而不是增长率。1983 年中国国内生产总值增长率为 10.8%，美国国内生产总值增长率为 4.6%。到 2006 年，中国国内生产总值增长率为 12.7%，比 1983 年上升了 1.9 个百分点；美国国内生产总值增长率为 2.7%，比 1983 年下降了 1.9 个百分点。[④] 但中美间国内生产总值差距却由 1983 年的约 3.4 万亿美元上升至 2006 年的 11.1 万亿美元。其原因在于，1983 年中美国内生产总值分别大约为 0.2 万亿美元和 3.6 万亿美元，而到 2006 年，中国国内生产总值约为 2.7 万亿美元，

[①] 参见世界银行网站，网址：http://databank.shihang.org/data/reports.aspx? source = 2&series = NY.GDP.MKTP.CD&country = #，2016 年 7 月 12 日。

[②] International Monetary Fund, "World Economic Outlook Database, April 2016," available at: http://www.imf.org/external/pubs/ft/weo/2016/01/weodata/weorept.aspx? pr.x = 74&pr.y = 12&sy = 2014&ey = 2015&scsm = 1&ssd = 1&sort = country&ds = . &br = 1&c = 924%2C111&s = PPPGDP&grp = 0&a = ，2016.7.14. 国际货币基金组织公布的此项统计所用货币单位是国际元（International Dollar）而非美元（U.S Dollar）。国际元被视为在美国与美元有同等购买力。

[③] 参见世界银行网站，网址：http://databank.shihang.org/data/reports.aspx? source = 2&series = NY.GDP.DEFL.KD.ZG&country = #，2016 年 7 月 14 日。世界银行公布的此项统计所用货币单位是国际元（International Dollar）而非美元（U.S Dollar）。

[④] 数据来源：世界银行，http://data.worldbank.org.cn/indicator/NY.GDP.MKTP.KD.ZG/countries? display = default，2015 年 10 月 20 日。

美国国内生产总值约为 13.8 万亿美元。^① 中国更高的增长率并未导致两国间国内生产总值差的缩小。

按国内生产总值排列中国成为世界第二大经济体只能说明在国内生产总值排行中，中国与第一大经济体美国之间没有其他经济体存在，而不能直接体现中美间的差距变化。至于中国对美国国内生产总值百分点差距缩小，更不能体现两个实体的差距变化。原因在于差距的变化取决于值差的变化，而不取决于百分点差的变化。

支撑中国成为第二大经济体及中国对美国内生产总值百分点差距缩小的实际数据是，1980 年中国国内生产总值相当于美国国内生产总值的 6.6%，国内生产总值排名居第十余位时，中国国内生产总值约为 1900 亿美元，美国国内生产总值约为 2.86 万亿美元，中国对美国的国内生产总值的值差约为 2.67 万亿美元。^② 到 2014 年中国国内生产总值相当于美国国内生产总值的 59.5%，国内生产总值排名位居第二时，中国国内生产总值约为 10.36 万亿美元，美国国内生产总值约为 17.41 万亿美元。以此计算，中美国内生产总值差距由 1980 年的 2.67 万亿美元上升至 2014 年的 7.05 万亿美元。^③ 到 2015 年，中国国内生产总值对美国国内生产总值之比上升到约 60.5%，但当年中国的国内生产总值约为 10.87 万亿美元，美国国内生产总值约为 17.95 万亿美元，中国对美国的国内生产总值差距扩大到了 7.08 万亿美元。^④ 这表明，虽然中国的国内生产总值保持了远高于美国国内生产总值的增长率，且对美国内生产总值百分点差距大幅缩小，中美间国内生产总值的值差却呈扩大状。（见图 1）

---

① 数据来源：世界银行，http：//data. worldbank. org. cn/indicator/NY. GDP. MKTP. CD/countries? order = wbapi _ data _ value _ 2014% 20wbapi _ data _ value% 20wbapi _ data _ value-last&sort = desc&display = default. 2015 年 10 月 21 日。

② 数据来源：世界银行，http：//data. worldbank. org. cn/indicator/NY. GDP. MKTP. CD/countries? order = wbapi _ data _ value _ 2014% 20wbapi _ data _ value% 20wbapi _ data _ value-last&sort = desc&display = default，2015 年 7 月 2 日。

③ 数据来源：世界银行，http：//data. worldbank. org. cn/indicator/NY. GDP. MKTP. CD/countries? order = wbapi _ data _ value _ 2014% 20wbapi _ data _ value% 20wbapi _ data _ value-last&sort = desc&display = default. 2015 年 10 月 27 日。

④ 参见世界银行网站，网址：http：//databank. shihang. org/data/reports. aspx? source = 2&series = NY. GDP. MKTP. CD&country = #，2016 年 7 月 12 日。

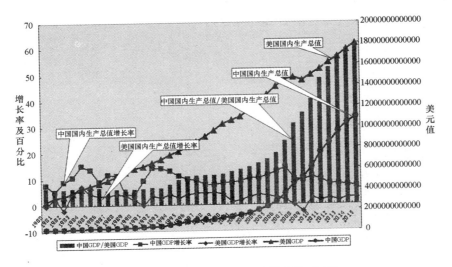

图1 中美国内生产总值与增长率及百分比

数据来源：世界银行，http：//databank. shihang. org/data/reports. aspx？source = 2&series = NY. GDP. MKTP. CD&country = #. http：//databank. shihang. org/data/reports. aspx？source = 2&series = NY. GDP. MKTP. KD. ZG&country = #，2016 年 7 月 12 日。

两国的国内生产总值数据还表明，中美间差距最高时为 2006 年的约 11.1 万亿美元。[①] 2007 年次贷危机后中美国内生产总值差距开始缩小。但 2015 年中国对美国的国内生产总值差距再次扩大。中国保持高增长率（rate），中国对美国国内生产总值百分点差距缩小，及中国国内生产总值追赶至世界第二大经济体的过程，是中美均高速（speed）增长的过程，而不是中国独快的过程。

至于国际货币基金组织公布的数据表明按购买力平价算中国国内生产总值已经超过美国成为世界第一大经济体之说，确实体现了按购买力平价反映出的中美两国的国内生产总值变化。但由于购买力平价法本身在前提假设、模型构建及商品结构选择等方面的局限而未得到广泛认可。中国官方与学者更是反应平平。更重要的是，IMF 在公布了按购买力平价

[①] 数据来源：世界银行，http：//data. worldbank. org. cn/indicator/NY. GDP. MKTP. CD/countries？order = wbapi_data_value_2014% 20wbapi_data_value% 20wbapi_data_value-last&sort = desc&display = default，2015 年 10 月 21 日。

中国已经成为世界第一大经济体的数据的同时，也公布了按美元现价（current prices U. S. dollars）计算的中美两国国内生产总值。其所显示的中美国内生产总值差距变化与世界银行数据显示的中美国内生产总值差距变化无本质区别，说明的都是中国对美国内生产总值差距大于改革开放之初（见图2）。

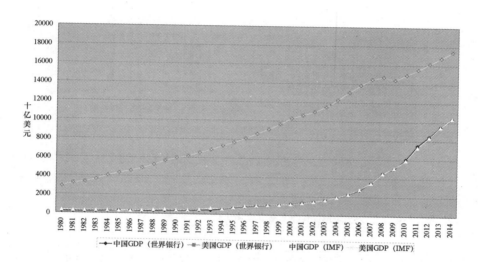

图2 TMF 及世界银行分布的中美 GDP 值 （1980—2014）

数据来源：International Monetary Fund, Data and Statistics, "World Economic Outlook Database, October 2015"。http: //www. imf. org/external/pubs/ft/weo/2015/02/weodata/weorept. aspx? sy = 1980&ey = 2014&scsm = 1&ssd = 1&sort = country&ds = . &br = 1&c = 924% 2C111&s = NGDPD&grp = 0&a = &pr. x = 41&pr. y = 12，2015 年 10 月 23 日。世界银行，http: //data. worldbank. org. cn/indicator/NY. GDP. MKTP. CD/countries? order = wbapi_ data_ value_ 2014% 20wbapi_ data_ value% 20wbapi_ data_ value-last&sort = desc&display = default，2015 年 7 月 2 日。

国际货币基金组织的数据表明，1980 年中国国内生产总值约为 3037. 64 亿美元，美国国内生产总值约为 28624. 8 亿美元。到 2014 年中国早已成为世界第二在经济体时，中国国内生产总值约为 103565. 1 亿美元，美国国内生产总值约为 173480. 8 亿美元。以此计算，中美国内生产总值差距从 1980 年的 25587. 11 亿美元上升为 2014 年的

69915.67 亿美元,① 同样表明中国国内生产总值追赶至世界第二大经济体的过程,是中美均高速增长从而将其他经济体甩在后面的过程,而不是中国独快的过程(见图3)。

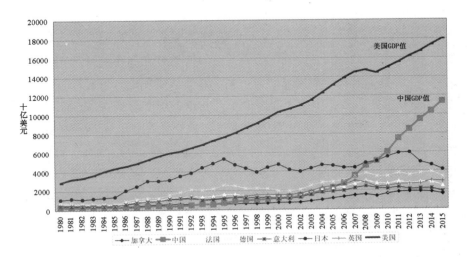

图3 中国与 G7 国家 GDP(1980—2015)

数据来源:International Monetary Fund,Data and Statistics,"World Economic Outlook Data-base,October 2015".http://www. imf. org/external/pubs/ft/weo/2015/02/weodata/weorept. aspx?pr. x = 57&pr. y = 9&sy = 1980&ey = 2015&scsm = 1&ssd = 1&sort = country&ds = . &br = 1&c = 156%2C924%2C132%2C134%2C136%2C158%2C112%2C111&s = NGDPD&grp = 0&a = ,2016 年 2 月26 日。

这种差距不仅表现在名义值差方面,而且表现在实际值差方面。从1980 年至 2015 年,中国每年的广义货币增长率均高于国内生产总值增长率。除1992 年、1993 年、1994 年及经济衰退后的 2010 年等少数年份外,美国每年的广义货币增长率也快于其国内生产总值增长率。但是,从1980 年至 2015 年间,中国广义货币的年增长率均高于美国广义货币的年

---

① 数据来源:International Monetary Fund,Data and Statistics,"World Economic Outlook Data-base,October 2015".http://www. imf. org/external/pubs/ft/weo/2015/02/weodata/weorept. aspx?sy = 1980&ey = 2014&scsm = 1&ssd = 1&sort = country&ds = . &br = 1&c = 924%2C111&s = NGDPD&grp = 0&a = &pr. x = 41&pr. y = 12,2015 年 10 月 23 日。

增长率。① 不仅如此，在 1980 年至 2015 年间，除 1982 年、2000 年、2001 年、2007 年和 2008 年等少数年份外，总体而言，中国广义货币增长率与国内生产总值增长率之差明显大于美国广义货币增长率与国内生产总值增长率之差。②

中美两国的国内生产总值都受国内通货膨胀的影响。世界银行公布的按国内生产总值平减指数衡量的中美两国年通货膨胀率表明，在 1980 年至 2015 年的 30 余年间，有 20 余年中国的通货膨胀率高于美国的通货膨胀率。③ 数据表明，中美之间国内生产总值的差距扩大主要发生在 1980 年至 2006 年间。若将中美之间国内生产总值的值差定义为美国对中国国内生产总值的领先值，通过简单计算可知，在此期间，美国对中国国内生产总值领先值的增长率超过了美国的通货膨胀率。④ 这表明，当中美间国内生产总值差拉大时，扩大的不仅是名义值差，还是实际值差。同时从侧面说明，总体而言，美国广义货币的增长与通胀状况不影响中美间国内生产总值差距拉大的结论。

综上所述，支持中国国内生产总值保持高增长率，中国对美国内生产总值百分点差距不断缩小，以及中国已经成为世界第二大经济体的数据表明，中美国内生产总值差缩小始于 2007 年美国发生次贷危机之后而非改革开放之初，但 2015 年中美间国内生产总值差距又有所扩大；2015 年中美国内生产总值差仍大于改革开放之初。但上述差距的变化未必能真实全面地反映实际创造的财富与创新能力的变化。

---

① 参见世界银行网站，网址：http：//databank. shihang. org/data/reports. aspx？ source = 2&series = NY. GDP. DEFL. KD. ZG&country = #，2016 年 7 月 15 日。

② 参见世界银行网站，网址：http：//databank. shihang. org/data/reports. aspx？ source = 2&series = NY. GDP. DEFL. KD. ZG&country = #，2016 年 7 月 15 日。

③ 参见世界银行网站，网址：http：//databank. shihang. org/data/reports. aspx？ source = 2&series = NY. GDP. DEFL. KD. ZG&country = #，2016 年 7 月 15 日。

④ 参见世界银行网站，网址：http：//data. worldbank. org. cn/indicator/NY. GDP. MKTP. CD/countries？ order = wbapi_ data_ value_ 2014% 20wbapi_ data_ value% 20wbapi_ data_ value-last&sort = desc&display = default，2015 年 7 月 22 日；http：//data. worldbank. org. cn/indicator/NY. GDP. DEFL. KD. ZG/countries？ display = default，2015 年 7 月 22 日。另参见王孜弘《中美经济实力差：以 GDP 为角度衡量进行分析》，载浦东美国经济研究中心、武汉大学美国加拿大经济研究所编《创新增长合作与中美经贸关系》论文集，上海社会科学院出版社 2013 年版，第 438 页。

二 对国内生产总值差距变化的原因探讨

虽然与改革开放之初相比中国对美国内生产总值差距有所加大，但中美间国内生产总值差距的扩大并不能否认中国建设成就。差距的加大与中美两国国情差异有关。

与美国相比，中国长期形成的人口格局与生产及消费方式抑制了最终产品与服务中所含的国内生产总值项目的增加，使国内生产总值无法充分体现中国的建设成就。这主要体现在农村人口的比例与消费模式等方面。

从改革开放初期至今的大多数年份中，中国农村人口占人口的绝大多数。1980年末中国总人口约98705万人，其中城镇人口约19140万人，约占19.39%，乡村人口约79565万人，约占80.61%。到2013年末，中国人口总数约136072万人，其中城镇人口约73111万人，约占53.73%，乡村人口约62961万人，约占46.27%。[①]

城镇人口与乡村人口之分对中国国内生产总值统计有极为特殊的影响。历史上落后的生产力状况与基础设施，导致了商业的不发达。这使农村人口在消费过程中保留了许多自然经济的特征。最为典型的是对粮食的消费。粮农收获粮食后，会将自己及以家庭成员为主的抚养人口的粮食留存，而这种留存在很大程度上又是以家庭保存为主要形式。这意味着，粮农及其家庭成员所需粮食在被运到家中或储存地点后，便不再发生一般商品粮所经历的后续的运输，后续的出售，后续的分类、集中、储存、管理、后续的批发，及由批发引起再次运输、再次分类、再次集中、再次储存、再次保管、再次出售等，更不会有经多次批发再零售所需要的多次分类、集中、储存、管理等多个环节，也不会衍生出上述多个环节所导致的投入、就业、收入，需求与供给，自然也不会产生源于

---

① 中华人民共和国国家统计局，《中国统计年鉴2014》http://www.stats.gov.cn/tjsj/ndsj/2014/zk/html/Z0201C.xls，2015年10月22日。1981年及以前数据为户籍统计数；1982年、1990年、2000年、2010年数据为当年人口普查数据推算数；其余年份数据为年度人口抽样调查推算数据。总人口和按性别分人口中包括现役军人，按城乡分人口中现役军人计入城镇人口。

上述各个环节的国内生产总值。

由上可见，中国农村人口消费的粮食中所含的国内生产总值项目远远少于城市人口从市场购买用于消费的粮食所包含的国内生产总值项目。在消费数量相同的情况下，农村人口消费的国内生产总值更低。同样的情况在不同程度上存在于菜农、果农、瓜农及其他经济作物的种植者及其扶养人口中，甚至存在于养殖、畜牧等领域。尤其重要的是，由于许多农产品是必需品，因此农业生产者及其抚养人口大多难以完全脱离对农村自产物品的消费，进而使大量产品进入消费领域前未经诸多流通环节，自然也不会产生流通环节所产生的投入与国内生产总值。相对于从超市、商店或其他市场购买消费品的城市人口的消费而言，即便消费的数量、种类、与质量相同，城市人口消费的农产品中所含国内生产总值远大于农村劳动力及其扶养人口自产消费品中所含国内生产总值。

相比之下，美国没有庞大的中国意义上的所谓农村人口。美国的所谓农民主要体现为农业就业者，而不是中国意义上的农民。美国农业就业者不仅数量极少，且在消费模式上也与中国截然不同。从就业上看，在 1980 年美国总就业量 9930.3 万人，其中农业雇佣者仅为 336.4 万人，[1]仅占 3.38%。到 2014 年，美国非农就业人数为 14406.8 万人，农业及涉农就业人数为 223.7 万人。[2] 农业及涉农就业人数仅占两者之和的 1.5%。在农业与涉农就业中，还包括管理，服务，销售，资源维护，运输与物流等，而从事生产的仅为 1.7 万。[3]

更为重要的是，美国农业就业者与在更大程度上体现生产与消费一体的中国农民不同。美国农业就业者以获得薪金而非农产品本身的方式得到报酬。在 2014 年 223.7 万农业及涉农就业者中，仅有 2.2 万人为无薪家庭工。[4] 美国农业就业者在消费农产品时，往往需同非农就业者及城

① U. S Census Bureau, Statistical Abstract of the United States, 2001, p. 384.

② U. S. Bureau of Labor Statistics, United States Department of Labor, "Labor Force Statistics from the Current Population Survey", http://www.bls.gov/cps/cpsaat15.htm, 2015 年 10 月 22 日。

③ U. S. Bureau of Labor Statistics, United States Department of Labor, "Labor Force Statistics from the Current Population Survey", http://www.bls.gov/cps/cpsaat17.htm, 2015 年 10 月 22 日。

④ U. S. Bureau of Labor Statistics, United States Department of Labor, "Labor Force Statistics from the Current Population Survey", http://www.bls.gov/cps/cpsaat15.htm, 2015 年 10 月 22 日。

市人口一样，从零售商购买农产品。因此，美国农业劳动力与非农劳动力所消费的农产品同城市人口一样，收获后经过后续的运输，后续的出售、分类、集中、储存、管理、批发，及由批发引起再次运输，再次分类、再次集中、再次储存、再次保管、再次出售等过程。上述过程衍生出上述多个环节所导投入、就业、收入、需求与供给，自然也产生诸多项的国内生产总值。因此美国农业劳动力消费的农产品中所含国内生产总值项也多于中国农产品生产者消费自产产品中所包含的国内生产总值项。

由此可见，中国庞大的农村人口及受传统影响的消费方式虽然未必抑制消费本身，更未必阻碍经济增长，却抑制了国内生产总值的形成，从而使国内生产总值不足以充分反映中国经济建设的成就。中国对美国内生产总值差距的上升，未必意味着表现为国内最终产品的财富与创新能力差距的上升。

充分利用外部要素需要时间也是导致中国国内生产总值对美差距加大的重要原因之一。中国的开放是以自身适应外部经济规则为代价的。尽管这种规则总体而言符合生产力发展的要求，但毕竟更多地反映发达国家的利益。这意味着美国可在这一规则下更多地利用中国经济增长与开放提供的机会与要素，而中国学会更有效地适应与利用规则，并影响规则的制定却需要更长的时间。在吸引外国直接投资方面表现最为明显。从 20 世纪 80 年代初开始，尽管中国不断扩大开放领域，并保持总体高速增长，而美国却经历数次衰退，但直到次贷危机导致衰退后的 2009 年，外国直接投资对华净流入额才超过对美国的净流入额。当年美国的外国直接投资净流入额约为 1537.88 亿美元，而中国的外国直接投资净流入额约为 1670.70 亿美元。① 当然，中国在开放中实现从计划经济向市场经济的转型更不能一蹴而就。较长的转型过程限制了对市场功能的发挥与利用。

此外，还应承认，从世界范围看，取得经济成就的不仅有中国。中

---

① 数据来源：世界银行，http：//data. worldbank. org. cn/indicator/BX. KLT. DINV. CD. WD/countries？ order = wbapi_ data_ value_ 2009%20wbapi_ data_ value&sort = desc&page = 1&display = default，2015 年 10 月 28 日。

国经济在崛起（rising）的同时，包括美国在内的主要发达国家及其他新兴经济体的经济水平也有所上升（rising）。由于中国在改革开放前基数较低，开放后中国国内生产总值自然会出现增长率较高，但增速却较低的情况。而美国则不同，由于相对完善的市场经济体制与长期的资本与技术积累的影响，在较长时间内出现国内生产总值增长率低于中国，但增速却高于中国的现象也属自然。这直接导致了改革开放至 2015 年中国对美国的国内生产总值差距的扩大。

三 新常态下对国内生产总值与中美经济实力对比的再认识

国内生产总值的确是一国经济状况的重要指标，也的确能在一定程度上反映一个国家的综合经济实力。但以国内生产总值判定经济实力的局限性也显而易见。面对中国的国情，国内生产总值的局限性更为突出。因此在分析新常态下中美经济实力对比及应对复杂的国际事务中，对国内生产总值应有更为全面的认识。

首先，鉴于上述国内生产总值衡量中国经济中的局限性，在中国经济步入新常态背景下，进行中美经济实力对比分析中切忌高估国内生产总值的作用，从而造成误判。

国内生产总值仅是价值指标而非效用指标，其反映的是产出与消费的价值额而非产出与消费的质与量。就中国而言，虽然经三十多年改革使农村与城镇人口比例发生重大变化，但同发达国家比，尤其是同美国比，农村人口仍然显得庞大无比。更重要的是农村特有的传统的自然经济式的消费模式仍然存在。庞大的农村人口与农村的生产与消费模式使国内生产总值难以充分体现经济增长。新常态下进行结构调整的目标在于优化结构而非提高国内生产总值。这意味着今后改变中美间经济实力对比的主要变量中，最重要的并不是国内生产总值的增长率。就美国而言，最重要的同样不是国内生产总值。总统大选中，对选情影响较大的因素也不是对国内生产总值增长率承诺与目标，而是就业、通胀、社会保障、对外政策之类。而美联储在实施货币政策时，其依据也更多地表现为就业、通胀之类，而不是国内生产总值增长率。

中国在进行以国内生产总值为核心研判经济实力的过程中，要在看到中国国内生产总值的高增长率，对中美国内生产总值百分点差的缩小，以及中国已经成为世界第二大经济体的斐然成就的同时，不应忽视甚至回避与改革开放之初比中美国内生产总值差距未减反增的状况。既不因中国国内生产总值保持长期高增长率，对美国内生产总值百分点差距的缩小，以及中国已无争议地成为世界第二大经济体而高估自身实力，也不必因中国对美国内生产总值差距明显高于改革开放之初，以及经济面临下行压力而低估自身。中国经济步入新常态过程中，所谓下行压力中的下行仅指国内生产总值增长率的下行，而非经济增长本身的下行，甚至也不是国内生产总值的实际增速的下行。在判断经济实力对比与变化趋势时，切忌高估国内生产总值的作用，从而对自身及他国的实力造成误判。

其次，就对世界经济的影响力而言，中国与包括美国在内的其他国家的经济实力对比变化更多地取决于在国际分工产业链中的地位而非国内生产总值的排名。因此在关注国内生产总值的同时，更应关注的是技术、创新和生产力与管理能力的提高，以及由此导致的在国际分工产业链中的地位变化，而非国内生产总值的对比与赶超。

从历史与现状看，技术领先，具有创新能力的经济体往往会在国际分工中居于上游有利地位。在产品内分工与贸易中更是如此。在分析中国、美国及东亚其他经济体间的关系时，有观点认为，在东亚生产网络中，"领头雁"日本把机电、纺织等国内处于成熟期的产业通过生产、投资、贸易等手段依次传递给新兴工业经济体、东盟和中国大陆地区；这些产业的产品将生产过程按照要素密集度不同分散到资源禀赋不同的区位进行生产，区位间资源禀赋差异越大，产品内分工生产越有利；日本、韩国等经济体在生产机械与运输设备产品上具有优势，中国凭借劳动力成本优势主要负责产品的终端组装加工出口环节；[1] 在许多产品领域，由于产品内分工，中国承接了东亚地区资本和技术密集型产品的终端组装加工环节，替代东亚其他经济体对美国出口。[2] 在这一过程中，中国的国

---

① 参见林婷斐《产品内分工与中美贸易失衡的影响分析》，《亚太经济》2014 年第 3 期，第 57 页。

② 同上。

内生产总值自然有所增值。而充分利用国际分工与比较优势并获取利益最大化的美国，却因其属于进口方而在国内生产总值统计中增值为负，但绝不意味着进口对美国经济实力增长的影响力也是负面的。

上述情况近年虽然有所变化，但在许多领域并无根本性改观。回顾第二次世界大战后世界经济历程，长期居于第一大经济体的美国，在许多以技术与创新为基础的国际分工产业链中往往也居于顶端。日本、德国经济复兴后国内生产总值仅处于次高端的同时，其在许多以技术与创新为基础的国际分工产业链中的地位也居于次高端。这使德、日很快从战后经济废墟成长为具有重大影响的发达经济体，并且无论是在世界经济增长与规则制定中，还是在对美国及其他欧洲发达经济体的博弈中，都有较大的影响力。中国虽然按国内生产总值算已经是世界第二大经济体，在世界经济中的影响力与博弈能力也大为上升，但在许多以技术与创新为基础的国际分工产业链中仍居低端甚至末端，这使中国至今仍为发展中国家而未能成为发达经济体中的一员，且在世界经济规则的制定中，与包括美国在内的发达经济体的博弈能力也受到限制，甚至还低于德、日等国内生产总值低于中国的国家。因此，中国经济地位的进一步上升更多地依靠结构的调整而非国内生产总值的赶超。中国经济在注重结构调整的新常态下国内生产总值增长率虽有下降，但不意味着经济影响力的下降。况且国内生产总值本身也不是用来排名的。

最后，应当充分认识到，在全球经济一体化背景下，各经济体经济实力增长最大化的过程是参与分工相互促进的过程，而非独自实现的过程。经济竞争并非国内生产总值竞赛。若以军备竞赛的心态看待国内生产总值与经济增长，则有被诱入冷战思维陷阱的危险。

尽管不同经济体间存在竞争甚至经济冲突，但几乎没有国家能够在实现经济增长的同时不对其他经济体的增长产生积极作用。中美之间更是如此。作为重要经济伙伴，中国经济的增长与国内生产总值的上升过程本身即推动了美国许多领域的增长、就业及国内生产总值的上升。同理，美国在许多领域的增长本身也拉动了中国经济的增长与国内生产总值的提高。中美零部件贸易便是这种相互提升国内生产总值的突出表现之一。2014 年中国对美国汽车零部件出口达 115 亿美元。美国已经成为中国最大的汽车零部件出口目的地国家。① 中国出口零部件拉动了中国的国内生产总值增长。美国进口零部件虽然在国内生产总值统计中增值为负，但零部件用于进一步的生产，最终促进了美国的增长与就业。美国对中国的零部件出口也由 2010 年的 6.2 亿美元增长到 2014 年的 15 亿美元，增长了 1.5 倍。② 在提高美国出口与国内生产总值过程中，以同样的方式促进中国的增长。在中美实力对比发生变化过程中，经济建设与在隔绝甚至保密状态下进行的军事建设甚至军备竞赛有本质上的区别。不可以军备竞赛的思维方式看待国内生产总值的对比变化。

结　语

　　尽管中国已经成为世界第二大经济体，但国内生产总值对美差距至今仍远大于改革开放之初。其重要原因之一在于人口结构与传统的生产与消费模式等使国内生产总值不足以充分体现中国的建设成就与经济实力。对外部要素的运用及向市场经济转型的长期性也影响中国国内生产总值的增长。中国 20 世纪 80 年代以来国内生产总值的高增长率，对美国内生产总值百分点差的缩小，以及成为世界第二大经济体的规模，都不是对中国经济实力高估的理由。而与改革开放之初比对美国内生产总值差的扩大，也不能抹杀 30 余年的建设成就。由于国内生产总值在体现中国经济状况时存在的局限性，新常态下中国经济结构调整中的国内生产总值增长率的下降并不意味着经济影响力下降。就中美经济实力对比及中国在世界经济中的影响力而言，重要的是结构调整中提升中国在国际分工产业链中的地位而非国内生产总值的赶超。在进行经济实力对比分析时，切忌以军备竞赛的心态看待国内生产总值增长。

（王孜弘：中国美国经济学会副会长、中国社会科学院

美国研究所研究员）

---

　　① 数据来源：中华标准件网，《美国成我零部件最大出口国》，http：//www.bzjw.com/news/news_ 55693. cfml，2015 年 10 月 22 日。

　　② 同上。

中美构建新型大国关系的战略思考

陈积敏

【内容提要】 随着中国的日益崛起、美国实力的相对耗损及其霸权焦虑的上升，中美关系的未来走向引发国际社会关注。中美构建新型大国关系正是对这一问题所作出的回应。从当前时代特征、中美关系的相互依赖性以及两国国家行为来看，中美构建新型大国关系正逢其时。但同时，认知差异、利益冲突与议题分歧也成为中美构建新型大国关系的三大挑战。双方需要加强战略沟通，调适各自心态与行为方式，在具体合作事项上相互协调以及在亚太地区实现良性互动，共同推动这一新型关系模式的建立。

【关键词】 中美关系　新型大国关系　修昔底德陷阱

随着中国的日益崛起、美国实力的相对耗损及其霸权焦虑的上升，中美关系日渐微妙。一个古老但也现实的话题再次成为国际社会热议的焦点，即中美两国会否重蹈历史覆辙，跌入"修昔底德陷阱"（Thucydides trap）。① 关于这一点，学者们有很多不同，甚至于近乎相悖

---

① 古希腊史学家修昔底德（Thucydides）在阐述公元前 5 世纪在雅典和斯巴达两国发生战争的原因中指出："使得战争无可避免的原因是雅典日益壮大的力量，还有这种力量在斯巴达造成的恐惧。"此后，在现实主义国际关系理论中将这一范式推而广之，延伸为一个新崛起的大国必然要挑战现状大国，而现状大国也必然会回应这种威胁，这样战争变得不可避免。显见，所谓的"修昔底德陷阱"，实则并非修昔底德本人的发明，而是西方学者创造出来的概念。就目前笔者能够查阅的资料来看，美国哈佛大学教授格雷厄姆·艾利森（Graham Allison）最早提出了这一论断。

的见解。① 显见，在新的历史起点上，构建一个什么样的中美关系成为一个具有重大现实意义和深远历史意义的战略性课题。中国在这方面进行了积极的探索，明确提出要构建中美新型大国关系。那么，为何要构建中美新型大国关系？它有着怎样的理论内涵？这种新型大国关系的构建何以可能，又面临怎样的现实挑战？面对挑战，中美两国应如何抉择？本文拟就上述问题做出分析与思考。

一 国际格局变动与中美战略博弈加剧

21 世纪以来，尤其是金融危机之后，国际经济格局出现新的发展特征，并由此带动了新一轮的国际权力重组与分配，国际格局的新形态正处于形塑之中。在此背景下，处于加速度崛起状态的中国与誓言确保全球优势地位的美国在地缘政治、经济发展、规则制定等领域展开了日趋激烈的战略博弈。这也成为影响，甚至决定未来国际格局的最重要因素之一。

（一）金融危机后全球权力分配格局的变化。首先表现在权力转移。当前国际体系正处于深度调整与转型时期，国际权力此消彼长，权力转移态势渐趋明显，最主要表现在非西方国家的群体性兴起。这首先并主要体现在经济领域。2008 年 11 月，美国国家情报委员会（National Intelligence Council）发表了《2025 年全球趋势》中就估计，"眼下正在经历

---

① Graham Allison, "Thucydides's trap has been sprung in the Pacific," *Financial Times*, August 21, 2012, http：//www. ft. com/intl/cms/s/0/5d695b5a-ead3 - 11e1 - 984b - 00144feab49a. html # axzz3RXlbctNL；James R. Holmes, "Beware the 'Thucydides Trap' Trap," *The Diplomat*, June 13, 2013, http：//thediplomat. com/2013/06/beware-the-thucydides-trap-trap/；Wei Zongyou, "China-U. S. Relations：The Myth of the Thucydides Trap," *The Diplomat*, March 30, 2014, http：//thediplomat. com/2014/03/china-u-s-relations-the-myth-of-the-thucydides-trap/；Pat Porter, "Thucydides Trap 2. 0：Superpower Suicide?", *The National Interest*, May 2, 2914, http：//nationalinterest. org/feature/thucydides-trap - 20 - superpower-suicide - 10352；Robert B. Zoellick, "U. S., China and Thucydides：How can Washington and Beijing avoid typical patterns of distrust and fear?" *The National Interest*, July-August, 2013；晏绍祥：《修昔底德陷阱与中美关系》，《光明日报》2014 年 3 月 17 日第 15 版。

的这场空前的相对财富和经济实力大致由西方向东方转移的趋势将会继续"。① 2010 年末，《经济学家》也撰文指出，东方社会充满了生机活力，而西方社会却弥漫着悲观情绪，这"正在重塑着政治生活"。② 2012 年 12 月 10 日，美国国家情报委员会在其发布《全球趋势 2030：变化的世界》中指出，无论是根据权力的传统要素（国内生产总值、人口规模、军费支出、技术）分析，还是按权力的新要素（除传统要素外，还包括健康、教育与治理）分析，到 2030 年之后，发展中国家将全面超过发达国家。③ 此外，这种权力转移还体现在发展中国家在全球治理中的话语权与发言权的增强，尤其体现在以 20 国集团（G20）为代表的全球经济治理问题上。2010 年 5 月，奥巴马政府在其发表的《国家安全战略》报告中指出，G20 的兴起"彰显了在当前全球秩序中，传统主要经济体与新兴'影响力中心'之间的关系正向更加合作的方向转变"，因此"寻求更大话语权与代表权的新兴大国将需要承担更大的责任，以应对全球挑战"。④ 在此背景下，不少西方学者纷纷表示后美国世界、后西方世界已经到来。⑤

其次是权力分散。在一个全球化、信息化时代，民族国家在国际权力结构中的地位有所弱化，这种弱化主要是因为非国家行为体数量与能量的增加而引发的权力分散所致。这种新的国际政治现象甚至令美国也不得不承认"21 世纪权力分散的现实"。⑥ 《全球趋势 2030：变化的世

---

① The National Intelligence Council, *Global Trends* 2025: *A Transformed World*, http://www. dni. gov/nic/PDF_ 2025/2025_ Global_ Trends_ Final_ Report. pdf.

② "The distribution of hope," *The Economist*, December 18th – 31st, 2010, p. 13.

③ The National Intelligence Council, *Global Trends* 2030: *Alternative Worlds. Global Trends* 2030, https://globaltrends2030. files. wordpress. com/2012/11/global-trends – 2030 – november2012. pdf.

④ The White House, *National Security Strategy*, May 2010, http://www. whitehouse. gov/sites/default/files/rss_ viewer/national_ security_ strategy. pdf 关于 2010 年美国国家安全战略报告的分析，参见陈积敏《美国领导：奥巴马政府〈国家安全战略报告〉评析》，《和平与发展》2010 年第 4 期。

⑤ 相关论著包括：法里德·扎卡利亚：《后美国世界：大国崛起的经济新秩序时代》，赵广成、林民旺译，中信出版社 2009 年版；Simon Serfaty, "Moving into a Post-Western World," *The Washington Quarterly*, Spring 2011, pp. 7 – 23; Robert A. Manning, "Envisioning 2030: US Strategy for a Post-Western World," http://www. atlanticcouncil. org/images/files/publication_ pdfs/403/Envisioning2030_ web. pdf. pdf。

⑥ The White House, *National Security Strategy*, May 2010, http://www. whitehouse. gov/sites/default/files/rss_ viewer/national_ security_ strategy. pdf.

界》中认为，国家权力分散是全球大趋势之一，"到 2030 年，无论是美国、中国还是其他任何一个大国，都不可能成为霸权国家"。① 2015 年2 月，奥巴马政府在其第二份《国家安全战略》报告中也将美国所面临的安全环境概括为五个方面的特点，其中之一便是力量的分散性。该报告指出，国际权力不仅在民族国家间重新分配，在不同的行为体之间也出现了新的权力配置，"力量正在民族国家内部和民族国家以外转移"。② 例如，跨国公司在经济领域的重要功能影响了国家对经济、贸易等权力的掌控；全球性与地区性国际组织的资源配置与协调功能的增强，等等。其中，更为显著的一个因素就是恐怖主义势力的扩张，这直接挑战了民族国家对国际体系结构的塑造，例如"伊斯兰国"（IS）势力对中东地区地缘政治结构的影响。国际体系的结构性变化至少带来了两个后果：一是超级大国美国对国际体系的驾驭能力受到削弱。正如约瑟夫·奈所指出的，"今天力量在国家间的分配，类似一盘复杂的三度空间的国际象棋"。在棋盘顶部，美国的军事力量处于单极状态，美国把所有国家远远抛在后头；中间的经济棋盘则是一种多极结构，"美国不是霸主"；而最下一层是不受各国政府控制的超出国境的跨国关系，力量结构广为分散。③ 这继而引发了美国本能的焦虑感上升，并促使其做出战略调整。二是全球性挑战非一国或一个集团就可以应对，这客观上为各国，尤其是对国际社会具有重大影响力的大国展开密切合作提供了重要机遇。

（二）中美关系的重要性与复杂性齐升引发国际社会对双边关系走向的高度关注。中美关系的重要性已无须过多论述，仅从两国的经

---

① The National Intelligence Council, *Global Trends* 2030: *Alternative Worlds. Global Trends* 2030, https://globaltrends2030. files. wordpress. com/2012/11/global-trends – 2030 – november2012. pdf.

② The White House, *National Security Strategy*, February 2015, http://www. whitehouse. gov/sites/default/files/docs/2015_ national_ security_ strategy_ 2. pdf. 关于该报告的详细分析，参见陈积敏《2015 年美国〈国家安全战略〉报告评析》，《现代国际关系》2015 年第 3 期。

③ ［美］约瑟夫·奈：《美国霸权的困惑》，郑志国等译，世界知识出版社 2002 年版，第42、150 页。亨廷顿也持有相似的观点，他认为国际体系在冷战结束初期是以美国为核心的"单极"格局，但 20 世纪末被"单一多极"（uni-multipolar）结构所代替，即一个超级大国和多个强国，参见 Samuel P. Huntington, "The Lonely Superpower," *Foreign Affairs*, Mar. /Apr. 1999, pp. 36 – 37。

济体量及其对全球经济的影响上就可窥见一斑。从复杂性的角度来看，其中的原因也已有诸多论述，如两国存在着制度、文化等方面的结构性差异等。但是，更主要的一个方面是中美两国的战略力量与战略取向的变化。从战略力量上来看，美国仍然居于优势地位，但中美力量的差距正在加速缩小，尤其是经济能力方面。根据世界银行的统计数据，在冷战结束初的 1993 年，中国国内生产总值（GDP）占美国 GDP 总量不到 7%；到了 21 世纪之初的 2001 年，中国 GDP 总量占到美国 GDP 总量近乎 13%；至 2009 年，中国的 GDP 占美国的 GDP 接近 36%。2012 年，中国的 GDP 总量已经超过美国 GDP 总量的一半。2014 年 4 月 30 日，世界银行发布报告称，根据该行"国际比较计划"项目（International Comparison Program）2005 年后首次更新的数据，以购买力平价标准，2011 年中国 GDP 相当于美国的 86.9%（2005 年仅为 43.1%），并认为中国在 2014 年将超过美国跃升世界第一经济体。这种增速令美国压力感倍增。[①]

从战略取向上来分析，中国政府将主要精力放在国内建设方面，这一点自改革开放以来便没有改变过，"自我保护、稳定和持续的经济增长是中国首要关心的问题"。[②] 2011 年 9 月 6 日发布的《中国的和平发展白皮书》，其中明确提出："实现国家现代化和人民共同富裕是中国和平发展的总体目标。"[③] 2012 年 11 月 8 日，中共十八大报告中阐明中国的中长期战略在于实现两个百年目标，即在中国共产党成立一百年时（即 2020 年）全面建成小康社会；在新中国成立一百年时（即 2049 年）建成富强民主文明和谐的社会主义现代化国家。[④] 当下，中国人民正在以奋发有为的精神状态为实现中华民族伟大复兴的"中国梦"而不懈努力。不过，中华民族伟大复兴不仅有着明确的国内发展指标，也有着清晰的国际指

---

① 陈积敏：《霸权护持与后危机时代的中美关系》，中共中央党校出版社 2014 年版，第 174 页。

② Suisheng Zhao："A New Model of Big Power Relations? China-US strategic rivalry and balance of power in the Asia-Pacific," *Journal of Contemporary China*, Vol. 24, No. 93, 2015, p. 395.

③ 国务院新闻办公室：《中国的和平发展白皮书》，《人民日报》2011 年 9 月 7 日第 14 版。

④ 胡锦涛：《坚定不移沿着中国特色社会主义道路前进为全面建成小康社会而奋斗》，载《中国共产党第十八次全国代表大会文件汇编》，人民出版社 2012 年版，第 15 页。

标，即中国应在多议题、多层面、多领域具有辐射全球的影响力。① 因而，随着中国海外利益的拓展以及综合国力的增强，中国对外政策的目标变得更加多元化，维护与扩展中国的国际权益，保护中国合法的海外利益便成为其中的重要一环。为此，中国正在并将继续加强在这方面的能力建设，如加快中国的军事现代化进程、增强中国军队的远程力量投射能力等，"尽管中国领导层倾向于继续关注国内发展与地区事务，但既成事实将不断促使中共发展某种全球行动能力。"西方学者分析认为，这主要有三个方面的动因，即保护海外商业资产的需要、保护海外中国公民的需要以及展现中国负责任大国正面国际形象的需要。②

与此同时，美国也在进行新一轮的战略调整，其中最为明显的就是实行"亚太再平衡"战略③，加大对亚太的资源投入，在政治、经济、安全、外交等方面多管齐下，而这些举措的着力点之一就是制衡力量和影响力快速上升的中国。在此背景下，中美在亚太地区的摩擦增加，战略竞争态势突出。如果这一趋势发展下去，就有可能导致中美在亚太的冲突，危及双边关系以及亚太地区的和平与稳定。④ 显然，中美关系的走向不仅关涉两国的利益，也牵动着国际社会的神经。

二　中美新型大国关系的提出、内涵与历史机遇

如前文所言，当前国际社会进入新一轮深刻变革、调整与转型时期。这对于中美关系也产生了波动效应，并引发了中美关系向何处去的思考。鉴于中美关系的重要性与复杂性特征，以及中国在塑造中美关系中意识与能力的增强，中国就双边关系的发展提出了一系列构想。早在 2009 年 7 月，时任国务委员戴秉国在首轮中美战略与经济对话开幕式的致辞中便

---

① 陈积敏：《中国外交应警惕战略透支风险》，《中国国防报》2015 年 1 月 20 日第 22 版。

② Oriana Skylar Mastro, "China Can't Stay Home," *The National Interest*, January/February 2015, pp. 38-43.

③ 关于美国亚太再平衡战略的分析，参见陈积敏《霸权护持与后危机时代的中美关系》，中共中央党校出版社 2014 年版，第九章。

④ 吴心伯：《构建中美新型大国关系：评估与建议》，《复旦学报》（社会科学版）2014 年第 4 期，第 88 页。

提出中美"新型大国关系"这一命题。他表示:"我们正在参与创造 21 世纪两个社会制度、意识形态、文化传统、发展阶段不同国家同舟共济、共对挑战的历史,参与创造全球化时代的 21 世纪相互尊重、和谐相处、合作共赢的新型大国关系的历史。"① 2012 年 2 月,时任国家副主席习近平访美期间进一步提出中美两国应"走出一条大国之间和谐相处、良性互动、合作共赢的新型合作伙伴关系之路"。② 5 月 3 日,胡锦涛主席在第四轮中美战略与经济对话开幕式上,就如何发展中美新型大国关系提出"创新思维、相互信任、平等互谅、积极行动、厚植友谊"的五点构想。③

此后,中共十八大报告中明确提出了中国"将改善和发展同发达国家关系,拓宽合作领域,妥善处理分歧,推动建立长期稳定健康发展的新型大国关系"。④ 这表明构建新型大国关系已上升成为中国的一项对外战略。显然,这一新型大国关系的主要行为体仍是民族国家,并将它视为一个理性行为体来看待,但在国家关系的认知上有别于传统大国关系,是一种更加注重正和博弈的获取,更加重视将大国个体利益与人类共同利益的结合,更加侧重于通过国际制度的构建来处理大国纷争,更加强调和平共处、良性竞争、合作共赢、平等互鉴的大国关系模式。此处的新型大国关系是一个较为广泛的概念,其涵盖的对象也更为丰富。实际上,正如刘建飞教授所言:"大国关系分两种:一种是普通大国之间或普通大国与霸权国之间的关系,比如现在的中俄关系、中印关系、美俄关系;另一种是崛起大国与霸权国之间的关系,这里指中美关系。"⑤

因此,需要强调的是,从中国国际战略的角度来看,新型大国关系的构建不仅限于中美关系。但是,中美新型大国关系具有更为特殊

---

① 温宪:《为发展中美关系注入新活力》,《人民日报》2009 年 7 月 28 日第 3 版。

② 《习近平出席拜登和克林顿举行的欢迎午宴》,《人民日报》2012 年 2 月 16 日第 1 版。

③ 《推进互利共赢合作 发展新型大国关系》,《人民日报》2012 年 5 月 4 日第 2 版。

④ 胡锦涛:《坚定不移沿着中国特色社会主义道路前进,为全面建成小康社会而奋斗——在中国共产党第十八次全国代表大会上的报告》(2012 年 11 月 18 日),人民出版社 2012 年版,第 36—37 页。

⑤ 刘建飞:《构建中美新型大国关系的战略意义与现实基础》,《学习时报》2013 年 10 月 13 日第 2 版。

的理论内涵，这主要是由中美关系特殊性所界定，即中美关系是一对具有权力转移性质的关系，这决定了中美关系的高敏感性、高风险性。从历史上看，大国权力转移往往伴随着战争与动荡，这种惯性对于当前及今后的中美关系仍具有现实警示性。从这个角度来说，中美新型大国关系特指崛起国家与现状国家的关系。2013 年 6 月，中美元首庄园会晤中，习近平主席言简意赅地提出了中美新型大国关系的三大内涵，即"不冲突不对抗、相互尊重、合作共赢"。① 所谓不对抗不冲突，就是要客观理性看待彼此战略意图，坚持做伙伴、不做对手；通过对话合作而非对抗冲突的方式，妥善处理矛盾和分歧。这是两国关系平稳发展的基本前提与核心判断指标。相互尊重，就是要尊重各自选择的社会制度和发展道路，尊重彼此核心利益和重大关切，求同存异，包容互鉴，共同进步。这是中美关系顺利发展的根本保障。合作共赢，就是要摒弃零和思维，在追求自身利益时兼顾对方利益，在寻求自身发展时促进共同发展，不断深化利益交融格局。这是中美关系发展的终极目标。

从当前时代特征、中美关系的相互依赖性以及两国国家行为来看，中美构建新型大国关系正逢其时。

首先，从时代特征来看，求和平、谋合作、促发展是国际社会的普遍诉求。国际关系总是存在于并受制于一定的时代背景。当今时代具有以下几点特征：一是在以和平与发展为主题的全球化时代，大国之间的共同利益明显增多，尤其是在维护世界和平与相互借重促进本国发展上，大国之间的共同利益远远超越了相互之间在意识形态、地缘战略等方面的矛盾；② 二是经济全球化所带来的机遇和挑战具有明显的相互依赖性，即机遇需要各国共同创造，挑战需要国际社会共同应对，大国之间的固有矛盾也因此而相对弱化；三是核武器时代"相互确保摧毁"特性使得战争不再成为国家利益获取的有效手段，"当代大国关系的背景已与此前几个世纪有很大不同，并仍在变化之中……从前通过征服另

---

① 《跨越太平洋的合作》，《人民日报》2013 年 6 月 10 日第 1 版。

② 刘建飞：《构建中美新型大国关系的战略意义与现实基础》，《学习时报》2013 年 10 月 13 日第 2 版。

一大国领土来获取经济利益的场景，如今已难再现"。[①] 这些时代特征使得国家对其战略目标、利益取向、利益获取模式与成本收益比较等要素的认知发生了改变，为新型国际权力转移模式提供了必要的国际背景。本质而言，新型大国关系是新的历史时期人类社会自我进化的理性与必然选择。

其次，从两国相互依赖性来看，中美之间已形成"你中有我""我中有你"的高度依存关系。从经贸方面来看，迅速增长的经贸往来成为两国关系的稳定器、压舱石。中美在人力资源、市场、资金、技术等各方面具有较强的互补性。自建交以来，双方经贸关系迅速发展，合作领域不断扩大，内涵日益丰富，相互依存持续加深。1979 年，两国贸易额不及 24.5 亿美元。据中国海关统计，截至 2014 年，双边贸易额达到 5550 亿美元，35 年增长了 226 倍。[②] 中美两国互为第二大贸易伙伴，美国是中国的第一大出口市场和第五大进口来源地，中国是美国的第三大出口市场和第一大进口来源地。未来中美经贸关系有可能进一步升级。2015 年 11 月 4 日，美国商务部公布的国际贸易数据显示，当年 1—9 月，中美货物贸易额达到 4416 亿美元，中国超过加拿大（美加贸易额为 4381 亿美元）成为美国最大的贸易伙伴，这是自 1985 年以来的第一次。[③] 双边互利合作为中美两国带来了实实在在的好处，为两国经济发展和世界经济复苏注入动力。不仅如此，国际安全面临着复杂的多样性挑战，这使得中美两国既无法独自应对，也不能独善其身。因此，中美之间不仅是因为紧密的共同利益而捆绑在一起，也因为不可推卸的共同责任而结合在

---

① Rudy deLeon and Yang Jiemian eds. , *U. S. -China Relations*: *Toward a New Model of Major Power Relationship*, February, 2014, p. 27, http: //www. chinausfocus. com/wp-content/uploads/2014/02/ChinaReport. pdf.

② 中国驻美国经商参处：《2014 年中美贸易投资简况》，http: //us. mofcom. gov. cn/article/ztdy/201503/20150300911236. shtml。美国商务部的数据统计显示，2014 年中美贸易总额达 5904. 3 亿美元。参见 "Trade in Goods with China," http: //www. census. gov/foreign-trade/balance/c5700. html。

③ 《中国首超加拿大成美国最大贸易伙伴》，2015 年 11 月 5 日，http: //news. ifeng. com/a/20151105/46121970_ 0. shtml; Victoria Stilwell, "Cheap Oil Helps China Unseat Canada as Top U. S. Trade Partner," Nov. 5, 2015, http: //www. bloomberg. com/news/articles/2015 – 11 – 04/cheap-oil-helps-china-unseat-canada-as-top-u-s-trade-partner。

一起。正如习近平主席所指出的，"随着世界多极化、经济全球化、社会信息化不断发展，各国利益交融、兴衰相伴、安危与共，形成了你中有我、我中有你的命运共同体"。① 中美之间实际上也结成了这样的命运共同体。

最后，从两国国家行为来看，双方都表达了要避免大国政治悲剧，致力于谱写新兴大国与现状大国关系新篇章的强烈意愿。实际上，中美新型大国关系的"新"最先体现在行为主体是新的，即中国不是历史意义上的传统崛起国，而美国也非传统意义上的守成国。中国不寻求挑战当前国际秩序，而是成为国际体系建设与完善的参与者与贡献者；美国不寻求遏制中国的发展，而是创造更具包容性、开放性，更有代表性、合法性，更富公正性、权威性的国际体系。

在当前的中美关系中，美国仍占据着主动权，美国的国家行为对于两国关系的发展有着重大而深刻的影响，其中美国能否尊重和妥善处理中国的核心利益是最为关键的问题。② 不可否认的是，美国政府常常为了满足国内政治的需要（如选举政治、利益集团影响）而利用对华政策大做文章，但是其对华政策的基本立场不会改变，即美国坚持"一个中国"政策，承认和尊重中国的主权和领土完整，无意干涉中国的核心利益。③ 这就为中美关系的发展创造了最基础，同时也是最关键的政治条件。这一点从奥巴马政府所发布的战略性文件中可以清晰地看出。2010 年 5 月，美国白宫所发布的《国家安全战略》报

① 习近平：《在中国国际友好大会暨中国人民对外友好协会成立 60 周年纪念活动上的讲话》（2014 年 5 月 15 日），《人民日报》2014 年 5 月 16 日第 2 版。

② 《胡锦涛奥巴马共同会见记者》，《人民日报》2009 年 11 月 18 日第 2 版。

③ 需要注意的是，美国奉行"一个中国"政策，但其基本依据包括两个方面，即中美三个联合公报和《与台湾关系法》。2014 年 11 月与 2015 年 9 月，中美元首互访期间，奥巴马总统都表示：美国将坚定遵守基于三个联合公报和《与台湾关系法》之上的"一个中国"政策。由此可见，美国对华政策是一个复杂，甚至是矛盾的综合体，这也是引起中美"信任赤字"的一个重要原因。参见 The White House, "Remarks by President Obama and President Xi Jinping in Joint Press Conference," November 12, 2014, http://www.whitehouse.gov/the-press-office/2014/11/12/remarks-president-obama-and-president-xi-jinping-joint-press-conference; The White House, "Remarks by President Obama and President Xi of the People's Republic of China in Joint Press Conference," 25 September, 2015, https://www.whitehouse.gov/the-press-office/2015/09/25/remarks-president-obama-and-president-xi-peoples-republic-china-joint。

告中指出："我们将继续寻求与中国建立积极合作全面的关系。"①
2015 年 2 月 6 日，奥巴马总统在其任内所发布的第二份国家安全战略
报告中也明确表示："我们与中国合作的广度前所未有"，"美国欢迎
一个稳定、和平、繁荣的中国崛起。我们寻求与中国发展一种能够造
福于两国人民、提升亚洲及全球的安全与繁荣的建设性关系。"② 9 月
25 日，奥巴马总统在与习近平主席共同出席记者会时再次强调，中
美合作能够带来更大繁荣与更多安全，因此"美国欢迎一个和平、稳
定、繁荣以及在国际事务中负责任的中国的崛起"。③ 美国负责政治
事务的副国务卿温迪·舍曼（Wendy R. Sherman）在卡内基国际和平
研究所（Carnegie Endowment for International Peace）发表的关于东北
亚秩序的演讲中就这一政策做出说明时指出，美国非常希望中国稳定
繁荣，那不是因为美国大公无私，而是因为中国的成功有利于美国自
己。④ 这说明，美国政府也认识到，美国的国家利益与中国息息相关。
通过上述引证，可以看出，美国对华战略基调具有相当程度的延续
性，即"美国欢迎一个强大、繁荣且负责任的中国的崛起"。换言之，
美国希望中国作为一个体系内的新兴国家崛起。"美国进步中心"
（Center for American Progress）的专家认为，一个理想且现实的美中关
系应该是合作的、富有弹性与韧劲的、相互尊重的、成熟的、全面
的、积极的、互利的、可预期的以及按照国际规则行事的大国关系。⑤

　　实际上，中国的国家行为已经很好地回应了美国对华关系的预期。
中国政府多次强调，中国奉行独立自主的和平外交政策，中国的发展不

①　The White House, *National Security Strategy*, May 2010, http：//www. whitehouse. gov/
sites/default/files/rss_ viewer/national_ security_ strategy. pdf.

②　The White House, *National Security Strategy*, February 2015, http：//www. whitehouse. gov/
sites/default/files/docs/2015_ national_ security_ strategy_ 2. pdf.

③　The White House, "Remarks by President Obama and President Xi of the People's Republic of
China in Joint Press Conference," 25 September, 2015, https：//www. whitehouse. gov/the-press-of-
fice/2015/09/25/remarks-president-obama-and-president-xi-peoples-republic-china-joint.

④　The Department of State, "Remarks on Northeast Asia," February 27, 2015, http：//
www. state. gov/p/us/rm/2015/238035. htm.

⑤　Rudy deLeon and Yang Jiemian eds. , *U. S. -China Relations：Toward a New Model of Major
Power Relationship*, February, 2014, p. 31, http：//www. chinausfocus. com/wp-content/uploads/
2014/02/ChinaReport. pdf.

仅不会损害其他国家的利益，还会给其他国家带来新的发展机遇。2013年10月3日，习近平主席在印度尼西亚国会演讲中强调"中国的发展，是世界和平力量的壮大，是传递友谊的正能量，为亚洲和世界带来的是发展机遇而不是威胁"。① 中国不会挑战美国的霸权利益，更不会寻求霸权地位。2014年5月15日，习近平主席在中国国际友好大会暨中国人民对外友好协会成立60周年纪念活动上的讲话中表示，"中华民族的血液中没有侵略他人、称霸世界的基因，中国人民不接受'国强必霸'的逻辑，愿意同世界各国人民和睦相处、和谐发展，共谋和平、共护和平、共享和平"。② 事实上，中国的发展既是中国进一步融入国际体系，与其他国家良性互动的过程，又是中国为完善与改进现有国际体系作出努力与贡献的过程，中国通过自身的国家行为向世界发出了一个清晰的信号，即中国不做国际体系的挑战者，而是国际体系的建设者与完善者。2015年9月，习近平主席在对美国进行国事访问期间发表的演讲中强调："中国是现行国际体系的参与者、建设者、贡献者。我们坚决维护以联合国宪章宗旨和原则为核心的国际秩序和国际体系。世界上很多国家特别是广大发展中国家都希望国际体系朝着更加公正合理方向发展，但这并不是推倒重来，也不是另起炉灶，而是与时俱进、改革完善。"③ 显而易见，中国政府的政策立场既是对国际社会对中国发展壮大之后会采取怎样的外交战略的一种回应，更是对当前国际体系的主导者美国对中国战略意图担忧的一种"再保证"。

三 中美构建新型大国关系需克服三大挑战

中美构建新型大国关系是一项历史性创举，这决定了它是一条没有先前经验可循的探索之路，必将遇到各种可以预见与难以设想的挑

---

① 习近平：《携手建设中国—东盟命运共同体——在印度尼西亚国会的演讲》（2013年10月3日，雅加达），《人民日报》2013年10月4日第2版。

② 习近平：《在中国国际友好大会暨中国人民对外友好协会成立60周年纪念活动上的讲话》，《人民日报》2014年5月16日第2版。

③ 习近平：《在华盛顿州当地政府和美国友好团体联合欢迎宴会上的演讲》（2015年9月22日，西雅图），《人民日报》，2015年9月24日第2版。

战。然而，从本质上来说，中美构建新型大国关系的主动权在两国自己手中，其主要挑战与障碍也是来自于两国本身。综合来看，中美新型大国关系的构建主要面临三大挑战，即认知差异、利益冲突与议题分歧。

（一）认知差异

总体来说，中美对于新型大国关系的态度呈现出"冰火两重天"的境况：中国方面热情高涨，美国方面态度谨慎。[1] 例如，2013 年 6 月 8 日，在中美元首会晤之前的记者会上，奥巴马总统表示要致力于为构建一种美中"新型合作模式"（new model of cooperation）打下牢固基础。在会晤后的记者会上，奥巴马总统再次强调要推进美中新型关系建设，在两个场合均未使用中方所主张的"新型大国关系"（a new model of major country relationship）的提法。[2] 事隔一年多以后，在 2014 年 11 月北京习奥会期间，习近平主席多次提及要推进中美新型大国关系建设，并且提出了六个重点推进的方向。[3] 尽管中国官方媒体报道显示，奥巴马总统也表示要推进中美新型大国关系建设，[4] 但白宫公开的奥巴马在北京期间的部分谈话和演讲实录中，却找不到"新型大国关系"

---

[1]　Cheng Li and Lucy Xu，"Chinese Enthusiasm and American Cynicism Over the 'New Type of Great Power Relations'，" Dec. 4，2014，http：//www. brookings. edu/research/opinions/2014/12/05 – chinese-pessimism-american-cynicism-great-power-li-xu.

[2]　The White House，"Remarks by President Obama and President Xi Jinping of the People's Republic of China Before Bilateral Meeting，" June 7，2013，http：//www. whitehouse. gov/the-press-office/2013/06/07/remarks-president-obama-and-president-xi-jinping-peoples-republic-china-；The White House，"Remarks by President Obama and President Xi Jinping of the People's Republic of China After Bilateral Meeting，" June 8，2013，http：//www. whitehouse. gov/the-press-office/2013/06/08/remarks-president-obama-and-president-xi-jinping-peoples-republic-china-.

[3]　这六个方面是：（1）加强高层沟通和交往，增进战略互信。（2）在相互尊重基础上处理两国关系。（3）深化各领域交流合作。（4）以建设性方式管控分歧和敏感问题。（5）在亚太地区开展包容协作。（6）共同应对各种地区和全球性挑战。参见《习近平同美国总统奥巴马举行会谈》，《人民日报》2014 年 11 月 13 日第 1 版。

[4]　在中美元首北京会晤所达成的主要共识和成果中便强调："双方回顾了自两国元首安纳伯格庄园会晤以来中美构建新型大国关系取得的进展，深入探讨了进一步推进这一关系的重点方向。"参见《中美元首北京会晤主要共识和成果》，《人民日报》2014 年 11 月 13 日第 2 版。

的字眼。类似的情形在 2015 年 9 月的习奥会上再次重现。中方在习近平主席访美成果中强调，两国元首"同意继续努力构建基于相互尊重、合作共赢的中美新型大国关系"，但美方发布的成果清单中并未提及新型大国关系。①

实际上，美国对于中方所界定的"不冲突不对抗，相互尊重，合作共赢"这一新型大国关系的内涵有着不同的理解。关于第一点，即"不冲突不对抗"，美方对此不持异议，因为这也符合美国的利益与战略构想。② 早在 2013 年 3 月 11 日，时任白宫国家安全事务助理多尼隆（Tom Donilon）在纽约亚洲协会发表讲话时就指出，奥巴马政府多次强调"欢迎一个和平、繁荣的中国崛起"，不同意美中注定要发生冲突与对抗的观点。他认为，崛起大国（a rising power）与现状国家（an established power）走向冲突并不是命中注定（preordained），也非物理定律（a law of physics），而是由领导人一系列的选择所致。然而，中美两国领导人都致力于"构建崛起大国与现状国家关系的新模式"。③ 奥巴马总统在第二份国家安全战略报告中再次明确表示："虽然我们（指中美两国——作者注）会有竞争，但我们（指美国——作者注）不认同会有必然冲突。"④

然而，美方对于中国提出构建中美新型大国关系的意图仍保持很大疑虑。美国布鲁金斯学会高级研究员李成（Cheng Li）等人分析认为，中方之所以热衷于提出这一新概念，至少有以下三个方面的原因：一是取

---

① 《习近平主席对美国进行国事访问中方成果清单》，《人民日报》2015 年 9 月 26 日第 3 版；The White House，"FACT SHEET：President Xi Jinping's State Visit to the United States，"September 25，2015，https：//www.whitehouse.gov/the-press-office/2015/09/25/fact-sheet-president-xi-jinpings-state-visit-united-states。

② 很多中国学者如阎学通皆持此观点。参见焦东雨《专访阎学通：美国对"新型大国关系"的立场是明确的》，2014 年 11 月 18 日，http：//www.thepaper.cn/newsDetail_forward_1278988。

③ The White House，"Remarks By Tom Donilon，National Security Advisor to the President：'The United States and the Asia-Pacific in 2013'，"March 11，2013，http：//www.whitehouse.gov/the-press-office/2013/03/11/remarks-tom-donilon-national-security-advisory-president-united-states-a。

④ The White House，*National Security Strategy*，February 2015，http：//www.whitehouse.gov/sites/default/files/docs/2015_national_security_strategy_2.pdf。

得与美国的平等大国地位;[①] 二是在核心利益上取得美国认同,从而实现中国的利益诉求;三是中国国内政策的需要。[②] 美中经济与安全评估委员会 (U. S. -China Economic and Security Review Commission) 政策分析师凯特琳·坎贝尔 (Caitlin Campbell) 与克莱格·穆雷 (Craig Murray) 认为,中国提出中美新型大国关系的原因包括两个方面:一方面在于优化中国崛起的外部环境,因为中国决策者认为,当前中美互不信任已成为中国维护与增进经济与战略利益的威胁;另一方面是服务于内政的需要,即新一届领导人试图展现出非同寻常的领导风格,同时表明中国新一届政府将提升中美关系作为执政的重要内容。具体而言,中国提出这一概念要实现其五项目标:(1) 发展更深入、更频繁、更富韧劲的沟通管道,以增强两国处理与管控危机的能力;(2) 对美国施压,促其尊重中国的核心利益;(3) 在寻求解决地区与全球问题上将中国塑造为一个建设性行为者形象;(4) 展现中国在构建一个和平、合作的中美关系中的积极姿态,并表明中国无意也无力挑战美国的军事力量;(5) 促压美国停止在中国声称的专属经济区内军事侦测,减少对台售武,放松对两军合作的限制。[③]

除对意图存有疑虑之外,美国对中美新型大国关系中"相互尊重"这一内涵表示难以认同。[④] 部分原因在于心理层面,即美国仍具有超级大

---

① 不少外国学者都强调了这一点,甚至有学者认为,中美新型大国关系是中国寻求与美国平起平坐地位的一种策略性战术,是"两国集团"的中国版。参见 Suisheng Zhao: "A New Model of Big Power Relations? China-US strategic rivalry and balance of power in the Asia-Pacific," *Journal of Contemporary China*, Vol. 24, No. 93, 2015, p. 380; Jamil Anderlini, "Global Insight: China's 'great power' call to the US could stir friction," *Financial Times*, June 4, 2013, http://www. ft. com/intl/cms/s/0/80f4168a-ccca-11e2-9cf7-00144feab7de. html#axzz3RXlbctNL。

② Cheng Li and Lucy Xu, "Chinese Enthusiasm and American Cynicism Over the 'New Type of Great Power Relations'," Dec. 4, 2014, http://www. brookings. edu/research/opinions/2014/12/05-chinese-pessimism-american-cynicism-great-power-li-xu。

③ Caitlin Campbell and Craig Murray, "China Seeks a 'New Type of Major-Country Relationship' with the United States," June 25, 2013, http://origin. www. uscc. gov/sites/default/files/Research/China% 20Seeks% 20New% 20Type% 20of% 20Major-Country% 20Relationship% 20with% 20United% 20States_ Staff% 20Research% 20Backgrounder. pdf。

④ 有意思的是,奥巴马政府在 2010 年国家安全战略报告中明确表示:"我们将在相互尊重和互利互惠的基础上,继续深化我们与其他 21 世纪'影响力中心'——包括中国、印度和俄罗斯的合作。"参见 The White House, *National Security Strategy*, May 2010, http://www. whitehouse. gov/sites/default/files/rss_ viewer/national_ security_ strategy. pdf。

国的"孤傲情结"，认为美国的利益是至高无上的，其他国家需要尊重美国的国家利益，而不是相互尊重。但更主要的是现实利益考量。美国认为，"相互尊重"包含了对中国国家核心利益界定的认同，这是其所不能接受的。在美国看来，中国在核心利益的界定上存在模糊性，尤其是在领土争议问题上。[①] 一旦认同了中国核心利益，美国在亚洲的利益（如盟友关系）可能会受到损害。实际上，美国的亚洲利益与全球利益护持都存在一个共同的抓手——稳定的同盟关系。[②] 对此，华盛顿智库战略与国际研究中心（CSIS）亚洲与日本问题研究所副所长迈克尔·格林（Michael Green）曾直言不讳地表示："美国不接受中国提出的'新型大国关系'的说法是聪明的，因为接受会削弱美国亚洲盟友的利益。"[③] 美国学者黎安友（Andrew J. Nathan）从另外的角度说明了同样的一个问题。他指出，尊重彼此核心利益的前提是双方核心利益没有冲突，但中美之间在核心利益方面存在着明显冲突，尤其在亚太区域，"双方对自身核心利益的理解是任何一方在容忍对方全部核心利益的同时必然要损害到自身核心利益"。[④] 因此，在当前情形下，中美"相互尊重"是一项不可能实现的目标。

笔者认为，美国对新型大国关系的提法很难用接受或否认来概括。换言之，美国对于这一提法仍处于观察与变化中。所谓观察，主要是美国在考虑中方对这一新概念提供更加翔实的内涵，以及中方的具体行为指向；所谓变化是指美国对这一提法的前后态度有变化性，并且日后仍有变化的可能。例如，美国一开始对于中方的提法不予回应。然而，2013 年 11 月 20 日，美国总统国家安全事务助理赖斯（Susan Rice）在乔

---

① Jane Perle, "China's 'New Type' of Ties Fail to Sway Obama," http://www. count-down. org/en/entries/news/chinas-new-type-ties-fail-sway-obama/; Shannon Tiezzi, "NSA Susan Rice in China: Rethinking 'New Type Great Power Relations'," *The Diplomat*, September 10, 2014, http://thediplomat. com/2014/09/nsa-susan-rice-in-china-rethinking-new-type-great-power-relations/.

② 陈积敏：《霸权护持与后危机时代的中美关系》，中共中央党校出版社 2014 年版，第 41 页。

③ 《美媒：美国对共建中美"新型大国关系"态度暧昧》，参考消息网，2014 年 12 月 14 日，http://world. cankaoxiaoxi. com/2014/1214/596314. shtml。

④ Andrew J. Nathan, "The 'New Type of Major Power Relationship': An Analysis of the American Response," p. 2, http://www. isis. org. my/attachments/apr28/Nathan. pdf.

治城大学演讲中明确指出："对于中国，我们寻求一种可操作的新型大国关系（operationalize a new model of major power relations）。这意味着在管控不可避免的竞争的同时，（中美）在亚洲及其他共同利益交汇的问题上加强更深层次的合作。"① 这一陈述某种程度上表明美国政府对此做出了积极回应。清华—卡内基全球政策中心主任韩磊（Paul Haenle）认为，"赖斯使用了中国提议的那个词汇，但加了一个说明——可操作的。赖斯的字斟句酌是要向中国领导层发出明确信号，即美国有兴趣和意愿探讨新型大国关系"。② 另外，一些美国学者也认为，自冷战后美国对华政策的一个重要内容就是要将中国融入现有国际体系之中，对中国提出的新型大国关系做出积极回应符合并会配合这一政策立场。③ 然而，美国总统或国务卿等政要可能更为担心对这个概念做出过多回应会给外界造成一种印象，即美国已默认中国在核心利益上的内涵界定，故此后他们几乎没有再次公开使用这一概念，这清楚表明美国仍顾虑重重。④ 显然，双方对于中美新型大国关系的内涵存在认知差异，不可避免地会影响到这一新关系模式的构建。从这个角度来说，认知差异是中美构建新型大国关系的第一大障碍。

（二）利益冲突

中美两国之间存在着现实的利益冲突，这不仅仅体现在经贸层面，

---

① The White House, "Remarks As Prepared for Delivery by National Security Advisor Susan E. Rice," November 21, 2013, http：//www. whitehouse. gov/the-press-office/2013/11/21/remarks-prepared-delivery-national-security-advisor-susan-e-rice.

② Paul Haenle, "What Does a New Type of Great-Power Relations Mean for the United States and China?" January 15, 2014, http：//carnegietsinghua. org/2014/01/15/us-china-relations－2013－new-model-of-major-power-relations-in-theory-and-in-practice/gyjm.

③ Suisheng Zhao："A New Model of Big Power Relations? China-US strategic rivalry and balance of power in the Asia-Pacific," *Journal of Contemporary China*, Vol. 24, No. 93, 2015, p. 390.

④ 据笔者所查，克里国务卿曾在 2014 年 8 月 14 日美国夏威夷东西方中心演讲中使用了"新型大国关系"一词（"new model" relationship of great powers）。参见 U. S. State of Department, "U. S. Vision for Asia-Pacific Engagement," August 13, 2014, http：//www. state. gov/secretary/remarks/2014/08/230597. htm。

更存在于意识形态层面。① 实际上，在经济全球化时代，经贸领域的利益之争是一种常态，因而并不会对中美关系产生颠覆性影响。但是，从意识形态层面来看，中美两国在政治制度、价值观念、发展道路选择等方面存在着根本性差异。从现阶段来看，这种差异尚难以弥合，这造成了中美间"结构性矛盾"的固化。尤其是美国在全球推广美式民主的冲动不减，甚至还企图促使中国的政权更迭，② 使得中美之间形成了很深刻的战略互疑，这成为中美关系顺利发展的巨大羁绊。③ 正如习近平主席所言："中美两国如何判断彼此战略意图，将直接影响双方采取什么样的政策、发展什么样的关系。不能在这个根本问题上犯错误，否则就会一错皆错。"④

此外，中美现实利益矛盾不仅体现在两国之间，还间接存在于第三方，甚至第三方的干扰因素成为影响中美关系发展的关键性变量。例如，中美在南海问题上的立场差异。实际上，美国并不是南海问题的当事方，其传统政策也是保持相对超脱的中立立场。但近年来，美国政府对待南海问题的政策与立场悄然发生改变。2010 年 7 月，国务卿克林顿在东盟地区论坛上声称，"美国认为实现航行自由、自由利用亚洲共享海域及在南中国海维护国际法符合本国的国家利益"，美国支持所有争端方"在不受外来压力的情况下，通过相互合作的外交程序，协商解决各种领土争端"，"反对提出主权要求的任何一方使用或威胁使用武力"，主张"根据《联合国海洋法公约》寻求各自对领土及附带权利和海域权利提出的要

---

① 2015 年 9 月，皮尤研究中心发布的调查报告显示，美国人对中美关系中最为关心的前五个问题，有三项涉及经贸领域，即中国所持有的美国国债、美国就业机会转移到中国以及美国的贸易逆差问题。参见 Richard Wike, "Americans' Concerns about China: Economics, Cyberattacks, Human Rights Top the List," September 9, 2015, http://www.pewglobal.org/2015/09/09/americans-concerns-about-china-economics-cyberattacks-human-rights-top-the-list/。

② Carl Gershman, "Chinese Dreams: The Fight for Democratic Pluralism," *World Affairs*, Summer 2015; Joseph A. Bosco, "America's Asia Policy: The New Reality," The Diplomat, June 23, 2015, http://thediplomat.com/2015/06/americas-asia-policy-the-new-reality/.

③ 王缉思：《中美关系事关"两个秩序"》，《金融时报》中文网，2015 年 7 月 10 日，http://www.ftchinese.com/story/001062937? page = 2。

④ 习近平：《努力构建中美新型大国关系——在第六轮中美战略与经济对话和第五轮中美人文交流高层磋商联合开幕式上的致辞》（2014 年 7 月 9 日），《人民日报》2014 年 7 月 10 日第 2 版。

求"等，开始高调"介入"南海问题。① 2015 年 7 月，美国发布的《国家军事战略》报告中强调，中国宣称对几乎整个南海拥有主权，这与国际法不符。对于中国的南沙岛礁建设，美国政府使用了"填海造地"（land reclamation）一词，并且强调其是一种"进攻性"（aggressive）行为。② 再比如在钓鱼岛问题上，美国的政策也发生了重要转变。2013 年 2 月，日本首相安倍晋三访美期间，奥巴马总统避免与之谈及钓鱼岛问题。然而，2014 年 4 月 21 日，奥巴马总统在接受日本《读卖新闻》采访时，明确表示钓鱼岛适用于《美日安保条约》第 5 条。4 月 24 日，他在与安倍晋三会晤后的记者会上又再次重申了这一立场。这也是美国在任总统首次公开、明确表示这一主张。③ 其后，在美日联合声明中再次写入了这一政策主张。④ 显见，第三方因素已经深刻嵌入中美关系之中，成为影响两国关系发展的重要变量。

（三）议题分歧

如前所述，中美两国对于保持双边关系的稳定与发展是存在共识的。但是，对于如何实现这一目标，中美两国有着不同的思维方式与路径选择：中方希望先勾勒发展蓝图，确定发展方向，然后再具体操作；而美国则更加强调先从优先议题入手，逐步累积共识，确立发展愿景。换言之，中国主张先宏观设计，再微观操作；美国则与此相反，更加重视行动，而非言语。⑤

---

① 《美国国务卿克林顿在河内对新闻界发表讲话》，2010 年 7 月 23 日，http://iipdigital. usembassy. gov/st/chinese/texttrans/2010/07/20100723215323jbnij0. 7250788. html # axzz3se Fcy0lm。

② "The National Military Strategy of the United States of America: The United States Military's Contribution To National Security," June 2015, http://www. jcs. mil_ Portals_ 36_ Documents_ Publications_ 2015_ National_ Military_ Strategy. pdf 关于该报告的详细解读，可参见陈积敏《应对双重挑战：2015 年美国〈国家军事战略〉评析》，《国际论坛》2015 年第 5 期，第 69—73 页。

③ 《奥巴马首次公开宣布钓鱼岛适用美日安保条约》，新华网，2014 年 4 月 24 日，http://news. xinhuanet. com/photo/2014 - 04/24/c_ 126429508. htm。

④ The White House, "U. S. -Japan Joint Statement: The United States and Japan: Shaping the Future of the Asia-Pacific and Beyond," April 25, 2014, http://www. whitehouse. gov/the-press-office/2014/04/25/us-japan-joint-statement-united-states-and-japan-shaping-future-asia-pac.

⑤ David Shambaugh, "A Step Forward in U. S. -China Ties," Nov. 14, 2014, http://www. brookings. edu/research/opinions/2014/11/14 - step-forward-us-china-ties-shambaugh.

2014 年 7 月，美国国务卿克里在中美经济战略对话开幕式上指出：
"新型关系不能只靠语言来界定，而是应该由行动来界定。新型关系
将由我们共同所作出的决策来确定。"① 11 月 12 日，奥巴马总统在中
美元首会晤后的记者会上也表示："我是行动，而非言语的极大信奉
者。"② 因此，奥巴马政府将两国达成的《中美气候变化联合声明》
看作是"美中关系的一个重要里程碑。"③ 实际上，美国学者也认为，
建设性行动是构建中美新型大国关系的关键。例如，李成等人认为，
中国应该更多考虑到中国国家行为对周边国家以及美国所带来的焦虑
与担忧，"新兴大国在为较小亚洲国家代言上承担责任，需要在推进
亚太区域利益上承担责任。这一概念（中美新型大国关系）如果没有
切实的行动，将不会获得成功"。④

　　此外，双方在议题设定上存在分歧。从中国方面来看，事关中国
主权、安全与发展等核心利益的原则性问题一定要清晰表达，优先确
认，并在此基础上展开合作。但美方认为，关于中国核心利益的问题
本身就存在争议，可以先从具体问题入手，逐渐累积共识与互信。
2014 年 3 月 28 日，时任美国白宫国家安全委员会亚洲事务高级主任
麦艾文（Evan Medeiros）在布鲁金斯学会的演讲中谈到了中美新型大
国关系。他指出，"我们的观点是，从扩大合作，管控分歧的模式开
始……中国有人说，要建设这个新型关系，美国必须接受和适应中国
的核心利益。这是他们的见解。我们有不同看法。我们认为美中关系
中过度关注中国的核心利益。我们在这一问题上花费了太多时间。我

　　① U. S. State of Department, "Remarks at the Sixth Round of the U. S. -China Strategic and Economic Dialogue," July 9, 2014, http: //www. state. gov/secretary/remarks/2014/07/228910. htm.

　　② The White House, "Remarks by President Obama and President Xi Jinping in Joint Press Conference," November 12, 2014, http: //www. whitehouse. gov/the-press-office/2014/11/12/remarks-president-obama-and-president-xi-jinping-joint-press-conference.

　　③ The White House, "Remarks by President Obama and President Xi Jinping in Joint Press Conference," November 12, 2014, http: //www. whitehouse. gov/the-press-office/2014/11/12/remarks-president-obama-and-president-xi-jinping-joint-press-conference.

　　④ Cheng Li and Lucy Xu, "Chinese Enthusiasm and American Cynicism Over the 'New Type of Great Power Relations'," Dec. 4, 2014, http: //www. brookings. edu/research/opinions/2014/12/05-chinese-pessimism-american-cynicism-great-power-li-xu.

们需要少谈核心利益，多关注共同利益以及我们共同努力解决关键地区与全球挑战的方式，这符合我们的利益。"在他看来，这些需要关注的共同挑战包括气候变化、不扩散、全球增长、能源安全等。① 然而，美方的这种认知，实际上为中美新型关系的构建设置了障碍：一方面，中国自近代以来所经历的历史遭遇令中国对主权、安全、发展等核心利益倍加重视，"中华民族对事关中国主权和领土完整问题高度敏感"。② 可以说，中国对外关系的根本目的就是维护其核心利益。相互尊重核心利益与彼此重大关切也成为中国与其他国家发展关系的一个政治前提，是中国独立自主和平外交的鲜明体现。另一方面，美方所提出的众多紧迫性问题并没有考虑到中国的现实需求。毫无疑问，这些全球性问题是中国的利益关切，但部分问题却不是中国需要解决的最为紧迫的问题，甚至在某些问题上，中美之间还存在较大分歧。③ 关于这种差异，美国学者认为主要还是双方的思维方式不同所致。他们指出，中国界定国家核心利益主要是从国内层面出发，即国家安全需要从内部来建设与强化，而美国则主要从维护现有国际秩序的视角来考量，即外部世界的安全能够促进美国的安全。两国对安全保障的不同思路导致了双方在优先议题的选择上存在差异，例如在朝鲜核问题上，中美两国都主张无核化与半岛稳定，但美国更加重视前者，中国则将后者视为优先选项。④ 可见，中美在优先议题上达成妥协是加强双方务实合作的关键一步。

---

① The Brookings Institution, "35 Years of U. S. -China Relations: Diplomacy, Culture and Soft Power," March 28, 2014, pp. 60 – 61, http://www. brookings. edu/~/media/events/2014/3/28 – us-china-relations/032814brookingschina_ edit. pdf.

② 杜尚泽、温宪：《习近平同美国总统奥巴马举行会谈》，《人民日报》2015 年 9 月 26 日第 1 版。

③ Stephen Harner, "How the Obama Administration is Losing Trust in Asia," June 7, 2014, http://www. chinausfocus. com/foreign-policy/accusations-common-interests-how-the-obama-administration-is-losing-trust-in-asia/；罗建波：《负责任的发展中大国：中国的身份定位与大国责任》，《西亚非洲》2014 年第 5 期，第 36—37 页。

④ Oriana Skylar Mastro, "China Can't Stay Home," *The National Interest*, January/February 2015, p. 44.

四 构建中美新型大国关系的着力点

中美新型大国关系的构建需要双方共同努力，正如习近平主席所强调的要"事在人为"。① 双方在重大问题上应相互理解，相向而行，并通过坚定务实的合作不断扩大共识，培育互信。具体而言，中美双方应着力于做好以下几个方面的工作。

第一，加强战略沟通与协调，全面、客观、包容地认识对方的战略诉求。中美关系的发展离不开双方的沟通，尤其是中美两国高层的交流与协调。麦艾文认为，中美关系的顺利发展不能放任自流（autopilot），而需要两国领导人展现出强有力的政治魄力与智慧积极推动，"实际上，这需要两国政府官员坚强的领导、魄力、决心，以及精致的管理。"② 习近平主席在第六轮中美战略与经济对话开幕式上的致辞中已清晰指出："中美两国历史文化传统、社会制度、意识形态不同，经济发展水平各异，双方存在不同看法、在一些问题上存在分歧和摩擦在所难免。中美是两个各具特色的国家，在很多方面肯定有差别，有差别才需要沟通和合作。"③

其实，中美间的战略沟通，尤其是军事领域的战略沟通，至少能够发挥两个方面的重要功能：其一是管控分歧。目前，中美双方领导人都认识到矛盾与分歧的存在，更认识到管控分歧的重要性。例如，奥巴马总统在向中美第六轮战略与经济对话发表的声明中表示："我们致力于推进与中国逐步发展以加强务实合作和建设性处理分歧为特征的'新型模式'关系的共同目标。"④ 2014 年 11 月 12 日，习近平主席在与奥巴马总

---

① 《习近平同奥巴马总统共同会见记者》，《人民日报》2013 年 6 月 9 日第 1 版。

② The Brookings Institution，"35 Years of U. S. -China Relations：Diplomacy，Culture and Soft Power，" March 28，2014，pp. 60 – 61，http：//www. brookings. edu/ ~ /media/events/2014/3/28 – us-china-relations/032814brookingschina_ edit. pdf.

③ 习近平：《努力构建中美新型大国关系——在第六轮中美战略与经济对话和第五轮中美人文交流高层磋商联合开幕式上的致辞》（2014 年 7 月 9 日），《人民日报》2014 年 7 月 10 日第 2 版。

④ The White House，"Statement by the President to the U. S. -China Strategic and Economic Dialogue，" July 8，2014，http：//www. whitehouse. gov/the-press-office/2014/07/08/statement-president-us-china-strategic-and-economic-dialogue.

统会谈时也强调，中美双方要以建设性方式管控分歧和敏感问题，以推进中美新型大国关系建设。① 当前，中美两国的战略沟通已产生明显效果，双方因此构建了危机预防与管控机制，如 2014 年 11 月，两国国防部签署了建立重大军事行动相互通报信任措施机制的谅解备忘录和海空相遇安全行为准则谅解备忘录；2015 年 6 月，两国签署了《中美陆军交流与合作对话机制框架文件》；9 月 18 日，中美双方就重大军事行动相互通报机制新增"军事危机通报"附件以及海空相遇安全行为准则新增"空中相遇"附件完成签署。②

其二，明确并正确判断对方的战略意图。战略意图是影响国家间关系的重要变量，但在无政府状态下，他国的战略意图既难以揣度，又不易鉴别。因此，加强战略沟通，尤其是最高领导人的相互交流便成为一条必要且有益的路径。③ 中美两国领导人应在沟通中对对方的核心关切予以回应，并清晰阐释本国的战略意图，在相互沟通中求得谅解与共识。鉴于中美关系的不对称性依然存在，即中国处于相对弱势与被动地位，中国在这一进程中需要做出更多努力，明确阐明中国在寻求现代化进程中的战略设计与战略意图。实际上，中国领导人在这方面已经做出了看得见的努力，例如 2015 年 9 月，习近平主席在美国发表的演讲中就中国的国际战略、国内发展、政策取向做了充分的说明，有效回应了中国经济发展与改革走向、网络安全等美国关心的重点议题。④

第二，调整各自心态与行为模式，促进双方相向而行。就美国方面来说，摒弃"国强必霸"的教条主义思维与"你赢我输"零和式冷战思维，是发展中美关系的重要条件。美国前财长萨默斯（Larry Summers）曾强调，21 世纪的中美两国要么共同繁荣，要么一起衰败，不会存在一荣一衰的选项。因此，"美国应该有更广阔的视野，而不是在具体问题上

---

① 《习近平同美国总统奥巴马举行会谈》，《人民日报》2014 年 11 月 13 日第 1 版。

② 参见中国国防部网站：http: //www. mod. gov. cn/affair/2015 – 09/24/content _ 4626542. htm。

③ David Shambaugh, "Another U. S. -China Summit: An Opportunity to Be Grasped," Mar 27, 2015, http: //www. chinausfocus. com/foreign-policy/another-u-s-china-summit-an-opportunity-to-be-grasped/.

④ 习近平：《在华盛顿州当地政府和美国友好团体联合欢迎宴会上的演讲》（2015 年 9 月 22 日，西雅图），《人民日报》2015 年 9 月 24 日第 2 版。

表达公开担忧。只要它能够有效指导并鼓励中国采取一种非对抗性的外交政策，这一概念（指中美新型大国关系——作者注）便富有建设性且有益的"。① 作为一个现状国家，对于新兴大国中国的崛起需要从中国的对外战略理念到中国实际的国家行为等层次全面地加以审视，而不能仅从历史教条主义的角度出发，先入为主。与此同时，美国也要调整凡事由其主导的"老大心态"。前美国总统国家安全事务助理哈德利（Stephen J. Hadley）就曾表示，"美国人习惯于他们的国家在处理全球事务中拥有主导作用，若不是唯一的主导作用。"② 然而，在中美关系未来发展的议程设置与方向定位问题上，美国理应从有助于双方关系稳定与发展的层面来考察，而不应从是谁提出、由谁主导的角度来分析与评价。换言之，只要有助于稳定与促进双边关系发展的倡议、理念或行动纲要，无论是谁提出的，双方都应该以理性的态度做出积极回应。此外，从外交行为上来说，美国需要就其对外战略，尤其是亚太战略的意图做出能够令中国理解与放心的说明，以实际行动缓释中美间的战略互疑。

就中国而言，改变历史悲情主义的羁绊，培养起成熟稳健的大国心态是中国崛起的应有之义，也是实现"中国梦"的重要标志。③ 对于美国的战略决策，中国应理性分析，避免陷入感性的窠臼之中。不仅如此，中国还需要在推行外交政策中加强对外宣示的力度与效度。作为一个强劲崛起的国家，同时又身处十分复杂的地缘政治环境之中，中国就其对

---

① Cheng Li and Lucy Xu, "Chinese Enthusiasm and American Cynicism Over the 'New Type of Great Power Relations'," Dec. 4, 2014, http：//www. brookings. edu/research/opinions/2014/12/05 – chinese-pessimism-american-cynicism-great-power-li-xu.

② 斯蒂芬·哈德利：《构建美中新型大国关系》，2013 年 10 月 10 日，http：//carnegietsinghua. org/2013/10/10/% E6％9E％84％E5％BB％BA％E7％BE％8E％E4％B8％AD％E6％96％B0％E5％9E％8B％E5％A4％A7％E5％9B％BD％E5％85％B3％E7％B3％BB/gpml。

③ 国外有学者认为，中国仍未能从过去屈辱的历史经历中走出来。例如，韩国学者郑在浩曾提出"受困心态"一说，指在某种历史过程当中形成起来而由大多数公众拥有的一种蕴含过度防御性的受困者心理。他认为，中国因为近百年坎坷的历史境遇，也产生了一种受困心态，并一直影响至今。美国学者罗伯特·曼宁认为，中国将美国亚太再平衡战略加剧了东亚的紧张局势，反映了中方仍然是从过去受害者的视角所做的观察。参见郑在浩《韩中"战略合作伙伴"关系的新解析》，《东北亚论坛》2013 年第 6 期，第 36、41 页。郑在浩：《中国一直有一种受困心态——一位韩国学者的观点》，《人民论坛》2013 年第 10 期，第 40 页。Robert A. Manning, "US and China Explore New Relationship," YaleGlobal, 11 June 2013, http：//yaleglobal. yale. edu/content/us-and-china-explore-new-relationship。

外政策行为进行合理性、合法性解释是极端必要且重要的一项事务。其实，中国的国际行为是否符合国际规范，这是美方十分关切的一个问题。美国有学者认为，只要将中美以及其他大国的行为深深嵌入法律、规则、制度的框架之内，并以此来处理分歧与争端，中美之间就能够实现长期和平共处。① 美国国务卿克里也多次表示，中美新型关系需要建立在国际公认的规则与制度基础之上。例如，2014 年 8 月 14 日，克里在美国夏威夷的东西方研究中心发表演讲时指出："这种关系（指中美新型关系）也要以共同遵守服务于我们两国及地区的规则、规范与制度来界定。"② 当然，国际规则与制度应该照顾到中国等新兴国家的利益诉求，应该得到整个国际社会的认可，而不能简单地以美国等发达国家的意愿与诉求为标准。

第三，双方在优先事项上相互协调，于具体合作中强化共同利益基础，培育与提升战略互信。在确立合作议题上，中美需要理解与包容。由于两国发展阶段存在很大差别，双方对于本国优先议题的设定也存在差异。比如说，奥巴马政府在其第二份国家安全战略报告中将气候变化、防扩散、传染病防控作为美国的主要优先事项。③ 这一设定与美国的国际地位有很大关系。这些全球性问题的应对不仅关系到美国的国家利益，而且有助于巩固美国在全球的领导地位。不过，对于中国这个世界上最大的发展中国家来说，发展是本国的优先事务。这里的发展既具有经济上的意义，即促进本国经济持续繁荣，也具有政治上的内涵，即中国要进一步巩固其国家主权、安全等利益。

然而，双方在优先事项的差异不应成为在具体事务上合作的障碍。例如，扩大两国、地区及全球经济合作，促进世界的可持续繁荣，这是双方共同的且紧迫的利益诉求。双方可以在这一领域展开密切合作。再

---

① Rudy deLeon and Yang Jiemian eds. , *U. S. -China Relations*: *Toward a New Model of Major Power Relationship*, February, 2014, p. 33, http: //www. chinausfocus. com/wp-content/uploads/2014/02/ChinaReport. pdf.

② U. S. State of Department, "U. S. Vision for Asia-Pacific Engagement," August 13, 2014, http: //www. state. gov/secretary/remarks/2014/08/230597. htm.

③ The White House, *National Security Strategy*, February 2015, http: //www. whitehouse. gov/sites/default/files/docs/2015_ national_ security_ strategy_ 2. pdf.

比如，在防扩散问题上，朝核问题既是美方的重大利益关切，更关系到中国的国家安全，这又为两国合作提供了重要平台。实际上，中美两国有着广泛的合作议题。美国大西洋理事会（The Atlantic Council）在《展望 2030：后西方世界中的美国战略》的研究报告中指出："在包括多边机构、全球金融体系、核未来、网络安全、外太空、气候变化、全球资源紧缺和亚洲安全等广泛的国际事务中，美中关系都将成为成败的关键。"①美国智库兰德公司 2014 年发布的研究报告也认为，中美在维持国际环境稳定，推行自由贸易，维持甚至强化一些多边机构，消灭极端主义、保障能源安全和控制核武等领域有着广泛的、一致的利益。②因此，中美两国需要认识到，尽管双方在议题方面存在差异，但共识是主要方面。这种共识还体现在，无论是哪一方的重大关切，都离不开对方的支持与配合。正因如此，双方可以在具体合作议题上相互协商，达成妥协，这是合理的、可期的、理性的合作路径选择。

当然，中美新型大国关系的构建始于双方的共同努力，但也离不开国际关系的整体改善。很难想象，如果中国与日本，或者美国与俄罗斯发生军事冲突的情况下，中美构建新型大国关系的进程会不受影响。③从这个角度来说，中美两国在共同构建一个和平、稳定、合作共赢的新型国际关系方面也有着巨大的合作空间。

第四，中美承认并尊重对方在亚太区域的利益存在，实现在亚太地区的良性互动。亚太地区是中美两国利益交织最紧密、互动最频繁的区域，也是中美构建新型大国关系的试验田。于中国而言，亚太地区是其安身立命之所，发展繁荣之基，重要性不言而喻。与此同时，奥巴马政府也强调美国是一个太平洋常驻国家，在该区域有着不容忽视的战略利

---

① Robert A. Manning, "Envisioning 2030: US Strategy for a Post-Western World," http://www. atlanticcouncil. org/images/files/publication_ pdfs/403/Envisioning2030_ web. pdf. pdf.

② "Developing a U. S. Strategy for Dealing with China-Now and into the Future," http://www. rand. org/content/dam/rand/pubs/research_ briefs/RB9800/RB9802/RAND_ RB9802. pdf.

③ Rudy deLeon and Yang Jiemian eds., *U. S. -China Relations: Toward a New Model of Major Power Relationship*, February, 2014, p. 43, http://www. chinausfocus. com/wp-content/uploads/2014/02/ChinaReport. pdf; David M. Lampton, "A New Type of Major-Power Relationship: Seeking a Durable Foundation for U. S. -China Ties," *Asia Policy* 16 (July 2013), http://www. sais-jhu. edu/sites/default/files/A% 20New% 20Type% 20of% 20Major% 20Power% 20Relationship. pdf.

益。因此，两国应承认对方的利益存在，"亚太两个最大国家应该对彼此在该地区的合法利益与角色达成一种更为明确的相互理解与更大程度的相互接受，至少也是要相互承认"。① 不仅如此，中美在该地区的利益还存在相互矛盾的一面。对此，两国应保持战略克制，本着求同存异的原则来妥善处理分歧，并在此基础上就亚太地区事务深化对话合作。

有鉴于此，任何一方都不应通过单方面的、排他性的制度安排将另一方边缘化、孤立化。中国政府一直表示希望并欢迎美国为亚洲地区的和平、稳定与繁荣发挥建设性作用，从未有将美国排除出亚洲的想法与行动。目前，中国所力推的"一带一路"倡议被部分人看作中国启动的"去美国化"进程。对此，习近平主席做出了明确的回应。他强调，中国"推动共建'一带一路'、设立丝路基金、倡议成立亚洲基础设施投资银行等，目的是支持各国共同发展，而不是要谋求政治势力范围"。同时，他也进一步重申："一带一路"是开放包容的，中国"欢迎包括美国在内的世界各国和国际组织参与到合作中来"。② 然而，在这一方面，奥巴马政府需要做得更多，如对其所推行的"跨太平洋伙伴关系协议"（TPP）做出说明，以实际行动展现美国的善意与诚意。

结　语

当前中美关系的相互依赖程度之高、对地区及全球的影响力之大是一种客观存在。与此同时，随着中美关系的深入发展，两国之间存在的老问题、新矛盾也日益凸显，双边关系呈现出重要性与复杂性齐升的双重特点。作为对世界和平、发展、稳定与繁荣具有举足轻重的国家，中美关系牵动着世界政治、经济神经。很大程度上来说，维护好、发展好中美关系也是两国履行其大国责任的重要表现。因此，两国关系发展中存在的问题不应被看作中美构建新型大国关系的障碍，而应被视为动力。

---

① Suisheng Zhao："A New Model of Big Power Relations? China-US strategic rivalry and balance of power in the Asia-Pacific," *Journal of Contemporary China*，Vol. 24，No. 93，2015，p. 391.

② 习近平：《在华盛顿州当地政府和美国友好团体联合欢迎宴会上的演讲》（2015 年 9 月 22 日，西雅图），《人民日报》2015 年 9 月 24 日第 2 版。

从本质上来说，中美之间所谓的结构性矛盾主要是基于对传统大国关系模式的固有理解而产生的"意识陷阱"。不可否认的是，中美两国存在现实的利益冲突，但它们大多是间接的，且并非地缘性质的。

从这个角度来说，中美所谓的利益之争、结构性矛盾从根本上来说并非不可解决，而首先要展开制度化沟通，明确对方的战略意图，避免误判或误算，并建设性地管控双边分歧；其次要破解意识固化现象，摒弃过时的、教条式的惯性思维，避免陷入"自我实现的预言"；再次要筑牢与扩大共同利益基础，并通过在相关议题协商的基础上展开务实合作，逐步累积共识与互信；最后双方要将在亚太地区的良性互动作为全面构建中美新型大国关系的"试验田"。实际上，中美新型大国关系并非意味着中美全部利益的重合，不存在矛盾，而是指中美之间共同利益大于彼此矛盾。中美双方应通过互利共赢的合作来做大、做实中美共同利益的"蛋糕"，并以此来弱化相互矛盾的消极效应，最终实现双方利益的最大公约数。

总之，中美关系"大到不能倒"。两国关系几十年的发展已经说明，中美合则两利、斗则俱伤。因而，双方努力构建"不冲突不对抗、相互尊重、互利共赢"的新型大国关系是基于历史与现实的理性选择。诚然，中美新型大国关系的构建是一条没有经验可循的新路，需要中美两国有着"摸着石头过河"的探索精神与"咬定青山不放松"的坚定意志，需要两国有着高超的政治智慧与海纳百川的大国胸怀。这虽是一条充满坎坷、布满荆棘的"长征"，但中美已踏步前行。

（陈积敏：中共中央党校国际战略研究院副研究员）

减少中美误判的机制性建设

刘卫东

【内容提要】 减少误判是中美关系维持稳定的基本底线。加强沟通交流是中美减少误判的必要途径。如果缺乏一套明确公认的互动标准，则沟通交流只能停留在表面上，无法为减少误判发挥有效的作用。当前稳定中美关系的一种可行举措，就是立即着手制定一套两国承诺共同遵守且具可操作性的互动行为规范，以这一战役层面的制度将两国维护双边关系稳定的战略需求正向传递到战术操作领域，用可以预期的标准互动程序来降低对各自政策内涵理解的不确定性所带来的风险，以此来提升相互的认知水平，增强双方对两国互动走向的预判能力，最终达到减少误判的效果。

【关键词】 中美关系　误判　制度建设

中美关系历来是中国外交的重中之重，也是美国最为关注的双边关系之一。中美关系中最大的风险，并非价值分歧、经贸争端、军事冲突这些看似无解的传统难题，因为双方在处理此类争端时存在大量经验可供借鉴，且在互动中已建立起一定程度的默契，只要保持理性，两国政府都不会允许不可收拾的局面出现。而更严峻的问题，则是一些敏感的突发事件，在极端民族主义情绪的渲染、军工复合体的推动、利益集团的绑架、内部派系斗争导致的矛盾外化的激发下，迅速演化成涉及意识形态、国家尊严、政党命运、民族生存等核心利益的对抗和较量，使骑虎难下的中美决策层无力做出理性应对，导致事态迅速升级失控，出现双方都不愿看到却又无法避免的严重后果。在这一过程中，互信不足并非促使中美出现非理性对抗的充分条件，从中美交往的历史来看，在关键议题上的误读误判才是导致错误决策并给中美关系带来巨大冲击的根本原因。稳定中美关系，必须首先致力于从减少误判方面下功夫。

一　减少误判的制度性规范

误判的产生有多种原因，而认知因素在其中发挥着核心的作用。在不同的决策主体之间存在着不可回避的认知差异，由于信息的不确定性和主观因素对信息处理的干扰，再明智的决策者都难以彻底消除这些认知差异所导致的错误知觉，因此误判是一种无法回避的客观存在，但这并不意味着我们没有能力减少误判的发生概率。既然个性化的认知差异是导致误判的重要原因，如果能够采用相对标准化的信息获取和处理机制来降低个体因素在其中发挥的影响，那么从理论上说通过减少双方认知的差异来降低误判发生的概率是可以实现的。

当前中美之间已经建立了多种制度、机制和规范，但其覆盖面往往偏重于战略层面，注重原则而缺乏具体实施细则，强调协商对话而实际约束力不足，甚至有些因仅作为表达合作意愿的载体而事实上已经失效，[①] 因而对两国日常接触交往所能提供的指导有限。在当前局势和需求下，两国与其总在口号和形式上下功夫，倒不如立即着手制定一套共同承诺遵守且具可操作性的互动行为规范，用可以预期的标准互动程序来弥补难以预期的对政策内涵的解读，就可以尽量降低价值和心理因素对决策的干扰，提高各自对对方政策的认知水平，减少主观臆断的成分，增强对对方行为的判断和预测能力，为科学决策提供必要的条件。尽管这不能保证避免冲突的发生，但至少可以有效减少由于误判而带来的冲突，意义依然重大。

中美相关努力的政策选项包括以下几方面。

---

① 来中国社会科学院美国研究所交流的中国外交官员曾形象地将其比喻为"僵尸机制"。

（一） 提升相互间的认知水平

从理论上说，相互了解的程度决定了准确认识的程度，了解得越多则出现误判的机会越少，所以增进相互了解、提高认知的水平就成为减少误判的重要途径。但现实中人们对于主动了解自己对手的意愿和耐心常常不足，往往倾向或习惯于想当然，因此引入制度性因素来帮助甚至迫使双方提升相互认知的能力和水平就显得尤为重要了。

1. 预联预知制度。在处理敏感的双边问题时，一方应基于历史经验将可能存在分歧甚至引发争端的重大问题尽早、主动向对方做出全面客观的、有建设性的通报、解释和说明；在处理涉及两国利益的多边问题时，两国需提前沟通以保证事先了解各自基本立场，避免突然公开作出单方宣示；在面对涉及单方的多边问题时，无关方也有义务应对方的要求而将自身的公开姿态提前告知相关方。

2. 明确信号制度。对于出现争端的问题，双方要直接进行正面交涉，并在第一时间向对方发出明确、连贯和无歧义的信号，这一信号应由权威部门通过适当的公开渠道发出，确保外界可以无阻碍地获知，其他政府机构需积极配合以维护这一部门和渠道的权威性。在发出信号前两国高层有义务协调好各自不同部门之间的诉求和立场，避免政出多门、前后不一，人为增加对方误判的概率。

3. 常态交流制度。双方要始终保持信息交流渠道的通畅，不将关闭主要的官方交流渠道视为一种报复手段，做到无论什么事情发生，各方总有途径将自己希望表达的信息迅速准确传递到对方最高层；同时要完善二轨交流渠道的效能，放开并促进半官方、非官方机构对两国间敏感议题的跟踪研讨，提高官员与智库学界互动的级别和频度，使二轨交流切实能够成为对官方交流渠道的补充和极端情况下的替代。

（二） 加强对"背叛"及报复行为的管理

由于国家利益的不同，中美制定的一些政策很可能与对方利益相悖，出现冲突在所难免，这种"背叛"以及双方随后的报复性互动都是一种正常现象，本身不足为奇。但由此而产生的相互敌意往往会导致对另一方的"共情"（即设身处地看问题的意识）减少，从而趋于针锋相对的对抗。因此对背叛和报复行为进行有效管理就成为减少误判的重要环节。

1. 自审制度。当一个国家制定涉及对方的政策时，应同时考虑对方的反应，包括其究竟担心自己什么，对方可能如何评估己方的战略动机，己方的言行是否可能导致对方的误解，何种举措会迫使对方采取行动，并可能使危机上升到自己不希望达到的强度，自身决策中的意识形态色彩是否浓厚，等等，争取在出台的政策中在保障自身利益的同时也能照顾到对方的心理感受，降低其被挑战感，避免对抗升级。

2. 预示制度。双方在日常交往中，应将各自认为至关重要的利益关切提前通报给对方，明示什么是自身的核心利益、重大利益与重要利益，在所涉具体议题上明确自身的官方立场，明示自己的底线，对方的何种行为将迫使自己做出报复，报复手段将会涵盖多大范围，相信何种选项对双方均是可取的，期待以何种方式与对方开展合作，等等，以帮助对方提前了解己方的真实关切和可能反应，为可能的妥协做好规划。

3. 报复制度。在出现冲突后，中美的相互报复不仅是一种合理反应，也是完成互动完整程序的必要一环，适当的报复可以帮助对方更清楚地认识自己、帮助自己建立信用，不妨坦然面对。但报复要秉承有理、有利、有节的原则，有明确的针对性和阶段性，目的在于展示立场、警告而不是羞辱甚至伤害对方，程序上要有内部提前通报，手段上要就事论事、适可而止，防止将报复举措扩散到不相干的领域，始终保持沟通渠道的顺畅，同时对于对方的政策调整应迅速做出可感知的回应。

（三）提高应对分歧的水平

中美存在分歧在所难免，但在如何应对分歧的问题上两国还缺乏足够的默契，并曾因此而导致冲突的升级。中美可尝试为此设定规则，以便将分歧对双边关系的冲击局限在一定范围内，相应举措可以包括：

1. 分歧会商制度。中美应对分歧的举措基本取决于其对分歧的认知，如能清楚了解甚至理解各自对于分歧的看法（而非分歧本身），就可以有效减小对分歧的误判所带来的负面后果。两国为此应建立应对分歧的常态化机制，定期对现存和可能出现的分歧进行提取、汇总和辨析工作，并组建由两国官员和学者参加的联合工作组，对分歧进行不设限的共同研讨，如无法对分歧的致因和应对举措达成共识，至少也要确保能分享各自对分歧的真实认识，以减少决策中的错误判断。

2. 分歧管理制度。大国在出现分歧后相互示强的现象并不少见，中美国内试图影响决策的各种声音不断增多也是大势所趋。虽然这都难以避免。但在分歧公开后至少各自官方表态要做到前后协调一致，官方媒体应避免使用过激言辞，减少官员尤其是现役军人的非授权公开表态，官方不应参与可能激化矛盾的民间行为并在有条件时进行适当管控，各方应尽可能杜绝单边行动，尤其要慎用高压手段和最后通牒。在出现分歧时如能保持相互尊重，谨慎行事，就可以最大限度地减少非理性因素对决策的干扰。

二 稳定中美关系的有效途径

为达上述目的，中美需要尽快从规程、机制、组织和人事四个方面开始相关建设。

规程：除将上述制度成文以外，要迅速落实制定出一套双方都认可的释疑规程和实施细则，说明什么范围内的哪些议题应相互公开，公开的内容中必须包含何种关键信息，双方内部提前沟通的正常程序，回复对方疑问的时限以及出面官员的级别，就仍存分歧和疑点保持沟通的具体安排，等等。其目的在于通过清楚界定公共认知的空间来迫使双方达成同等程度的相互公开，防止信息不足和不对称导致的草率行事，并帮助双方维持继续合作的动机。

机制：相对而言，中美战略与经济对话过于宏观，时间短促且多专注于挖潜合作，促进沟通和解决现存问题的能力不足。而现有的 100 多个中美双边对话机制则过于微观分散，有些应景之作已名存实亡。为此中美应建立季度或月度常态化沟通机制，由中国外交部司长级官员和美国国务院对等官员负责统筹，根据需要邀请各自军方、商界、媒体、学界及其他相关人员加入，及时就近期出现的热点、分歧、疑虑进行沟通，目的在于展现各自真实立场及了解对方立场，而非一定要达成共识，同时将各类热线机制尽快落到实处并充分利用起来。

组织：为便于履行上述职能，中美应分别建立一个常设互动机构，由包括外交、商务、国防、司法、文化等部门的官员组成，并始终保持两国此机构或对口部门之间的密切沟通，如固定的日度或周度电话、邮件或视频交流。在建立上述各项机制和规程之前，这一机构负责就相关安排进行前期准备；各项机制完备后则在其指导下负责日常即时交流的具体操作。其职能包括内外两方面：一是负责收集汇总己方各部门的关切并经最高层审核形成统一意见；二是将此意见传递给对方对口部门并将其回应报送本国最高层。

人事：中美应分别设置一个主席和总统特使，在美国可以是在国家安全委员会内的一个高级职位，在中国则可以是负责外事的国务委员，或者外事领导小组、国安委、中央政研室内的高级官员，其职能主要是在需要时撇开各自国内利益集团的干扰和行政机构繁文缛节的约束，相互直接交流，并向各自决策者汇报来自于对方高层的关切和信息，他们还要负责为首脑协调各部门职能和要求提供咨询建议。这一官员对外的公开身份可以并不局限于专事中美关系，但其主要职责应集中于应对中美关系。[①]

进行这种努力是基于如下现实：从战略上说，中美双方都很清楚维护双边关系稳定的意义；可一旦在一些具体问题上出现分歧，这种共识就难以有效制约双方冲突的升级，这意味着两国战略意图与战术操作的脱节。因此中美亟待设立一套连接战略层面和日常战术层面的战役性规程，即明确统一的互动制度，对双方的认知框架、信息处理、沟通程序和互动模式做出相对标准化的规范，理论上这将能够大幅降低主观因素对决策的干扰，将战略需求客观、正向地传递、投射到战术操作领域，

---

① 美方对此亦有同感，如基辛格也建议中美双方领导人通过建立专人或专门小组联系的方式进一步保持密切沟通。参见《基辛格谈习近平访美：中美 50 年临界点说法出现好多次》，观察者网，2015 年 9 月 13 日，http：//www.guancha.cn/america/2015_09_13_334059.shtmlhttp：//www.guancha.cn/america/2015_09_13_334059.shtml，登录时间：2015 年 9 月 24 日。

帮助双方认清各自的意图和行为方式，相对准确地预判互动的各种可能前景，为大幅度降低误判的空间创造条件。如果能够做到这一点，那么剩下的问题则主要是根据自身利益需求来选择应对策略，而此举将在对对方基本不再存疑的背景下完成。放在双边关系的框架下，这种努力是以同时、同等降低双方行为的灵活性为代价来换取对双方行为可预测性的提升，以双边互动的确定性的增强来帮助减少误判，并促成双边关系的相对稳定。达成这一安排需要具备一些条件：第一，中美双方必须具有稳定双边关系的共同需求，而并不试图利用人为激化矛盾来获取单边收益，这一点看来可以满足。第二，中美必须愿意接受同等的约束。表面看来，作为强者的美国对维持关系稳定需求的迫切性不如中国，但强者对关系不稳所带来的不安全的耐受性也同样低于弱者；中国虽然似乎一直对接受与美国同等标准的选择比较排斥，但稳定中美关系具有战略意义，这一同等标准只是程序性规范，对中国整体的外交战略没有影响，代价有限而收益明显，同时接受同等标准也是中国融入国际社会的大势所趋。因此接受这一预防性举措能够给中美带来双赢。第三，相关机制的作用范围要局限于程序性安排而不涉及双方具体的外交规划。只有限定于程序性安排而非更敏感的价值观念与利益判断，实施起来才容易为双方共同接受；只有限定于程序性安排，灵活性的丧失才是有限的、可控的，不会因为接受这一制度就完全被束缚住手脚；只有限定于程序性安排，进行这种尝试才不需要决策者承担过大的心理压力和国内反弹。

三 中美相关实践的初步尝试

中美两国政府已开始就此进行了具体尝试。2013 年中国国家主席习近平和美国总统奥巴马达成共识，准备在中美两军之间建立"重大军事行动相互通报机制"和"海空相遇安全行为准则"两个军事互信机制。2014 年 11 月，中国国防部新闻事务局宣布，双方国防部长已经完成关于建立两个互信机制的谅解备忘录的签署。2015 年 10 月 27 日，"海空相遇安全准则"增添了最新的关于中美空中相遇的附件。2014 年 4 月 22 日，在包括中美在内的 21 国参加的西太平洋海军论坛上通过了《海上意外相遇规则》（CUES），这一旨在缓解海上紧张局势的规则对海军舰船和飞机意外相遇时的机动规范及通信程序等内容做了规定。随后中美围绕着这几个互动行为规范进行了多次演练。

2014 年 2 月 11 日，中国海军第十八批护航编队运城舰、巢湖舰与美国海军"斯特莱特"号导弹驱逐舰，在亚丁湾海域进行了《海上意外相遇规则》运用演练。这是中美海军首次在亚丁湾海域举行这类联合演练。2015 年 5 月，美国沃斯堡号濒海战斗舰与中国江凯 2 级护卫舰在南海相遇时，也按照规定进行了互动，美国海军作战部副部长米希尔·霍华德（Michelle Howard）表示，双方以专业方式处理了这次相遇。[①] 2016 年 8 月 12 日，在美国"本福尔德"号导弹驱逐舰访问中国山东青岛期间，中国海军导弹护卫舰大庆舰与之举行了《海上意外相遇规则》的演练，上述军舰各互换两名军官作为联络官。"本福尔德"号舰长贾斯廷·哈茨说："我们就《海上意外相遇规则》展开多项演练，用中英双语进行沟通，中国海军军官在'本福尔德'号驱逐舰进行指挥。"12 月 9 日，中国海军舰艇编队中的盐城舰、大庆舰与美国海军"邦克山"号巡洋舰在圣迭戈附近海域再度举行了联合演练。演练过程中，中美双方运用《海上意外相遇规则》和《中美海空相遇安全行为准则》，进行了编队通信与编队运动、编队航拍和联合搜救等内容的演练。根据双方的规划，此类演练今后还会继续下去。

这些已经建立的中美互动行为规范具有如下特征：一是由双方最高领导人会面时首先确立方针进行铺垫，随后安排相关操作人员进行落实，因而行动非常迅速；二是着眼于通过统一的行动规范来指导和协调双方在一线接触时的行动，通过标准化的操作来避免误判的发生；三是两军都积极配合，利用并创造适当的机会多次演练，逐步熟练掌握了相关要求；四是从最为敏感的军事互动演练着手，为两国在其他领域的机制建设打下了良好的基础。

---

① Wendell Minnick, "Complex US-China Relations Seen at IMDEX," *Defense News*, May 24, 2015, http://www.defensenews.com/story/defense/naval/navy/2015/05/24/imdex-singapore-china-us-warship-stabilize-islands-reclamation-south-sea-east/27712207/，登录时间：2015 年 9 月 25 日。

四 结语

　　中美之间唯一的一次正面冲突发生在朝鲜战场上，学术界有很多观点认为中美对对方的战略意图及战术层面上的决策都存在误判。[①] 这场战争对于中国的国家统一、中美关系的演变乃至世界格局都造成了重大影响，东亚格局至今还残留着朝鲜战争的明显印记，足见误判危害之大。随着近来中美冲突的加剧，当前两国国内的阴谋论都大行其道，对政府决策和社会舆论形成强大压力，导致对通过减少误判来维持中美关系基本稳定的需求也更为迫切。显而易见，单靠顶层设计无法达成减少误判的目标，只有借助于在两国官方事务层面和社会领域持续不断的积极努力，才有可能将减少误判的具体举措落到实处。在减少误判的问题上，真正的相互了解远比相互接受、相互赞同重要得多，（行为体）必须试图以别人的眼光来观察世界，要使别人清晰地了解自己的认识和预测，他就往往能获得很大的收益。[②] 这也正是中美今后需要继续为之而努力的方向。

（刘卫东：中国社会科学院美国研究所研究员）

---

　　① 学术界对此已有大量研究成果，如沈志华：《毛泽东、斯大林与朝鲜战争》，广东人民出版社 2013 年版，第 317—330 页；牛军：《冷战与中国外交决策》，九州出版社 2013 年版，第 174—211 页；邓红洲：《控局：朝鲜战争与越南战争中的美国决策》，军事科学出版社 2013 年版，第 99—121 页；等等。

　　② ［美］罗伯特·杰维斯：《国际政治中的知觉与错误知觉》，秦亚青译，上海世纪出版集团 2015 年版，第 458—459 页。

会议综述

中华美国学会 2016 年年会暨
"2016 年大选与美国内外政策走向"
研讨会综述

2016 年 11 月 28 日至 29 日,由中华美国学会、中国社会科学院美国研究所、四川大学美国研究中心联合主办的中华美国学会 2016 年年会暨"2016 年大选与美国内外政策走向"学术研讨会在成都召开。来自中国社会科学院、中国现代国际关系研究院、上海社会科学院、复旦大学、四川大学、北京大学、南开大学、国防大学等 20 多家单位的近百位学者与会。与会者围绕 2016 年美国大选与美国政治、大选后的美国内外政策走向、美国经贸政策、美国社会与文化等议题进行了研讨。

(一) 2016 年美国大选与美国政治

上海国际问题研究院学术委员会主任杨洁勉在主旨发言中指出,可以从三个维度来分析特朗普的当选。首先,要全面剖析此次大选的时代背景。对于当前美国综合国力的相对衰落和全球化带来的困扰,美国精英和草根阶层都是准备不足的。精英领导拿不出有效的战略和政策,草根阶层则对长远目标感到迷茫,企盼强势的领导人。其次,要深刻理解"特朗普现象"。特朗普当选和英国脱欧公投折射出西方社会的"选票极端主义"。再次,要客观前瞻特朗普的内政外交政策。特朗普当选美国总统将给中美关系带来新的变数,中国应加强与美国的战略互动,同时争取战略上的主动,保持政策的延续性,信守国际承诺,对美国政府的外交政策早做预案。

中国现代国际关系研究院高级顾问崔立如在主旨发言中指出，2016年美国大选的结果是一场"特朗普震惊"，既有必然性，也有偶然性。特朗普巧妙地抓住时机，采取了正确的竞选策略。首先，特朗普代表了反权势、反建制、反精英的美国造反派，顺应了去精英化的大趋势，给希拉里·克林顿贴上了权势代表的标签；其次，特朗普利用"邮件门"等小概率事件提出"选举被操纵"的说法，强调希拉里·克林顿是不值得信任的人。他指出，美国选举既是党派之争，也是权势之争。由于特朗普代表造反派，政治形象和个性特异，共和党的权势精英并不喜欢他。他们希望维持现有的制度框架，在特朗普上台后逐步实现政治上的软着陆。

上海社会科学院副院长黄仁伟认为，2016年美国大选反映出几个重要的问题。其一，美国的社会结构发生了变化，中产阶级对现存制度和政治结构的不满已经达到极限。由此引申出两个问题：中产阶级是否还是美国民主的基础？美国民主的价值认同是否正在分裂？其二，美国外来移民与本土居民之间的种族关系发生了变化，种族矛盾将不可避免地影响美国社会。一人一票的选举制度是建立在白人是主要人种的基础上的，而白人正在逐渐演变为少数民族，一人一票竞选制度的根基已经被动摇。其三，从美国与全球化的关系来看，美国的贸易政策有切断市场一体化的趋势。全球化导致资金、产业、财富和工作机会大量从美国流出，特朗普正是打着"反全球化"的旗号上台的。其四，特朗普倾向于减少美国的国际责任及其对盟国的责任，这意味着美国的全球责任、盟主责任和盟国体系的构造将发生变化。

中国社会科学院世界经济与政治研究所所长张宇燕指出，特朗普的当选暴露出当今美国存在的若干重大问题：其一，美国的两极分化现象十分严重，表现为中产阶级的收入占美国总收入的比例锐减，中产阶级人口占美国总人口的比例明显下降，以及大公司的收入和市场垄断地位迅速提升。特朗普在竞选中直接触及了这一要害问题。其二，对掌控美国的权势集团的不满情绪正日益加重。此次选举是体制外的精英反对体制内的精英，反对权势阶层控制重要岗位，获取高额垄断收益。其三，种族主义卷入选举政治。美国的种族主义一直受到政治正确性的压制，特朗普打开了释放种族主义情绪的通道。其四，全球主义造成收益分配不公平。获益者没有拿出部分收益来补充利益受损者，这令后者感到不满。特朗普迎合了这种愤怒的情绪。

中国社会科学院政治学研究所所长房宁从政治学角度分析了 2016 年美国大选。他指出，此次大选反映了"社会行动主体复合化"这一人类社会的发展趋势；种族、职业、收入、性别、年龄、信仰等因素共同复合成了美国选民的政治立场。他认为，此次大选有两个变化值得关注。第一，选民结构发生了变化。自 2008 年以来，欧洲裔美国人的投票率及其对共和党的支持率缓慢上升，非欧洲裔美国人的投票率及其对共和党的支持缓慢下降。这种选民结构的变化反映了美国社会结构的变化，在一定程度上造成民主党竞选失利。第二，选举议题发生了变化。2008 年的美国大选是政策之争，即"欧洲社会主义"与"美国资本主义"之争，此次选举则是"政治正确"之争。他认为，此次大选不是典型意义上的选举，而是一场关乎路线、方向和"谁的国家"的运动。

国防大学防务学院教授朱成虎指出，特朗普走的是回归传统、回归保守的竞选路线，其胜选有诸多深层次的原因。其一，全球化导致国际分工向发展中国家转移，资金、技术和各种生产要素向外流动，美国蓝领大量失业；其二，虚拟经济繁荣造成大量资金被美国金融界掌控，没有流向实体经济；其三，技术进步导致制造业大量用机器人取代工人，令美国蓝领的境况下降；其四，美国精英阶层正在走向堕落，政治精英丧失诚信，经济精英敛财无度，招致美国中低阶层的民众憎恶。关于中美关系的未来走向，他指出，中国成为世界第二大经济体之后，中美之间的主要矛盾不再是价值观、社会制度和意识形态方面的对立，而是崛起大国和守成大国之间难以调和的矛盾。

中国国际问题研究院中美关系研究中心主任刘学成认为，"特朗普现象"是席卷全球的民粹主义浪潮在美国引发的政治海啸，反建制派的特朗普战胜建制派的希拉里是右翼民粹主义的胜利。他指出，2009 年的"茶党"运动和 2011 年的"占领华尔街"运动标志着右翼和左翼民粹主义在当代美国政治舞台的登场。右翼民粹主义的主要社会基础是美国中下层白人，他们痛恨政治精英玩弄权术，反对全球化和自由贸易，反对移民涌入，反对同性婚姻和控枪。特朗普在竞选中成功地借助了右翼民粹主义的政治、经济和社会诉求。他认为，未来特朗普政府会更多地继承里根主义和新保守主义的安全、经济和社会理念，奉行美国第一、美国国家利益优先、经济兴邦、加强国防等执政理念。

中国社会科学院美国研究所助理研究员刁大明指出，2016 年的美国大选是一场以民怨情绪、"反建制派"倾向及社交媒体的广泛介入为特定趋势的开放式选举。特朗普及共和党人成功地迎合了本次选举的整体趋势，希拉里及民主党人则失去了美国中下层蓝领的支持。当选后的特朗普将面临兑现民意诉求的极大挑战，府会关系与"小圈子"决策生态将塑造特朗普政府的内外政策走向。他认为，2016 年的美国大选开启了美国两党政治的新一轮重组，特朗普时代的美国政治将步入充满不确定性的自我调整时期。

中国国际问题研究院助理研究员付随鑫分析了 2016 年美国大选的政治和经济背景，认为经济不平等是导致美国政治极化的根本性原因。他指出，美国历史上两次经济不平等最严重的时期，也是政治极化最严重的时期。通过考察基尼系数、不同层次的家庭收入和财富的比重等指标，可以发现过去几十年里美国的经济不平等日趋严重。经济不平等促进了政治上的分裂，增强了富人对政治的影响力。同时，经济不平等导致收入差距拉大，增大了民主党和共和党的政治代表性差异，巩固和增强了选民在政党认同上的差异。他认为，经济不平等对精英政治行为的根本影响是巩固和增强了精英在自由—保守维度上分裂，加剧了精英的政治极化。

（二）大选后的中美关系

南开大学美国研究中心教授张睿壮根据历届美国政府进入白宫前后立场转变的规律，对特朗普执政后的中美关系走向进行分析。他指出，决定国际关系的首要因素是实力对比。当中国的实力接近美国时，美国自然会加强对中国的防范，但这并不意味着两国之间一定会爆发严重的冲突和对抗。他认为"修昔底德陷阱"是可以避免的，原因在于：第一，中美两国的国力差别依然很大；第二，中美之间有长期合作的历史；第三，中美在重大的国际问题上没有根本分歧，在维护国际秩序方面有很大的合作空间；第四，中国国内从精英到普通民众，对美国多抱有好感。两国政府和民间的交往频繁，经贸关系密切，对话机制较多。

中共中央党校国际战略研究院副研究员陈积敏指出，随着中国的崛起和美国实力的相对减弱，美国的霸权焦虑逐渐上升。从当前的时代特征、中美关系的相互依赖性及两国的国家行为来看，构建中美新型大国关系正逢其时。首先，从时代特征来看，求和平、谋合作、促发展是国际社会的普遍诉求；其次，从两国间的相互依赖性来看，中美之间已经形成了"你中有我""我中有你"的高度依存关系；再次，从两国的国家行为来看，双方都表达了希望避免大国政治悲剧、致力于构建新型大国关系的意愿。他认为，认知差异、利益冲突和议题分歧是当前中美两国构建新型大国关系面临的主要挑战。

中国社会科学院美国研究所研究员袁征就 2016 年大选后的美国对台政策进行了分析。他认为，特朗普当选给美国外交和中美关系都带来了不确定性。未来美国将给予台湾更多的支持，其原因在于：第一，共和党的竞选党纲只强调了《与台湾关系法》，未提及"一个中国"的政策，并首次将对台"六项保证"纳入其中；第二，特朗普的竞选班底中不乏亲台人物；第三，就历史传统而言，共和党一向反共亲台，与台湾关系密切；第四，特朗普希望美国盟友承担更多的自我防卫义务，因此有可能加大对台军售的力度。他认为，美台关系从属于中美关系，尽管中美的战略博弈进入一个新的阶段，但两国的协调与合作也在加强，中美关系整体平稳。在此背景下，美国对台政策的总体框架不会改变。

中国社会科学院美国研究所研究员刘卫东对如何避免误判给中美关系带来的风险进行了分析。他认为，对中美两国来说，减少误判比增进互信更为迫切，也更为可行。加强沟通与交流是减少中美间误判的必要途径，但如果缺乏一套公认的互动标准，则沟通和交流只能停留在表面上，无法为减少误判发挥有效的作用。

（三）美国的对外战略及其走向

中国社会科学院美国研究所研究员刘得手基于特朗普的竞选言论和共和党的竞选纲领，对特朗普政府的内政外交政策进行分析。她认为，特朗普政府将会把施政重点放在国内事务上，重点关注基础设施建设、医疗保健、移民、社会秩序、减税及增加就业等议题。在外交领域，特朗普政府仍将以亚太、欧洲、中东为战略重心，维持战略东移趋势，在强调盟国的责任分担的同时尝试缓和与俄罗斯的关系。在对华政策方面，特朗普政府将继续奉行"接触加遏制"的政策，即在经济上接触中国，在军事上遏制中国。侧重于接触还是遏制，抑或两者并重，将取决于中美两国互动的能力、水平和效果。

复旦大学美国研究中心讲师王浩指出，在国际体系压力碎片化和国内政治、社会结构两极化的背景下，特朗普政府的对外战略很可能会呈现出一种"单边主义"的特征。这具体表现在四个方面：第一，在军事政策上，特朗普将延续冷战后共和党人的传统，增加军费开支，美国对外战略的现实主义色彩和不确定性将显著增强；第二，在贸易政策上，特朗普将回应当前美国国内尤其是白人中下层的反全球化和本土主义诉求，采取一定程度的保护主义；第三，在海外干预上，特朗普将缩减部分海外承诺，以减少来自盟国体系的负担；第四，在多边合作和国际制度方面，特朗普将延续共和党人的传统思维，排斥这些机制对美国的行为的制约，在多边主义和国际合作上采取消极态度。

解放军外国语学院教授孙逊分析了特朗普的反恐战略框架、实现路径，以及美国反恐政策的未来走向。他认为，特朗普将延续奥巴马政府反恐战略思维的主轴，采取以下反恐政策：（1）明确"伊斯兰国"组织及其分支和追随者是对美国最直接、最突出、最重大的威胁；（2）明确保护美国人民、美国本土和美国国家的战略目标；（3）彻底消灭"伊斯兰国"组织；（4）防止恐怖分子发展、获取和使用大规模杀伤性武器；（5）扫除恐怖分子的避难所；（6）建立持久的反恐伙伴关系和能力；（7）反击伊斯兰极端主义的意识形态，消除其影响；（8）切断恐怖分子的活动基础，并赢得网络空间的胜利。

中国社会科学院美国研究所助理研究员李恒阳分析了美俄两国在网络空间的斗争。他指出，2015 年以来，美俄两国在数字领域的斗争日趋激烈。俄罗斯黑客不仅持续攻击美国政府部门，而且攻击美国的选举系统，试图影响美国大选。美国情报部门把俄罗斯列为美国在网络空间的首要威胁。为了应对俄罗斯黑客的攻击，美国采取了防范、遏制、接触的策略。一方面，美国政府在外交上对俄罗斯施加压力，努力提高防范俄罗斯黑客的技术手段和法律手段；另一方面，美国与俄罗斯增进接触，力图构建双方在数字领域的互信。

中国社会科学院美国研究所副研究员沈鹏分析了美国的"全球公域"资源开发政策。他指出，美国凭借先进的科技水平和强大的经济实力，比其他国家更为深入地探索和开发了"全球公域"资源，影响了国际社会对"全球公域"资源开发的制度设计。美国"全球公域"资源开发政策的基本考量是：首先，以确保美国的安全利益为原则，避免国家间因争夺"全球公域"的主权或资源而爆发军事冲突；其次，秉持自由和开放原则；再次，在严格保护环境的同时支持自由开发。

天津师范大学政治与行政学院教授杨卫东评估了奥巴马政府的外交政策，认为塑造国际秩序的战略思想是奥巴马政府的重要外交遗产。奥巴马政府在 2010 年和 2015 年发布的美国国家安全战略报告中，高度强调国际秩序对于构建美国全球领导力的重要作用，认为国际秩序与安全、经济、价值观同为美国的国家利益。这种战略思想秉承了威尔逊自由国际主义的思想理念，强调规则在国际秩序中的突出作用，旨在通过掌控国际秩序构建的规则话语权来应对中国等新兴经济体的挑战，最终实现美国对世界的领导权。

中国海洋大学法政学院副教授杨松霖分析了奥巴马政府的北极政策及影响。他认为，在北极地缘形势持续紧张的背景下，奥巴马政府于 2013 年调整了美国的北极政策，颁布了《北极地区国家战略》，整合和优化了美国的北极事务机构和决策体制，推动了北极的气候治理。2015 年，美国担任北极理事会轮值主席国后，面对引领北极议事日程的国际责任和构建北极地区秩序的压力，奥巴马政府进一步提高了应对北极事务的效率，强化了美国在北极的安全利益。他认为，美国主导的北极理事会优先议程未来将面临芬兰的挑战，受到来自美国保守主义势力和环境保护组织的掣肘。

（四） 美国的亚太政策

中国社会科学院美国研究所研究员魏红霞根据冷战后美国亚太政策的延续性，分析了特朗普政府的亚太政策走向。她认为，纵观冷战后美国亚太政策调整的主线可以发现，"以双边同盟为基石、以多边合作为补充"一直是美国维护其在亚太地区的主导地位的重要策略。随着全球局势的变化和美国对外战略的调整，美国对亚太事务的介入显示出愈来愈深的势头。特朗普在外交政策方面强调"美国优先"，强调把美国的安全利益放在第一位，这意味着美国不会放弃其世界霸权地位。

南开大学美国研究中心讲师黄海涛分析了奥巴马政府的南海政策。他指出，拉拢并依托南海周边的特定国家，将其打造为美国地区安全合作体系的战略支点，是奥巴马政府实施"亚太再平衡"战略、介入南海问题的关键策略。在美国外交和安全战略呈收缩态势的情况下，同战略支点国家进行灵活的临时性安全合作成为美国实施其南海区域政策的重要手段。菲律宾和越南是美国南海政策依托的核心战略支点国家，东盟中的其他南海声索国和日本、印度、澳大利亚则是美国南海政策中的外围战略支点。

中南财经政法大学国际问题研究所副教授刘建华梳理了美国智库对奥巴马政府南海政策的分析和影响。他指出，自美国"转身亚太"以来，美国智库的学者对南海问题进行了大量研究，并通过各种方式对奥巴马政府的南海政策施加影响。美国学者们认为中国主要采取"拖延""定制强制""卷心菜""切香肠"等战略来强化对南海的控制，并向美国政府提出了"成本强加""法律战""羞辱战""绿色和平战略"等应对中国的策略。美国智库提出的政策建议大致可分为"加大压制""扶压并举""共同努力，缓解冲突"三类，奥巴马政府主要采纳了"扶压并举"的应对策略。

中国社会科学院美国研究所副研究员李枏分析了特朗普政府的朝鲜半岛政策可能的政策走向。他指出，随着特朗普赢得美国大选以及朝鲜半岛局势一再升温，东北亚的形势日趋严峻，朝核问题从以"美朝关系"为根本症结逐渐向"半岛南北对立"和"大国之间对抗"演变，显现出更为复杂和多变的特点。虽然特朗普曾表示有意改善美朝关系，但是他缺乏外交经验，且需要组建外交决策系统来助其实现政策意图。

西南财经大学马克思主义学院副院长陈宗权对特朗普执政后朝核危机可能的走向进行了预判。他指出，美国的对朝战略是其"亚太再平衡"战略的一部分。美国对朝鲜问题的基本认知是，朝鲜不会放弃核武器。奥巴马政府对朝核问题一直采取"战略忍耐"的态度，即冷处理、热期待。在"美国优先"的主导下，特朗普政府将致力于提升美国的核心利益，提振地区安全，缓解世界紧张局势，"让美国再次强大"。未来美国的对朝战略将配合上述大的战略目标。

（五） 美国经贸政策与中美经贸关系

复旦大学世界经济研究所教授华民认为，特朗普和希拉里·克林顿都奉行自由主义，不同之处在于希拉里·克林顿主张自由贸易，特朗普主张自由市场经济。特朗普没有放弃自由主义，他希望重建美国的自由市场，给制造业、中产阶级、低收入阶层创造更多的就业和生存空间。华民教授指出，美国所面临的收入差距扩大问题是一个世界性的问题，造成这个问题的根源在于全球化和过度的工业化。美国外包导致就业机会对外流失，国内低层劳动者收入下降。他认为，收入差距扩大不是制度上的问题，而是经济结构、贸易体系和全球化发展的问题。

中国社会科学院美国研究所研究员王孜弘对中国意义上的"新常态"下的中美综合经济实力进行了对比。他指出，中国成为世界第二大经济体的现实和中国对美国国内生产总值百分点差的缩小，表明了中国的崛起。然而同样的数据也表明，当前中国对美国国内生产总值的差距大于中国改革开放前的差距。人口结构与生产及消费模式使国内生产总值难以充分体现中国的建设成就，导致在以国内生产总值为指标进行中美经济实力对比时中国的经济成就被低估。他认为，中国国内生产总值增长率在经济结构调整的过程中有所下降并不意味着中国综合经济实力的增速放缓了。

中国社会科学院美国研究所副研究员罗振兴梳理了美国经济政策的协调机制。他指出，美国国家制度构成了美国经济政策协调机制的外在约束，美国总统决策模式则决定了经济政策协调机制的选择。美国目前已经建立了以总统为中心、以国家经济委员会为协调机构的经济政策协调机制，包括集中化协调机制、专业化协调机制、分开化协调机制、标准化协调机制和程序化协调机制。这些机制已基本实现制度化协调，贯穿于整个经济政策的决策过程，包括设定议程、政策形成、政策执行和政策评价。

中国社会科学院美国研究所副研究员苏华分析了美国贸易政策与贸易协定的变化趋势。她认为，美国的政治变化对全球贸易蓝图产生了长期的影响，驱使各国推动更加回应美国国内需求的贸易协定。美国新政府的贸易蓝图并无实质性变化，即宏观贸易政策的变迁与美国经济实力和国际地位密切相关；微观贸易政策与美国利益集团密切相关并受到制度因素的制约。未来"跨太平洋伙伴关系协定"成员国可能尝试在没有美国的情况下继续推进协定生效，或将其拆分成多个双边协定。

（六）美国社会与文化

同济大学美国研究中心主任王传兴分析了美国民粹主义及其在当代的发展。他指出，民粹主义是社会转型、民族主义和精英操控的综合产物。美国的民粹主义在建国伊始即有所显现，并在美国的宪政架构中得到体现，具有以下特点：1. 主张改革而非革命；2. 种族保守主义与经济进步主义相互交缠；3. 多以"边缘性"的第三党的形式出现。他认为，受全球政治的影响，当代美国民粹主义运动具有以下鲜明的时代特征：1. 质疑美国资本主义体制的革命性政治立场；2. 跨过"政治正确性"红线的极端族裔言论；3. 在民主党和共和党内部"反叛"，而不成立新的"边缘性"第三党。

上海社会科学院国际问题研究所助理研究员唐慧云分析了美国移民改革面临的困境。她指出，历经十年的美国移民改革目前面临以下困境：1. 部分非法移民的合法化问题难以得到解决；2. 技术移民难以获得长久的身份；3. 政党分歧导致移民改革在国会陷入僵局；4. 美国总统的移民改革行政命令陷入僵局。她认为，全面性和复杂性是造成上述移民改革困境的主要原因。此次移民改革覆盖所有合法移民和非法移民，触碰了经济利益、文化认同、国家安全等多个社会议题，加速了美国社会的分裂和政治极化。

（罗伟清供稿）

编后致谢

　　这本文选是中华美国学会在四川大学召开 2016 年会的部分论文和发言的集结。

　　当时大家讨论的话题，今天变得更受瞩目了。

　　我们首先应该感谢文章的作者和所有与会的学者和学生，没有他们的专业投入、潜心写作、热烈讨论、认真修改和积极协助，就没有这本文选。

　　我们还要特别感谢四川大学陈杰和他的团队，还是在 2015 年上海复旦大学召开年会的时候，他们就主动提出承办 2016 年的年会。作为东道主，四川大学美国研究中心的师生们在一年的时间里做了精心的准备，他们当中，包括大家熟悉的王晓路、石坚、程锡麟、原祖杰、戴永红、王欣、叶英、王安、查日新等各位老师，以及可能我们这些人还不都熟悉的晏世经副校长、李志强副院长，还有我们无法一一列出名字的同学们，付出了大量的努力和支持，才有了这次年会的顺利召开，也才有了我们面前这本文选。我们借此机会再次对四川大学新成立的国际关系学院表示祝贺！

　　中国社会科学院美国研究所的各位同事，也是要在致谢时特别提出来的。学会的工作，包括本次会议主题的确定、嘉宾的邀请，主要是在郑秉文所长和倪峰副所长的精心构思和组织下得以开展起来的。为了开好这次年会，孙海泉书记和陈宪奎主任专门提前去四川大学与晏世经副校长和陈杰主任等具体商谈和筹备。在组织参会、征集稿件、编辑论文、编排发言、配合会务等方面，美国研究所的张超，以及编写会议综述的罗伟清，参与会务的昌华、周文婷、董玉齐等，都做出了默默无闻的贡献。

最后，也要感谢中国社会科学院科研局，感谢中国社会科学出版社，特别是责任编辑张林，他们为年会的召开和文选的出版提供了及时的支持和专业的帮助。

还在 2015 年年会后，中华美国学会和美国研究所就决定把"中华美国学会年会论文选"作为一种固定的学术载体连续出版下去，现在这本文选是第二本。

盼继续得到各位同仁的鼎力支持和热心参与。

中华美国学会会长

黄 平

2017 年 5 月 10 日